农村儿童学校适应
的生态风险因素及其规避

谭千保◎著

湖南师范大学出版社

·长沙·

图书在版编目（CIP）数据

农村儿童学校适应的生态风险因素及其规避／谭千保著. —长沙：湖南师范大学出版社，2024.9

ISBN 978 - 7 - 5648 - 5295 - 5

Ⅰ. ①农… Ⅱ. ①谭… Ⅲ. ①农村—儿童教育—学校教育—研究 Ⅳ. ①G61

中国国家版本馆 CIP 数据核字（2024）第 024190 号

农村儿童学校适应的生态风险因素及其规避

Nongcun Ertong Xuexiao Shiying de Shengtai Fengxian Yinsu Jiqi Guibi

谭千保　著

◇出　版　人：吴真文
◇责任编辑：彭　慧
◇责任校对：谢兰梅
◇出版发行：湖南师范大学出版社
　　　　　　地址/长沙市岳麓区　邮编/410081
　　　　　　电话/0731 - 88873071　0731 - 88873070
　　　　　　网址/https：//press. hunnu. edu. cn
◇经销：新华书店
◇印刷：湖南省美如画彩色印刷有限公司
◇开本：710 mm×1000 mm　1/16
◇印张：14. 25
◇字数：250 千字
◇版次：2024 年 9 月第 1 版
◇印次：2024 年 9 月第 1 次印刷
◇书号：ISBN 978 - 7 - 5648 - 5295 - 5
◇定价：59. 00 元

凡购本书，如有缺页、倒页、脱页，由本社发行部调换。

序

2024 年 5 月，谭千保邀我为其又一部著作作序，我欣然接受。

思前想后，先谈谈我与他二十四年的交集与交往，或许能窥见其的坚守与执着。2000 年 7 月，他从我现在工作单位（湖南师范大学教育科学学院）本科毕业，到我原来工作单位（湘潭师范学院教育系）任教。他先做我的助教，后跟我读硕士，再跟我读博士，我见证了他的研究经历，也见证了他的成长。

记得在 2004 年硕士学位论文开题时，他坚持选择"学校适应"作为论文选题。2006 年，他硕士提前毕业后，主要沿着两条线开展研究工作：一是学校适应研究。他从获批省级项目，到获批部级项目，再到获批国家级项目。之前，他出版了相关著作 1 部，本书系其第二部相关专著。二是社会认知研究。我们曾开展过听障儿童社会认知研究，合作发表了系列论文、合作出版了相关专著。之后，他跟我攻读博士学位论文，亦是以社会认知为论题。近期，他与他的团队围绕"道德决策"在国内外优秀期刊上发表了系列论文，成绩令我欣慰。案前这本书稿，是他围绕前一个主题长期研究的结晶。当然，我还期待他围绕第二个主题有新著作诞生。

学校生活对于儿童来说是一段非常重要的经历，它为他们提供了获取知识与社交技能的机会。学校适应不良容易导致儿童情绪异常、不良行为、品行障碍等多种问题，以及成年以后在人际交往、情绪情感、职业生涯等多方面的困难。因此，在很多情形下，学校适应被当作衡量儿童心理健康发展水平的重要指标。令人担忧的是，部分农村地区的教育质量亟待提高，不少农村儿童学习动机严重缺失、学业成绩不达标、问题行为较为突出。

近年来，农村儿童总体学校适应状况不容乐观，甚至发生多起触目惊心的恶性事件，这不得不引起我们对当代农村儿童学校适应问题的深入反思。由此看得出，他长期关注农村儿童学校适应，并研究促进农村儿童学校适应的策略，这在实施乡村振兴战略的背景下，具有重要的社会价值。

通观本书，我觉得几个显著特征令人印象深刻。

第一，从单领域风险到累积生态风险的理路。农村儿童学校适应中面临多重风险，没有任何单一风险对学校适应不良具有决定性影响。以往研究者多从单领域探讨学校适应的影响因素，而本作者则既从传统视角关注农村儿童学校适应的单领域风险，又从累积生态风险视角解释农村儿童学校适应的影响因素以及相应的影响机制。从创新的角度来看，从生物生态学理论的应用来看，从累积生态风险视角解析农村儿童学校适应可能更能还原真实境况。

第二，多种研究方法求证农村儿童学校适应的风险因素。本书以生态风险因素对农村儿童学校适应的影响为主要研究对象，一方面以大样本调查、个案访谈、文献分析为基础，揭示农村儿童学校适应的现状、特点、类型以及问题表征；另一方面，采用横断研究与追踪研究探索累积生态风险对农村儿童学校适应的影响。值得一提的是，本书尝试使用追踪研究法，不仅可了解农村儿童学校适应的发展轨迹，而且可解释不同生态风险在不同时期对其学校适应的影响。

第三，"从点到面"回答如何规避农村儿童学校适应中的生态风险因素。规避风险是促进农村儿童学校适应的重要手段，构建风险规避机制的目的直指提升农村儿童学校适应，为提高农村教育质量提供借鉴，这应该是作者研究的价值旨归。作者不仅在某个具体点提出如何促进农村儿童的学校适应，而且以应对重要生活事件为焦点构建预警机制、以培育积极心理品质为着力点构建缓冲机制、以建立多元支持体系为重点构建长效机制，从整体上考虑农村儿童学校适应中的生态风险规避机制，从而促进农村儿童学校适应和农村儿童高质量发展。

第四，故事引入主题求以小见大。我们在教学活动中为做好后续教学内容的铺垫，经常用主题导入，旨在吸引受众的注意力。作者或许深谙其道，在本书前六章均讲述与论述内容紧密相关的故事片段，这可避免平铺直叙之弊，收到寓论于趣之效。

　　实施乡村振兴战略，需要教育先行。农村教育在乡村振兴中具有不可替代的作用，既承载着知识传播、灵魂塑造等功能，又为乡村建设提供智力支撑。从根源上解决乡村儿童入学难的问题，从根本上满足乡村适龄儿童接受义务教育的基本需求，这只是乡村教育的基础。从"能上学"到"上好学"，儿童的学校适应就是重要的检验指标。当然，学校适应的内容较为宽泛，评价指标也较为繁杂。就目前而言，我们既需要大量的实证研究数据，也需要更加扎实的理论根基。依此，仍任重道远。

　　是为序。

　　　　　　　　认知与人类行为湖南省重点实验室/湖南师范大学教育科学学院

　　　　　　　　　　　　　　　　　　　　　　　　　　　　钟毅平

　　　　　　　　　　　　　　　　　　　　　　　　2024 年 6 月 16 日

目　录

第一章
绪　论

引子：小镇教育"故事多"

在乡村生源流失的背景下，这里的学校却出现了入学名额"一位难求"的现象，为什么？在教师工作节奏加快、压力加大的当下，这里的乡村教师却倍感幸福，又为什么？这里是位于山东省淄博市临淄区的一座小镇——朱台镇。朱台镇中心学校管理范围内现设有1所初级中学、3所小学、6所幼儿园。

近年来，朱台镇教师"用心"帮助每一位学生成长的故事层出不穷。从2022年开始，朱台镇中心学校开展首届"幸福教师"评选活动，以学生投票方式评选出10位"幸福教师"。通过价值引领强化教师职业认同，构建信任、尊重、支持的教育生态，鼓励教师厚植乡村教育情怀、在职业发展中获得成就感和幸福感。

随着城镇化进程的加快，像许多乡村学校一样，朱台镇几所小学也曾出现生源流失、学生数量减少的情况。面对困境，朱台镇教育人调研后决定转变教学思路，化劣势为优势，优化"小班制"教学模式，引导教师充分因材施教，为学生打造"专属"的学习方法指导，真正实现"小课堂，大收益"。课上"小班制"，课后活动多。每周三下午的社团活动时间，朱台镇中心小学教学楼内飘溢着墨香，处处可听见围棋落子声、读书声，操场上篮球、足球、跳皮筋、滚铁环等活动热火朝天……朱台镇中心小学充分挖掘校内师资资源和现有配套设施，开设多样社团，让学生享受到了丰富的课后服务资源带来的幸福。

资料来源：《中国教师报》2023年05月31日第2版

第一节 儿童学校适应的概念与测量

"适应"源于生物学领域，在该领域中主要强调个体的生理适应，即个体对环境的顺应。后来，逐渐用来指个体自身心理状态与当下环境相处的状况，并广泛运用于心理学界。1946 年第三届国际心理卫生大会将个体能否适应环境纳入判断个体心理是否健康的标准。世界卫生组织（WHO）将健康定义为"个体在生理、心理和社会适应能力上是否处于一种完满状态"。个体能否积极适应所处的环境与其心理健康水平之间密切相关。由此可见，适应在个体发展过程中的重要作用不言而喻。然而，学校适应是个体适应中一类特殊形式，因其所处环境范围被限定为学校，因此学校适应更侧重于强调儿童的学习环境和学业要求发展之间的适应性变化。

不难理解，适应与个体的心理健康水平密不可分，个体在某一特定环境中的适应能力和适应情况的好坏会直接影响其身心发展。马斯洛也曾提出确保个体心理健康发展的前提条件之一是"确保个体的良好适应"。基于此，考察个体的心理健康状况可从其对社会生活各方面的适应情况中挖掘线索与信息。心理发展观强调：早期发展经验对未来发展的重要性，后继的发展经验直接取决于先前的经验。关注儿童期的适应性问题，意义显而易见。儿童学习和生活的主阵地是学校，儿童的学校适应将对其成年后的社会适应能力产生深远影响，并作用于个体一生的身心发展。正因为这样，学校适应成为衡量儿童心理健康发展水平的重要指标之一。儿童能否较好地适应学校生活不仅直接影响儿童早期的情绪发展，同时也与其后续的社会适应密切相关（Roeser et al.，1998）。国内也有研究指出，儿童学校适应不仅与儿童当前的学业水平、情绪发展和社会技能息息相关，而且还能在一定程度上决定个体今后对未来生活的期望值以及能否顺利融入社会（汪清华，2007）。基于学校适应在儿童发展过程中的重要地位，以及近年来儿童常在学校中表现出各类不适应行为（如校园欺凌、自杀等），研究者开始逐渐重视儿童的学校适应问题。

一、儿童学校适应的概念

学校适应是一个广义多维的概念。国外学者 Corsini 等主张将学校适应定义为儿童在学校环境中能多大程度上满足自己需求的能力（Corsini & Ozaki, 1994）。有学者则提出学校适应是学生与学校环境相互作用的结果，而学校环境不仅包括校风和班级氛围，同时师生关系和同伴关系也是上述相互作用中不可或缺的一部分，继而提出，儿童学校适应是指其在学校环境中愉悦参与学校活动并在这个过程中获得学业成就的发展状况（Ladd et al., 1997）。学校适应不仅指学生的在校表现，而且还包括了学生对学校的喜爱程度及参与学校活动的积极性（Birch & Ladd, 1997）。当前，主要以学业适应（如学习动机、学业成绩等）、行为适应（如外显行为问题、社会能力等）、心理适应（如自尊、焦虑、抑郁、孤独感等）作为学校适应的测量指标（Way et al., 2007）。

国内学者曾提出"适应性"的概念。但相较于学校适应而言，该概念涵盖的范围更广，主要指个体在社会背景下的生存能力与其目标实现之间的相互作用。郑日昌在研究中小学生心理诊断和咨询时提及了学校适应的概念，并认同 Ladd 的观点，但他强调学校适应是一种心理能力（郑日昌，1994）。不难发现，后者更多地从个人层面出发，将学校适应看成是个体拥有的某种个性品质。随着研究的进一步推进，有研究者认为学校适应性是指学生在校的学业行为、学校参与、情感发展、人际交往等方面的综合状况（刘万伦，沃建中，2005）。在上述定义的基础上，有研究者将学校适应的概念延伸到学生和学校环境相互作用过程中，不断调整自身身心状态，以期合格完成学业、发展自身个性和顺利实现学校教育教学目标的全过程（毕有余，赵晓杰，2010）。

目前，国内外研究者并未对学校适应给出一个统一的概念界定。从实际情况出发，学校适应是一个涵盖范围较广的多维概念，需要从儿童学校生活的各个角度出发进行界定。

二、儿童学校适应的测量

在测量儿童学校适应时，研究者对其测量指标仍未达成共识。通过梳理目前国内外针对学校适应的研究发现，早期研究者主要通过测量学生的出席率和辍学情况来判断其学校适应状况的好坏，然而随着研究的不断深入，后续研究更倾向于通过考察儿童行为、情绪和学业三个方面的具体表现来衡量学生的学校适应状况，如儿童的行为表现包括其内化和外化行为问题；情绪表现主要指儿童的抑郁、焦虑和孤独感等负面情绪；学业表现则主要通过测量儿童的学业成就来评估。尽管目前测量指标尚未统一，但大多数研究均支持 Ladd 提出的学校适应测量框架，即主张儿童学校适应并非单一维度的概念，而是具有典型的多维度特点，因此在测量儿童学校适应时应尽可能地从多个角度出发，并提出了三个应涵盖的范围（学业适应、情绪与社会性适应、对课堂行为要求的适应），从而为后续学校适应测量研究奠定了理论基础。目前来看，不同学者基于不同的研究角度、研究目的和研究对象分别采取了不同的测量指标。

在国外，Chen 等人率先提出学业成就和同伴关系是衡量儿童学校适应的重要指标（Chen et al.，1992）；Wentzel 和 Asher 主张从成就动机、自我规范技能、社会行为、师生关系和学习声望（即是否被认为是好学生）五个方面综合评价儿童的学习适应水平（Wentzel & Asher，1995）；但 Berndt 和 Keefe 在评价儿童学校适应时只将其课堂参与和破坏行为纳入测量范围（Berndt & Keefe，1995）；Birch 和 Ladd 在提出学校适应概念的基础上，主张从学业行为、学校喜好、学校回避、班级参与、自我指导等方面对学校适应进行测量（Birch & Ladd，1997）；Roeser 等学者仅将学校适应分成两方面进行评定，即儿童的学业功能和情绪功能（Roeser et al.，1998）。需要指出的是，虽然不同研究者倾向按照自己的研究目的，从不同方面测量儿童学校适应，但其中也存在许多共同点。总体来看，研究者在测量儿童学校适应时均将儿童的辍学率、留级率、出勤率、行为问题、学业成绩、学习技能、认知能力等纳入测量范围（Gilliam & Zigler，2000）。同时，不同研究者根据自身的概念界定和选择的测量指标，编制了相应的测量工具。目前国外研究者使用最广泛的主要有学校适应问卷（School Adjustment Questionnaire，SAQ）和教师—儿童评定量表（Teacher-Child Rating Scale，T-CRS），其中后者主要以教师为被试来评定儿童的学校适应状况。

在国内，邹泓十分注重儿童人际关系对学校适应的影响，主张在衡量儿童学校适应时将儿童在学校环境中与教师、同学等其他相关人员的人际关系状况纳入测量指标（邹泓，1997）；曾琦等人则以儿童在学业成就、同伴关系、社会性、攻击—破坏性、害羞—抑制方面的表现作为衡量其学校适应的标准（曾琦，芦咏莉，邹泓，等，1997）。后来，江光荣主要从考察学生的学校胜任、适应缺陷和一般焦虑三个变量入手，对儿童学校适应状况进行测量（江光荣，2002）。随后，李文道等人综合考虑儿童作为社会人的多方面因素，将儿童问题行为、情绪发展、学业成绩和人际交往等全部纳入测量儿童学校适应的范畴，以期达到涵盖儿童学校生活方方面面的目标，朝着全面性、综合性和精确性的方向迈进（李文道，邹泓，赵霞，等，2003）。刘志军（2004）认为，儿童的学校适应可划分为学业适应和非学业适应两大类，相较于学业适应而言，儿童的非学业适应涵盖范围相对较广，主要包含儿童人际关系和社会行为两方面。刘永芳等从学校背景下的学业、行为和情绪三方面来讨论学校适应（刘永芳，李海垒，田猷，2005）。总体来看，学校适应即学生在校生活状况的真实写照，存在多种评价维度，应该从不同角度对其进行测量（刘旺，冯建新，2006）。

针对儿童学校适应的测量而言，国内研究主要存在两种倾向：一是先将学校适应的各类指标进行划分，再使用一一对应的单项测查问卷。二是整合各指标编成综合性的测量工具。例如，吴武典（1997）从学业适应、常规适应、师生关系适应、同学关系适应和自我接纳共五个维度出发测量学生的学校适应，并将其命名为"学生在校生活状况问卷"的在校行为子量表；袁立新与张厚粲（1996）编制的《学校生活适应量表（初中版）》（Life Adaptation Scale in School，LASS）包括集体适应、学业适应、自我接纳、同伴关系和师生关系五个维度；有人以《学校生活适应量表（初中版）》为蓝本，进行修订，编制了《学校生活适应量表（高中版）》（张克文，李占江，邱炳武，等，2002）；邓颖琦和顾海根则在以上研究的基础上，又对《学校生活适应量表（高中版）》（LASS 高中版）进行修订，编制了《学校生活适应量表（LASS）大学版》（邓颖琦，顾海根，2007）。此外，刘万伦从儿童的学校喜好性和环境适应性两方面出发，编制了学校适应量表（刘万伦，2004）；汪清华自编了中小学生学校适应问卷，包括学习适应、行为适应、情绪适应、人际适应、行为控制及学校态度六个维度

（汪清华，2007）；江光荣等人编制了《中国中小学生学校适应成套量表》，该量表涵盖小学 1~2 年级、小学 3~6 年级、初中和高中四个学段，其中除小学 1~2 年级为教师评定问卷，其余三个学段均为学生自评问卷，且各学段的问卷均包含学业适应、社会性适应和个人适应三个维度（江光荣，应梦婷，林秀彬，等，2017）。

不难发现，目前大多数研究者倾向于从儿童在校生活的各个方面采取不同的量表或问卷来测量儿童的学校适应状况。学校适应的测量也缺少明确统一的界定标准和指标体系，这需要研究者充分比较两种取向的优劣，并根据研究需要选择相应的测定指数。

第二节　乡村教育振兴与农村儿童高质量发展

2021 年，十三届全国人大四次会议通过《中华人民共和国国民经济和社会发展第十四个五年规划和 2035 年远景目标纲要》，指出在"十四五"时期乃至今后的更长时间里，要优先发展农业农村，并为全面推进乡村振兴作出战略部署。我国先后颁布的《中共中央 国务院关于全面推进乡村振兴加快农业农村现代化的意见》和《中共中央 国务院关于实现巩固拓展脱贫攻坚成果同乡村振兴有效衔接的意见》等重要文件明确指出，要从"集中资源支持脱贫攻坚"转向"巩固拓展脱贫攻坚成果"与"全面推进乡村振兴"。

乡村振兴的五大板块分别为"产业振兴、人才振兴、文化振兴、生态振兴和组织振兴"，其中人才振兴和文化振兴是乡村振兴战略赋予乡村教育发展的时代责任。乡村教育振兴是乡村人才振兴和文化振兴的基础，它们的实现都离不开乡村教育的振兴。要实现乡村振兴，必须大力发展乡村教育，将高质量发展中的乡村教育视为乡村振兴的重要动力，给予乡村青少年与城市青少年均等的教育机会，以乡村教育触动乡村生态转型（杜尚荣，田敬峰，2023）。

一、乡村振兴需要振兴乡村教育

从目前乡村的发展愿景来看，乡村振兴需要教育发挥提高农村人口素质、培养内生动力的根本作用；从目前乡村的现实情况来看，脱贫攻坚任务和乡村振兴战略的实现也需要教育为其提供基础性支持（孙德超，李扬，2020）。简而言之，乡村振兴最终要靠人才，而人才的培养离不开教育，即乡村教育事业的发展无疑是乡村振兴的重要支点，因此对接与服务好乡村振兴战略是教育部门和教育工作者义不容辞的责任与担当。

乡村教育是指在农村地区开展的教育活动，包括小学、初中、高中、职业教育各个层次。乡村教育的发展对乡村振兴有着重要的作用。首先，乡村教育可提高农村人口的素质和技能水平。由于受到经济、社会和文化等因素的影响，农村地区的教育资源相对不足。通过推进乡村教育的发展，可缩小城乡教育差距，提高农村人口的受教育率和文化水平，增强其就业竞争力和创业能力。其次，乡村教育可促进农村经济和社会的发展。乡村教育不仅可提高农村人口的素质和技能水平，还可为乡村产业的发展提供人才支持。随着新农村建设的推进，越来越多的农村产业开始向现代化、高附加值的方向转型。乡村教育可培养出更多具备现代化技能和与创新意识的人才，为乡村产业升级和转型提供支持。此外，乡村教育还可带动乡村文化的传承和发展。乡村文化是中华传统文化的重要组成部分，通过乡村教育的深入开展，可传承和弘扬传统文化。同时，乡村教育还可培养学生的文化自信和民族自豪感，促进乡村文化的创新与升级。

总的来说，振兴乡村教育，致力于把乡村教育办成一种"在农村、富农村、为农民"的优质教育，从而为乡村振兴注入更多的发展动能和作出更大的贡献。因此，乡村要振兴，教育必先行，推进乡村教育振兴是新时代做好乡村振兴工作的首要抓手。

二、乡村教育振兴面临的挑战

改革开放40多年以来，我国乡村发生了剧烈而深刻的变化。随着我国改革开放的进一步深入，乡村振兴已成为当今时代的重要课题之一。乡村振兴的基础在于振兴乡村教育，但随着我国城乡发展一体化速度的加快，大量农业人口转成城镇居民，乡村教育逐渐陷入"无人、无根、无为"的困境。虽然农村教育普及率得到极大提升，但教学质量低、有限教学资源被浪费、失学辍学逃学等问题并未得到妥善解决。基于乡村振兴的战略目标和乡村教育的实际情况来看，当前乡村教育面临诸多挑战，只有明晰这些挑战并进行深入具体的分析，才能抓住实现乡村教育振兴的突破口。

（一）乡村教育地位"孤立化"

在现代社会发展过程中，随着城市化进程的加快，乡村教育逐渐被孤立于边缘地带，并逐渐演变为"发展洼地"的代名词。

一是乡村地理位置的孤立化。在地理位置上，乡村远离城市中心，城市教育相对乡村教育而言占据着更大的地理优势、发展优势和资源配置优势。一方面，伴随社会主义市场经济的发展，人们更倾向聚集于城市，由此带来的副作用是乡村教育与城市教育在基础设施、教师队伍水平上都存在严重的层化现象。很多农村人口逐渐远离自己的家乡，而进城上学已然成为一种社会分层标准，暗示着家庭经济的优越性。以初中在校生为例，2015 年全国城区初中生 14410106 人、镇区初中生 21684430 人、乡村初中生 7024964 人，到 2022 年则分别为 21233052 人、24065858 人和 5907055 人，城区学生人数涨幅、乡村学生人数跌幅均明显（数据来源：教育部《2015 年教育统计数据》《2022 年教育统计数据》）。另一方面，我国幅员辽阔，东、西、南、北、中部各地自然、人文和经济资源相差巨大。这也可能导致同为乡村教育，但因所处地区不同而被孤立的程度也有所不同。

二是乡村教师身份的孤立化。乡村教师是乡村教育振兴的主力军，但现实与理想存在不小的差距。再以初中、小学专任教师数为例，2022 年全国城区初中专任教师 1630482 人（其中高中及以下阶段毕业占比 0.05%）、镇区初中专任教师 1882053 人（其中高中及以下阶段毕业占比 0.07%）和乡村初中专任教师 512662 人（其中高中及以下阶段毕业占比 0.09%）；全国城区小学专任教师 2629557 人（其中高中及以下阶段毕业占比 0.38%）、镇区小学专任教师 2423093 人（其中高中及以下阶段毕业占比 1.06%）、乡村小学专任教师 1576771 人（其中高中及以下阶段毕业占比 2.39%）。乡村初中、小学专任教师学历偏低人数占比均最高（数据来源：教育部《2022 年教育统计数据》）。不仅如此，不少乡村教师处于一种孤立和边缘化的尴尬地位，十分不利于乡村教育的长足发展。这主要表现为由于乡村地区位置偏僻、交通工具不便捷和外出培训机会较少等因素，致使乡村教师与城市教师在待遇和可持续发展性上的差异逐渐拉大。"农村义务教育阶段学校教师特设岗位计划"（以下简称"特岗计划"）的实施在一定程度上解决了农村师资总量不足和结构不合理等问题，也有利于提高乡村教师队伍的整体素质，但其中大部分"特岗计划"教师并非当地人，以至于部分乡村教师作为乡村外来人员不能较好地融入乡村社会和文化中，从而逐渐被孤立。

（二）乡村教育资源"稀缺化"

目前我国乡村优质教育资源短缺、教育质量亟待提高是社会大众关注的热点问题，教育资源"不平衡不充分"是乡村教育的典型特征，乡村教育资源"稀缺化"是乡村教育振兴面临的重大挑战。

其一，乡村教育生源持续流失。乡村教育生源流失严重是乡村教育振兴的"拦路虎"。伴随农业人口大量转移至城镇导致大量乡村教育生源流失，这使乡村教育"无人可教"的困境愈发严峻。一些乡村中小学校长忧心忡忡，他们先忧乡村路修好了但外出务工人员不回来了，再忧乡村学校设施改善了但农村儿童选择县城读书。需要指出的是，乡村生源持续流失的背后隐藏着更深层的原因，一部分农村家长坚信"读书无用论"，这很容易导致贫困的代际传递，而这类恶性循环会严重威胁乡村教育生源的稳定性。另一部分农村家长随着自身生活条件的改善，逐渐意识到教育的重要性，开始追逐城市优质教育资源，对农村学校的办学条件和教学水平的信任感不断降低，因而更热衷于将孩子送至城市学校学习，这也在一定程度上加剧了乡村教育生源的流失。曾调研创办于 1968 年的 J 校，尽管 J 校的地理环境得天独厚，位于当地 5A 级景区脚下的山谷中，但学校只是一个有5 位教师和 30 名学生的村小教学点。1 名刚毕业的公费师范生 Y 在校长的安排下，担任一年级的语文老师兼班主任一职，可整个一年级没有一名学生前来报名。最后，在 Y 老师挨家挨户的积极劝说下，J 校终于迎来了 5 名一年级的新生。这或许就是生动的案例。

其二，乡村优质师资严重匮乏。振兴乡村教育，关键在教师。教师作为乡村教育的"灵魂"，不仅代表了乡村教育的希望，也是乡村教育振兴的践行者。然而，乡村教师却陷入了"下不去、留不住、教不好"的困境。

一方面，乡村教师结构不合理的问题日益突出，同时乡村教师年龄结构老化较为严重，导致乡村教师队伍"青黄不接"。前文已提示乡镇中小学专任教师中低学历者相对较多。再以小学教师的年龄结构为例，全国城区、镇区、乡村小学专任教师中 50 岁及以上者占比分别为 13.35%、16.62%、20.26%（数据来源：教育部《2022 年教育统计数据》）。另一方面，乡村教师作为乡村优秀人力资源的代表，城市学校通常以高报酬和优美环境吸引乡村优质师资不断流向城市，在这个过程中乡村优质师资被不断筛选和抽离。乡村学校既难以吸引年轻教师，也无法留住优秀教师，这在"结构"和"质量"两个维度上加剧了乡村优质师资匮乏的现实困境。所以一些农村中小学校长不得不抱怨，着力培养几年的青年骨干教师，经常难以抵挡"城市"或"县城"的吸引力，争取机会流向城区，从而留下新的"真空"。生源流失致使乡村教育失去规模效应，而优质师资匮乏则导致乡村教育质量失去保障，两大主体缺位已是制约乡村教育振兴的重要现实问题。

（三）乡村教育文化"断裂化"

乡村教育和乡土文化两者密不可分，两者的和谐发展能够加快乡村振兴的进程，但目前乡村教育和乡土文化渐行渐远，种种因素导致两者关系出现一定程度的"断裂化"。

一是乡村社会乡土意识薄弱。我国长期存在的二元经济结构致使乡村传统农业经济效益低下，城乡医疗、养老和教育投资比例严重失衡，乡村人常处于社会阶层的最底端，在国家政治、经济和文化领域也难以拥有话语权。乡村人争相"跳农门"，导致乡村社会乡土意识较为薄弱。部分农村人口在涌入城市后往往只能从事高强度、低收入的工作，工作强度大和经济收入低的双重压力常诱发农村人对乡村产生强烈的不认同感和自卑感。这类消极情感逐渐从个体蔓延至家庭，最终蔓延至乡村社会，致使农村人口的乡土意识愈加淡薄。

二是乡村教育乡土元素缺失。乡村教育中乡土元素的缺失主要体现在教师培养和学生培养两个方面。在教师培养上，多数师范生从培养环境到课程体系都以城市文化为导向，缺乏针对乡村教育的培养内容设置和正确的价值观念引导，这很容易导致师范生将乡村教育工作看作"下策之选"。在学生培养上，乡村教育常向城市学校学习和借鉴，而乡土元素则在人们迫切向外学习的过程中慢慢被遗忘。乡村教育过度借鉴和迫切的学习愿望在很大程度上削弱了乡土元素的存在感，导致独具特色和历史性的乡土元素走向衰落，进而加剧乡村教育与乡土文化关系的断裂化。

总而言之，乡村教育振兴面临的挑战可归结为两种类型。第一种，乡村教育在国家高度重视、教育经费投入加大以及教育资源供给不断增加的同时，依然出现地位孤立和教育资源短缺的现状，这说明乡村教育振兴的外部保障性条件仍发展不平衡、不充分，可将其称为"外源性因素"。第二种，乡村教育质量不断提升的同时，仍存在一些深层次的顽固问题，即因为乡村人的某些不合理认知与行为造成乡村教育与乡土文化逐渐分离。个体的认知与行动是影响乡村教育振兴的内部因素，可称为"内源性因素"。

三、乡村教育振兴需要农村儿童的高质量发展

实现乡村教育振兴是我国有效实施乡村振兴战略的必然要求，对我国解决城乡发展不平衡、有效衔接脱贫攻坚战略和实现农业农村现代化都具有重要意义。进入"十四五"时期，乡村教育振兴面临教育地位被孤立、教育资源短缺和教育与乡土文化相分离的多重挑战。同时，农村儿童的高质量发展将为乡村教育振兴带来新的发展机遇。具体而言，乡村教育振兴要以培养高质量人才为依托，而农村儿童则是乡村社会中可塑性较强的群体，是实现乡村教育振兴的未来希望，即乡村教育振兴需要农村儿童的高质量发展。没有农村儿童的高质量发展，就没有中国儿童的全面发展，乡村全面振兴也无法持续。因此，农村儿童高质量发展如何助力乡村教育振兴引起了社会各界的广泛关注。

（一）教育地位之变：变孤立为融合

乡村教育因先天发育不全，后又因地理位置和人文环境等因素造成如今教育地位被孤立的现状，主要表现为地理位置和乡村教师身份的孤立化。然而，农村儿童的高质量发展能够在很大程度上改变这一现状。一方面，外界强力举措消解"地理位置"的弊端。国家支持极大改善了乡村交通状况，在一定程度上拉近城与乡的空间"距离"；国家对乡村学校的投入改善了学校基础设施，农村学校硬件不断追赶城市学校。另一方面，合理的身份认同促进乡村教师回归与扎根。城市经济的相对日益繁盛冲击着乡村教

师的身份认同，人们更愿意把自己的孩子送到城里，似乎对乡村教师有一种天然的"瞧不起"。经济收入不算高的家长们，宁愿花大价钱把孩子送进城里的私立学校念书，也不愿意选择走几步路就能到的公办学校。乡村学校无力阻挡这种现象，但如何在新形势下建构合理的新身份认同，十分重要。从抽身乡村教育到热爱乡村教育，从关注农村孩子"跳出农门"到促进农村孩子"全面发展"，从重视"知识输入"到引导"立德树人"，从农村建设的旁观者到农村发展的贡献者，在这个表达、诠释过程中，乡村教师的职业意识会逐步形成与生长，并成为引导他们专业发展的力量。改善认知上的"地理位置"与改变乡村教师身份认同，有助农村儿童接受良好教育，高效地学习先进知识和各项技能，这类儿童在获得高质量发展后更能体会教育扶贫对斩断农村地区贫困代际传递的重要性。例如，云南省丽江市华坪女子高级中学的第一届毕业生周云丽，大学毕业时放弃丽江市县城的教师编制，回到华坪女高担任教师一职，接力恩师"时代楷模"张桂梅，这就是生动的例子。

（二）教育资源之变：变稀缺为丰富

目前，乡村教育资源中人力资源最为短缺，乡村教育中人力资源则包括生源和师资两方面。农村儿童的高质量发展能够为确保乡村教育生源稳定树立信心。乡村教育中生源持续流失不仅是由于大批农村劳动力流向城市，他们的子女也随迁进城求学，还具有更深层的原因在于大部分农村家长对乡村教育质量缺乏信心，而农村儿童的高质量发展能让这些家长意识到"乡村教育也能为自己的孩子提供良好的教育教学环境与促进农村儿童德智体美劳全面发展"。据此，生源"留下来"才能为乡村教育振兴谋得生机。另外，优质师资匮乏是乡村教育振兴应解决的当务之急。儿童是祖国的未来、民族的希望，国家对农村儿童高质量发展的重视能够为补齐乡村教育师资短板提供政策性支撑，公费师范生、"特岗计划"、乡镇教师生活补贴、落实乡村教师编制和提高乡村教师中高级岗位结构比例等政策的实施，能在一定程度上解决乡村教师年龄结构不合理以及优质师资外流等问题，更好地补充和丰富乡村教育资源。2023 年 7 月，教育部等十部门联合印发《国家银龄教师行动计划》，并提出"银龄教师支持基础教育行动"，即聚焦基础教育提质扩优，以现有中小学银龄讲学计划为基础，重点支持中西部脱贫地区，欠发达的民族县、革命老区县、边境县以及新疆生产建设兵团团场等义务教育阶段学校，或许可在一定程度上挖掘退休教师资源优势，发挥其有益补充、示范引领和传帮带作用，助力青年教师与青少年学生发展成长。

（三）教育文化之变：变断裂为传承

乡村教育振兴，良好的乡风文明是保障。作为中华传统文化摇篮和珍贵文化遗产的"乡土文化"，是乡风文明生长的"丰厚土壤"。乡村教育和乡土文化的脱离，不仅会阻碍乡土文化在农村社会成员之间传承，也不利于乡村教育的振兴。强化乡土文化在乡村振兴和乡村教育振兴过程中的本体价值，是新时代大力发展乡村教育，稳定乡村教师队伍建设的重中之重。因此，传承乡土文化是乡村教育振兴的重要一环。在"城市镜像"下，存在乡村社会乡土意识薄弱和乡村教育乡土元素缺失的困境。农村儿童的高质量发展能够提高其乡土文化的传承能力，学会理解、认同、尊重和热爱乡土文化，对乡土文化保持高度自信，从而逐渐增强乡村社会的乡土意识。即在教育文化上从"离农"走向"为农"的整合（杜尚荣，田敬峰，2023）。同时，农村儿童性格养成、待客之道和风俗习惯等都是乡土元素的体现，农村儿童高质量发展在一定程度上能使人们重新认识乡土元素在乡村教育过程中的重要性，从而更乐于在乡村教育中整合乡土元素、振兴乡村教育。譬如，在甘肃某小学，不仅当地非物质文化遗产兰州太平鼓被引入课堂，而且舞狮、武术、剪纸等25门传统特色文化也被纳入课程，让乡土文化浸润课堂，唤醒了孩子们的乡韵、乡愁和乡情。

第三节 农村儿童高质量发展与农村儿童学校适应

2017年，"质量强国"和"质量第一"写进了党的十九大报告中，该报告指出我国经济已由高速增长阶段转向高质量发展阶段；2022年，党的二十大报告提出，高质量发展是全面建设社会主义现代化国家的首要任务。2019年，国务院在召开全国基础教育工作会议时强调，需全面提高基础教育质量，引导我国基础教育进入全面提高育人质量的新阶段。2020年，"十三五"收官、"十四五"正待启航，我国吹响决胜全面小康的号角。《中共中央关于制定国民经济和社会发展第十四个五年规划和二〇三五年远景目标的建议》指出，"十四五"时期教育事业的主要目标为"建设高质量教育体系"，这对步入高质量发展阶段的基础教育新格局提出了更高要求。

2023 年 5 月 29 日，习近平总书记在中共中央政治局第五次集体学习时强调，要坚持把高质量发展作为各级各类教育的生命线，加快建设高质量教育体系。建设教育强国，基点在基础教育。基础教育搞得越扎实，教育强国步伐就越稳、后劲就越足。要推进学前教育普及普惠安全优质发展，推动义务教育优质均衡发展和城乡一体化。基础教育既要夯实学生的知识基础，也要激发学生崇尚科学、探索未知的兴趣，培养其探索性、创新性思维品质。基于此，可推断，中国儿童教育进入高质量发展阶段。

一、中国儿童教育进入高质量发展阶段

教育的高质量发展区别于经济或其他领域的高质量发展，中国儿童教育进入高质量发展阶段有其显著性标志。主要体现在以下几个方面：

第一，儿童健康状况持续改善。首先，《儿童蓝皮书：中国儿童发展报告（2021）》指出 2020 年婴儿死亡率为 5.4‰、5 岁以下儿童死亡率为 7.5‰，相较于 2019 年，两项死亡率均有不同程度的下降；13～22 岁学生健康水平得到较大提升，主要表现为该年龄阶段儿童的健康优良率从 2014—2019 年共增长 2.9 个百分点。然后，儿童疾病防治也取得了显著成效。如 2020 年，我国适龄儿童在流脑疫苗、甲肝疫苗和卡介苗等纳入国家免疫规划的疫苗接种率上，均已接近或超过 99%。除此之外，《中国儿童发展纲要（2011—2020 年）》（以下简称《纲要》）提出要扎实推进加强儿童营养的专项行动，重点强调须改善贫困地区儿童的营养状况。自该《纲要》颁布以来，我国儿童的生长发育状况不断提升，2020 年全国儿童低出生体重发生率下降为 3.25%。最后，儿童伤害的有力控制也是儿童健康状况得到改善的标志之一。18 岁以下儿童伤害死亡率从 2010 年的 22.41/10 万下降至 2020 年的 11.06/10 万，下降 50.6%。2021 年，国家卫生健康委印发了《健康儿童行动提升计划（2021—2025 年）》，该计划将为儿童健康服务体系的完善、儿童医疗保健服务能力的增强和儿童健康水平的进一步提高

奠定坚实基础。

第二，儿童教育改革有序发展。近些年来，党中央、国务院先后出台了《关于统筹推进县域内城乡义务教育一体化改革发展的若干意见》《关于深化教育教学改革全面提高义务教育质量的意见》《关于进一步减轻义务教育阶段学生作业负担和校外培训负担的意见》等系列重要文件，不断完善义务教育的政策保障体系，有序开展儿童教育改革。一是"有学上"转向"上好学"。2020 年是我国脱贫攻坚决战决胜之年，其中教育脱贫攻坚取得了重大进展，主要表现为义务教育阶段 20 多万名建档立卡辍学学生实现了动态清零，基础教育历史性解决了"有学上"的问题。2022 年全国教育事业发展基本情况显示，从九年义务教育巩固率、大班占总班数的比例等指数来看，义务教育办学条件进一步改善。二是"五育"并举促全面发展。2018 年的全国教育大会指出，要努力构建德智体美劳全面培养的教育体系，形成更高水平的人才培养体系。体育、美育和劳动教育常被忽视的局面已成为过去，坚持"五育"并举逐渐成为当前的共识，即全面发展素质教育，突出德育实效，提升智育水平，强化体育锻炼，增强美育熏陶，加强劳动教育。

第三，儿童福利迈向适度普惠。随着我国脱贫攻坚和全面建成小康社会取得决定性胜利，经济社会领域也面临着高质量发展的新难题和新挑战，在这个过程中社会保障如何高质量发展成为人们关注的热点话题。但需要指出的是，我国社会保障体系结构仍须不断完善和优化，在高质量发展的要求下，儿童福利已引起社会各界的广泛重视。目前，我国儿童福利旨在改善孤残、留守和困境儿童的生活和发展状况，力求满足上述儿童的基本需求。儿童福利事业关乎我国亿万儿童的健康成长与发展，基于此，国家层面的相关重大举措陆续出台。2020 年，我国"十四五"规划纲要"提升未成年人关爱服务水平"专节中指出要加强特殊儿童群体的分类保障。从2020 年起，全国近 20 万名孤儿、25.4 万名事实无人抚养儿童首次纳入国家保障，每年超 23 万名残疾儿童能够获得康复服务以及 600 多万名农村留守儿童能受惠于国家关爱服务体系。2021 年，国务院未成年人保护工作领导小组正式成立，印发了《国务院未成年人保护工作领导小组关于加强未成年人保护工作的意见》。在此基础上，我国儿童保护体系基本形成，其法律保障、服务机构、专业人才队伍和经费保障等各个方面都有了历史性的突破，儿童优先发展理念愈加凸显。

第四，儿童法律保护体系逐步完善。随着我国"三孩"政策的出台，与儿童相关的话题被置于前所未有的高度，儿童法律保护工作也进一步上升至国家战略新高度。2020年，我国新修订《中华人民共和国未成年人保护法》为后续儿童法律保护工作的顺利开展指明了方向。2021年是我国开启儿童法律保护新格局的元年，我国儿童法律保护工作开始由高增速转向高质量发展的重要阶段，并取得了显著进展。《中华人民共和国民法典》与社会公民的日常生活息息相关，儿童是该法典重点关注的人群之一，该法典致力于为儿童撑起一把强有力的"保护伞"。总而言之，《中华人民共和国民法典》不仅能为儿童提供一张"法律身份证"，也能为预防儿童性侵犯筑起"防火墙"，更重要的是该法典最有利于将未成年人保护原则贯穿始终。《中华人民共和国刑法修正案（十一）》将我国完全无刑事责任的年龄下调至12周岁，已满12周岁不满14周岁已成为儿童恶性暴力案件的频发年龄段，且该年龄段的儿童已具有暴力犯罪的辨别和控制能力，因此该举措符合责任主义的基本原理，同时也能够反映我国当下的社会生活变化。修订后的《中华人民共和国预防未成年人犯罪法》提出，要根据儿童行为危害性和责任能力的不同，采取相应的非刑法措施帮助其矫正，以此弥补我国未成年人罪错行为分级处理体系的缺陷。

儿童健康状况持续改善、教育改革有序发展、福利迈向适度普惠和法律保护体系逐步完善等标志着中国儿童教育已进入高质量发展阶段。那么，如何促进高质量发展是焦点问题。2023年4月19日，中国发展研究基金会在北京发布《中国儿童发展报告2023：促进农村儿童的高质量发展》，联合国儿童基金会社会政策处负责人在会上指出，实践表明，各国应从六个方面促进儿童高质量发展：第一，在国家的支持下开展常规儿童发展筛查工作；第二，为儿童提供优质公共服务；第三，以体面劳动推动包容性增长，降低儿童及其家庭的经济风险；第四，扩大社会保护项目使得更多的儿童能够受益；第五，推动落实家庭友好政策；第六，着重提升儿童保护等关键领域的投资效率。然而，在儿童教育高质量发展过程中，不同群体儿童可能会表现出不同的发展特征，也可能会面临不同的机遇与挑战，这些都值得进一步研究。

二、农村儿童高质量发展的特征与挑战

（一）农村儿童高质量发展的特征

表 1 - 1　2012—2022 年农村留守儿童与进城务工子女在校人数（单位：人）

	农村留守儿童		进城务工子女		全国中小学生	
	小学 在校人数	初级中学 在校人数	小学 在校人数	初级中学 在校人数	普通小学 在校人数	初级中学 在校人数
2022 年	6900082	3965931	9698568	3948277	107320594	51205965
2021 年	7779315	4212677	9841120	3883013	107799349	50184373
2020 年	8541908	4354783	10348558	3948766	107253532	49140893
2019 年	9254090	4590033	10420286	3849321	105612358	48271362
2018 年	9986919	4757195	10483928	3756475	103392541	46525854
2017 年	10644790	4860813	10421804	3644540	100936980	44420630
2016 年	—	—	10367103	3580615	99130126	43293684
2015 年	13836634	6355741	10135581	3535380	96921831	43119500
2014 年	14095310	6658856	9555861	3391446	94510651	43846297
2013 年	—	—	—	—	93605487	44401248
2012 年	—	—	—	—	96958985	47630607

＊数据来源：中国统计年鉴

受长期存在的城乡二元结构、各地区间经济社会发展不平衡等因素的影响，我国农村儿童的发展依然面临诸多困难和挑战。农村儿童作为特殊弱势群体，尤其是农村留守儿童、进城务工子女人数庞大（见表1-1），其发展过程应得到政府和社会各界的高度关注和切实支持。需要指出的是，在我国政府和社会各界的共同努力下，我国农村儿童在基本生活、教育和医疗等方面的发展均得到了一定程度的保障。受保障农村儿童的数量不断增加，保障水平也逐渐提高，农村儿童逐渐迈向高质量发展阶段。何为农村儿童高质量发展？要回答这一问题需要密切联系农村儿童的生活实际，结合该群体的身心特征进行界定。

农村儿童高质量发展首先应强调农村儿童的身心健康发展。身心健康

发展主要包括生理健康和心理健康两个层面。生理健康是指农村儿童身体各个器官组织构造正常，各生理系统间能良好地发挥相应作用，有效抵御各类疾病，能正常参与和适应各类社会生活、学校生活和休闲娱乐活动等。心理健康要求农村儿童能克服由于长期缺乏亲情关爱、父母有效教育和管理或其他不利因素产生的消极影响，努力形成积极乐观的心态、不断提高自身心理素质、保持良好稳定的精神状态，以及在日常生活、学习中能够与他人和谐相处。其次，农村儿童获得权益保障和关爱保护是其高质量发展的前提和保证。高质量发展要求农村儿童的合法权益受到维护和保障，对自身生活无后顾之忧。最后，农村儿童高质量发展必须使其接受良好教育。"扶贫必扶智"，让农村儿童接受良好教育是农村儿童高质量发展的重要任务，教育以其在个体身心健康发展过程中的基础性、先导性和全局性作用决定着农村儿童发展质量的高低。尤其需要克服农村适龄儿童减少、师资结构性失衡等困难，有效推进"五育并举"，促进农村儿童高质量发展。

2017 年，党的十九大报告指出我国已迈入社会主义新时代，供给侧的主要矛盾从供给不足转变为发展不平衡不充分。在这一阶段，经费问题不再成为农村儿童发展过程中突出的关键词，家长、校园、教育教学、心理健康和贫困地区则引起了人们的广泛关注，社会关注点转向促进农村儿童的高质量发展。农村儿童高质量发展是全面脱贫与乡村振兴战略有效衔接的人力资本保障。从农村儿童的地域性和实际情况出发，比较城市儿童与农村儿童早期发展状况，农村儿童高质量发展具有以下典型特征。

一是安全健康成长是前提。相比而言，由于农村地区经济欠发达，公共服务水平较低，群众健康意识相对较为薄弱，农村儿童营养、健康状况欠佳。同时，由于农村留守儿童长期与父母分离，缺少科学有效的监护照料、心理关怀和安全防护指导，因此遭受非法侵害、意外伤害和产生极端行为的可能性增大。加强农村儿童安全健康关爱工作，为农村儿童营造积极良好的成长氛围，促进农村儿童健康发展，已成为农村儿童高质量发展过程中的一项重要任务。

二是基本生活保障是基础。目前，一些农村儿童因家庭经济困难和缺乏有效监护因素，面临生存和发展困境，不仅不利于农村儿童高质量发展，也是全面推进乡村教育振兴过程中亟须解决的突出问题。针对上述问题，需要进一步完善、落实社会救助、社会福利等保障政策，合理拓展保障范围和内容，形成农村儿童保障政策合力以确保农村儿童的高质量发展，主要包括保障农村儿童的基本生活、基本医疗和落实监护责任等。总之，基层政府和部门职责得到强化与落实、受保障农村儿童规模增加、农村儿童基本生活得到有效保障是农村儿童高质量发展的重要基础。

三是接受良好教育是关键。乡村教育作为我国教育事业发展的重要组成部分，关系着农村儿童的发展，是新时代背景下社会大众对农村儿童高质量发展的最为关切之处。农村儿童接受良好教育不仅符合新时代对农村儿童的发展需求，而且事关乡村振兴的未来，象征着我国农村儿童进入高质量发展阶段。现今，农村儿童义务教育入学率得到显著提高，农村留守儿童的教育问题也得到政府和社会的广泛关注。然而，农村儿童能否受益于"五育融合"教育体系的构建，能否接受素质教育和个性化教育，已成为农村儿童高质量发展的关键议题。

（二）农村儿童高质量发展面临的挑战

近些年，我国高度重视乡村教育事业的发展。为大力推进农村儿童高质量发展，国家采取了一系列有效措施，如加大乡村教育经费投入、实施"两免一补"政策、教育扶贫工程和"特岗计划"等，这些政策很大程度上促进了乡村教育事业的发展。但农村儿童高质量发展仍面临诸多困难和挑战，需要政府和社会各界给予更多的政策性支持和行为援助。

一是农村儿童基本生活照料缺失，家庭教育普遍被忽视或方式不当。城乡二元结构、现代化和城镇化快速推进等导致农村家庭结构发生变化，使得农村儿童生活照料模式也发生了翻天覆地的改变。隔代照料、单亲照料、逆向照料和儿童自我照料等现象日益增多，对儿童身心健康与发展造成了不小的困扰。一方面，由于家庭经济困难、地方特有生活习惯、农村家长缺乏儿童抚养知识等，农村儿童在生理健康方面存在诸多问题。同时，农村儿童未能养成良好的卫生习惯也不利于其健康发展。另一方面，大多数农村家庭教育中，家长通常尽可能地为农村儿童提供物质补偿，而亲子之间缺乏有效沟通和交流。在农村儿童犯错误或任性时，"打骂"等暴力教育方式得到一些农村家长的"青睐"，这会对农村儿童心理健康发展产生负面影响。

二是乡村教育长期处于洼地，学校教学资源配置和师资力量有待加强。义务教育发展不均衡主要表现在城乡、区域之间发展差距仍然较大，区域内校际之间资源配置不均衡，优质教育资源短缺、辐射面窄等。特别是农村地区，目前已经成为我国义务教育均衡发展的一块"洼地"，在教学资源配置、师资力量水平、教育教学质量等方面，与城镇地区存在着较为明显的差距。一方面国家不断向乡村学校投入资源、进行政策倾斜，努力弥合城乡学校之间的基础差距，但是另一方面乡村学生不断进城，乡村学校尤其是农村学校快速衰败，由此造成了"城挤乡空"与教育资源错配的困境。另外，农村中小学教师存在较为严重的结构性缺编问题，例如音乐、美术和计算机科学等课程难以完全开设，或者不懂业务的"主课老师"兼任这些课程，无法为农村儿童全面发展保驾护航。这些问题在很大程度上制约了农村儿童的高质量发展，需要进一步解决。

三是农村儿童帮扶政策设计与执行机制须进一步系统化与综合化。从20世纪90年代开始，我国农村儿童帮扶机制与政策逐渐健全。目前，政府已从基本生活、教育、医疗健康等各个方面促进农村儿童高质量发展，现有帮扶政策在农村儿童基本生活保障方面获得显著成效，但针对农村儿童的社会帮扶政策仍分散在政府的各个部门，未能系统化和综合化，存在"九龙治水"的窘状。另外，在政策实施方面，家长或监护人对保障农村儿童基本权益的法律法规和各项帮扶政策的熟悉程度较低。同时，农村儿童帮扶政策实施过程中的"应帮未帮""帮扶规模小""保障水平低"等问题使这些帮扶政策无法真正助力农村儿童的高质量发展。因此，进一步完善农村儿童帮扶制度，创新帮扶机制，并组织农村家长或监护人对相关政策进行学习，将成为下阶段促进农村儿童高质量发展工作中应重点关注的主题。

三、农村儿童高质量发展需要良好的学校适应

随着社会人口流动的加剧，农村儿童在自身成长发展过程中不可避免地会遇到诸多困难和挑战，这些不利因素都将成为农村儿童高质量发展的羁绊。需要强调的是，学校不仅是农村儿童受教育的主阵地，同时也是农

村儿童生活和社交的主要场所。由此，农村儿童学校适应情况与其发展之间息息相关。具体而言，农村儿童学校适应又可分为学业适应、行为适应和人际适应三方面。农村儿童学业成就是评价其学校适应最直观的指标之一，良好的学习成绩是农村儿童高质量发展的基础。同时，行为适应也是促进农村儿童高质量发展的重要保障，良好的行为习惯能够帮助农村儿童在自身成长道路上走得更远、更稳。最后，农村儿童的人际适应也至关重要，良好的师生关系、同伴关系有利于农村儿童社会价值的获得、社会能力的培养以及人格的健康发展，这无疑在农村儿童高质量发展过程中发挥着举足轻重的作用。基于此，农村儿童良好的学校适应能够有力推进农村儿童的高质量发展。换言之，农村儿童高质量发展需要良好的学校适应。

学校适应良好主要表现为个体能够通过对身心进行合理调控以使自身行为符合学校规章制度的要求，能够克服各种困难顺利完成学业并与他人建立良好人际关系、保持情绪相对稳定的一种状态。良好的学校适应可分为良好的学业适应、行为适应和人际适应。学业适应者，能够克服农村教育资源匮乏、教师整体素质不高和家庭教育缺位等不利因素的影响，端正自身学习态度、积极主动地汲取知识以提高自身知识储备和顺利完成学业；行为适应者，能够遵规守纪、讲文明、懂礼貌、养成良好的行为习惯等，并杜绝偷盗、抢劫和校园欺凌等不良行为的产生；人际适应者，能够做到乐于与他人交往、能够站在他人的角度思考问题，尊师敬长、团结同学，从而建立良好的师生关系与同伴关系。

从乡村振兴长期战略来看，需要重视农村儿童的学校适应，促进农村儿童高质量发展，帮助他们成长成才。然而，促进农村儿童达到良好的学校适应，需要政府、社会、学校和家庭的共同努力。其中，学校应当肩负着促成农村儿童达到良好学校适应的主要责任。以农村儿童学业适应、行为适应和人际适应为落脚点，需要重点抓好以下工作：

（一）发挥教师力量，助力农村儿童学业适应性

农村儿童的学业适应性水平普遍较低，这主要源于农村教育的落后性和偏差性。在矫正农村儿童学业适应不良的过程中，教师发挥着重要作用。一方面，有效发挥教师传道、授业、解惑的功能是确保农村儿童学业成绩提高的"定海神针"。教师应结合乡村教育实际、学科特点，尽可能为学生传授完善的知识体系，注重及时更新自身知识库，减少由地域限制导致的闭塞性；同时，注重促进农村儿童意向性自我调节的发展，青少年时期是其意向性自我调节发展的关键时期，良好的意向性自我调节有助于青少年更好地了解自身的实际情况与真实需求，做出符合实际的选择，并根据目标计划监督自己的行为，及时采用优化与补偿策略促进目标的完成。所以教师要帮助农村儿童树立学习信心、建立切实可行的学习目标，提升学习能力，进而促进其学业成绩的提升。此外，要讲究道术结合，传授知识的同时也要善于发现出现学习困扰的学生，引导农村儿童去探索适合自己的学习方法和策略。另一方面，端正农村儿童的不良学习态度是重要举措。教师的关爱、鼓励和支持均是促进农村儿童学习态度转换中不可忽视的措施；同时，教师在平常教学中，要注重改善学生学业情绪，尤其要注重唤起学生积极的学业情绪，如励志教育、放松训练等，减少学生负面情绪对于学习的阻力；教师在与学生相处的时候要尽可能减少对学生的强制性控制行为，应理解、尊重学生，给他们提供相关信息和自主选择的机会，鼓励他们以自己的方式运用得到的信息去独立解决问题，并在必要时提供相应的支持与帮助。

（二）开设校本课程专题，提升农村儿童行为适应性

校本课程是国家课程方案规定开设的课程，是基础教育课程体系的重要组成部分。毋庸置疑，开发校本课程是中小学进行新一轮课程改革的必经之路。2023 年 5 月，《教育部关于加强中小学地方课程和校本课程建设与管理的意见》出台，对校本课程建设与管理提出了新要求，这也为促进农村儿童行为适应性带来启示。农村学校务必要因地制宜地开发符合本校实际的校本课程，充分发挥农村教师的创新精神，锻炼其创新能力，方能在最大程度上凸显农村学校的办学特色和落实国家关于贯彻新课改的号召。

校本课程建议以专题形式开展，鼓励将综合实践活动、班团队活动等和校本课程整合实施，相关内容统筹安排，课时打通使用。一是开设价值澄清专题。儿童经常会面临这样一些问题：为什么别人可以打人而我不能？为什么我的小伙伴可以说谎而我不能？我应该是什么样的，要成为什么样的学生？价值澄清课程引导儿童审慎思考，经过观察、对比和讨论等活动，形成有价值的思维方式，逐渐澄清自身价值观，为其养成良好行为习惯奠定基础。二是通过德育故事专题为儿童树立行为榜样。心理学家班杜拉表示，对儿童行为改善或抑制作用最大的是榜样。榜样的形象会刺激儿童学习的需要，儿童看到榜样在各种情景中的表现及规范做法后，将榜样行为与自身行为进行比较，积极学习规范行为，改正自身不当行为。三是开设法制教育课。强化农村儿童法治意识，帮助农村儿童守好道德的底线。聘请专业的教育老师，定期为留守儿童上法律知识课程，并且组织他们共同学习法律法规，建立起优质法律教育基地，这样才能让这些儿童养成知法守法的习惯。同时也需要进行提高留守儿童自我保护能力的教育工作，防患于未然，有效保证农村儿童远离违法行为。

（三）营造和谐氛围，推进农村儿童人际适应性

学校氛围包括有归属感的物质环境、鼓励学生参与的学习环境、信任和谐的人际环境、自信尊重的情感环境、合作交流的校内外环境。积极的学校氛围具有支持、鼓励、温暖的特点，可以让师生感受到尊重和关爱。农村儿童面临的人际关系主要为师生关系和同伴关系，而和谐校园氛围有利于学生形成积极的社会关系、为情感和行为发展提供组织支持。据此，营造和谐校园氛围以推进农村儿童的人际适应性成为提升农村儿童学校适应的突破口。和谐校园氛围的营造需要多方努力，从学校层面出发，应颁布和实施预防、排查和惩治校园欺凌等恶性事件的校纪校规，帮助农村儿童摒弃和远离粗暴野蛮的人际交往方式，建构正确的人际交往观，以期在教师和学校的双重保障下建立良好的师生关系和同伴关系，提高人际适应性，助力农村儿童的学校适应。从班级层面出发，以班集体为单位全力构建民主平等的班集体氛围，在这个过程中，教师要善于引导农村儿童学会团结友爱、互帮互助，避免出现孤立或热衷建立班级小团体等情况。从教师层面出发，教师要注重对人际适应不良儿童实施个别辅导，帮助其建立良好人际关系。此外，教师之间的经验交流与学术互动可以增强理性思维，开阔处理问题的思路视野，从而可以帮助创造性地解决学生人际适应性难题。从个体心理发展层面出发，积极的学校氛围与学生情感发展高度相关，因此社会需要加强对于乡村地区教育资源投入、营造宜人的学校氛围，以期帮助学生克服家庭背景所产生的社会情感能力发展约束，从而促进学生情绪调节等方面能力的提升。

第二章
农村儿童学校适应问题及其风险因素

引子：一份农村小学成绩单引发的热议

一名乡村老师在社交媒体上传了某小学三年级 2020 年下学期的成绩单，成绩单上有 22 名学生语文、数学、外语 3 科的成绩。晒出的"成绩单"引来不少网友的热议，原因是学生的考试成绩差别有些大，尤其是数学科目考试成绩偏低。

统计结果显示，语文成绩最低分 32、最高分 96、平均分 78.23、标准差 19.42；数学成绩最低分 10、最高分 83、平均分 54.73、标准差 19.77；英语成绩最低分 63、最高分 99、平均分 84.00、标准差 11.06。相比而言，数学成绩更不理想，全班平均分没有及格且及格率只有 50%。这只是小学三年级考试情况，随着年级的增长，试题难度会越来越大，若小时学习基础没打好，他们以后的学习情况将更令人担忧。

那么，网友分析的原因包括哪些呢？原因之一，教学资源的缺乏导致农村学生无法获得高质量的学习支持。很多地区的学生只有教材，根本就没有教辅资料或者教具，一些学生从来没有上过多媒体课或实验课，学生的学习只限于老师讲授与教材。原因之二，师资力量匮乏导致农村学生无法获得直接有效的教师支持。虽然多数农村学校有教学场所和教师，但规模都比较小；尽管每年都有"三支一扶"或者公费师范生来缓解教师岗位的空缺，但在服务期满后，这些教师为了以后的发展，习惯性选择离开乡村。因此，农村儿童能真正获得稳定的、高质量的受教育机会少之又少。原因之三，家庭教育的缺失导致农村学生自由散漫。大多数农村父母在孩子上小学后就离开家外出打工，留下了很多留守儿童，这些儿童只能交给爷爷奶奶或者外公外婆抚养，但老年人精力有限，大部分农村老人甚至不知道如何培养孩子，也难以监督孩子们学习。原因之四，农村学生缺乏良好习惯的培育，导致学习投入不够。由于家庭教育的缺位和同伴的影响，很多农村学生没有养成良好的学习习惯，因此相比于城市学生，农村学生的学习动力差，在学习上投入的时间和精力均不够，竞争力也相对不足。

第一节　农村儿童学校适应的发展现状与特征

学龄期是个体身心发展的重要时期。学校是除家庭之外对学龄期儿童发展产生深远影响的主要场所，因此学校适应是否良好将对儿童身心发展具有重要影响。对于学龄期的儿童，能否快速地适应学校生活对其知识获得和能力发展都至关重要，对个体终生发展具有深远影响。但是，我国儿童学校适应的情况并不乐观，不少儿童存在学校适应不良的问题（卢富荣，刘丹丹，李杜芳，等，2018），尤其是留守儿童学校适应问题更为严重。相比于留守时长小于1年的学生，留守时长超过1年的学生社会适应更差，男生比女生更差（缪华灵，郭成，向光璨，等，2021）；留守男生的情绪和行为问题比留守女生严重，小学生比中学生表现出更多的情绪和行为问题（黎志华，尹霞云，蔡太生，等，2014）；此外，以小学三年级、小学五年级、初中二年级和高中二年级留守儿童为对象的焦虑情绪发展状况调查发现，相比而言，留守男生、小学五年级、高中二年级、留守时间越长、留守初始年龄越小的留守儿童更容易焦虑（胡义秋，方晓义，刘双金，等，2018）。上述研究说明，儿童的心理和行为发展会因留守情况、性别和年级等方面的不同而表现出不同特征。

采用《中国中小学生学校适应成套量表》（江光荣，应梦婷，林秀彬，等，2017）中的小学3~6年级版与初中版，调查农村儿童学校适应的发展现状及其在各人口学变量上的特征。《学校适应量表（3~6年级版）》共41个项目，《学校适应量表（初中版）》共53个项目。两个量表均包含学业适应、社会性适应、个人适应3个维度，包含的具体因子名称见表2-1、表2-2。均采用5点计分，从"从不如此"到"总是如此"依次计1~5分，得分越高表明学校适应越好。两个版本问卷的内部一致性系数分别为 0.89、0.93。

采用方便取样法，选取山西、湖南、陕西、重庆 4 省（市）16 所小学和 14 所中学的中小学生作为调查对象。共发放问卷 5936 份（小学生 2656 份，初中生 3280 份），收回问卷 5923 份（小学生 2649 份，初中生 3274 份）。删除无效问卷和重要人口学变量缺失的问卷，最终保留问卷 5640 份。其中，小学生样本 2569 人，平均年龄 10.69 岁（$SD = 1.01$），男生 1300 名（50.6%），女生 1269 名（49.4%）；初中生样本 3071 人，平均年龄 13.62 岁（$SD = 1.04$），男生 1570 名（51.1%），女生 1501 名（48.9%）。

同时，采用结构式访谈和半结构式访谈法，选取 43 名农村小学四年级到初中三年级的儿童作为访谈对象，同时访谈其家长、老师、同伴，着重了解农村儿童学校适应中的积极面和消极面。

一、农村小学生学校适应的现状及特征

（一）农村小学生学校适应现状

表 2-1　农村小学生学校适应各维度得分

	指标	均值（M）	标准差（SD）
学业适应	学习动机	3.66	0.58
	学习技能	3.94	0.62
	学习问题	3.82	0.61
社会性适应	同伴关系	4.02	0.61
	师生关系	3.85	0.70
	行为适应	4.03	0.74
	学校态度	3.48	0.83
个人适应	情绪适应	3.90	0.84
	自尊	4.23	0.65

统计农村小学生学校适应各维度（学业适应、社会性适应和个人适应）的均值（见表 2-1），并进行方差分析。结果显示，球形检验结果表明被试内变量不符合球形假设（$p < 0.01$），因此使用 Greenhouse-Geisser 方法校正，学校适应的主效应显著，$F_{(2, 5136)} = 425.26$，$p < 0.01$，表明学业适应、社会性适应和个人适应之间存在显著差异。事后比较发现，个人适应（$M = 4.06$，$SD = 0.66$）最好，社会性适应（$M = 3.84$，$SD = 0.57$）其次，

学业适应（$M = 3.81$，$SD = 0.49$）最差（见图 2 - 1）。

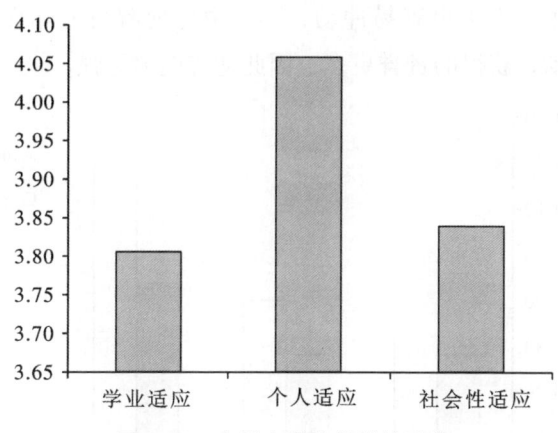

图 2 - 1　农村小学生的学校适应

　　总体上，农村小学生的学校适应处于中等水平，但学校适应各维度的发展并不一致。在《学校适应量表（3～6 年级版）》三个维度中，学业适应包含学习动机、学习技能和学习问题，反映了学生在学业方面的整体情况；社会性适应包含同伴关系、学校态度、师生关系和行为适应，反映了学生在学校人际关系方面的整体情况；个人适应包括学生的情绪适应和自尊，主要在于考察学生的心理适应。相比学业适应和社会性适应，农村小学生个人适应发展较好，具体来说，小学生的自尊和情绪适应都发展较好。社会性适应处于中间水平，说明农村小学生在同伴关系、学校态度、师生关系与行为适应方面不存在太大的问题。值得注意的是，相对于社会性适应和个人适应，农村小学生的学业适应最差，其中一部分原因可能是农村学校的教学资源不足，学生获得的学业支持较少，导致小学生学习方面更容易产生学习方法不当、缺乏学习兴趣、自我控制力差等方面的问题。

　　（二）人口学变量对农村小学生学校适应的影响

　　进行 2（性别：男、女）×3（学校适应：学业适应、社会性适应、个人适应）重复测量方差分析，结果显示，性别的主效应显著，$F(1, 2567) = 50.97$，$p < 0.01$。进行成对比较发现，在学业适应、社会性适应和个人适应三个维度上，女生的得分都显著高于男生（见图 2 - 2）。在学业适应、社会性适应和个人适应三个维度，女生的表现都比男生好，这与前人的研究结果相似，例如留守儿童社会适应研究结果显示，男生在低社会适应组的

占比更大（缪华灵，郭成，向光璨，等，2021）。男生的生理成熟与心理成熟相对晚于女生，男生更容易冲动，不能很好地解决人际交往问题；而女生学习更加主动，获得的赞誉更多，因此适应能力更强。

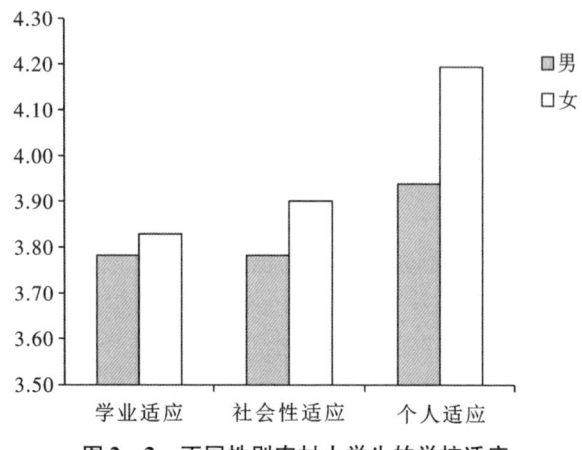

图 2-2 不同性别农村小学生的学校适应

进行 2（留守与否：留守、非留守）×3（学校适应：学业适应、社会性适应、个人适应）重复测量方差分析，结果显示，留守与否的主效应显著，$F(1, 2567) = 9.71$，$p < 0.01$。成对比较发现，在学业适应和个人适应两个维度上，留守儿童的得分都显著低于非留守儿童；在社会性适应维度上，留守儿童的得分也低于非留守儿童，两者差异边缘显著（$p = 0.055$），具体见图 2-3。结果显示，在学业适应、社会性适应和个人适应维度，留守儿童的表现比非留守儿童更差。

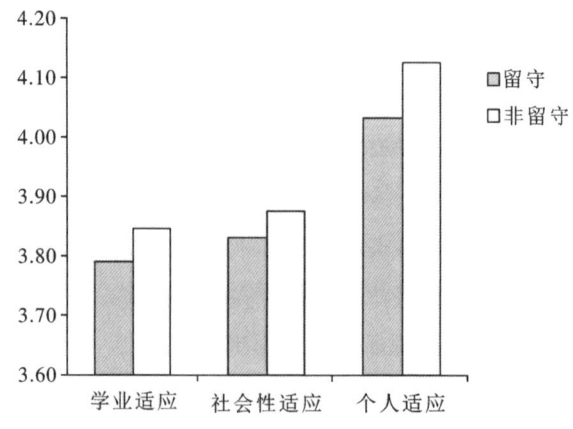

图 2-3 农村留守、非留守小学生的学校适应

进行3（年级：四年级、五年级、六年级）×3（学校适应：学业适应、社会性适应、个人适应）重复测量方差分析，结果显示，年级的主效应不显著，年级和学校适应的交互作用也不显著（见图2-4）。究其原因，首先，我国实行九年制义务教育，农村小学生不用过多地考虑升学问题；其次，本研究所选取的小学样本是四至六年级，经过小学前三年的了解，小学高年级的学生对学校基本情况已有较好的适应，学校适应处于较为稳定的阶段，因此不存在年级差异。

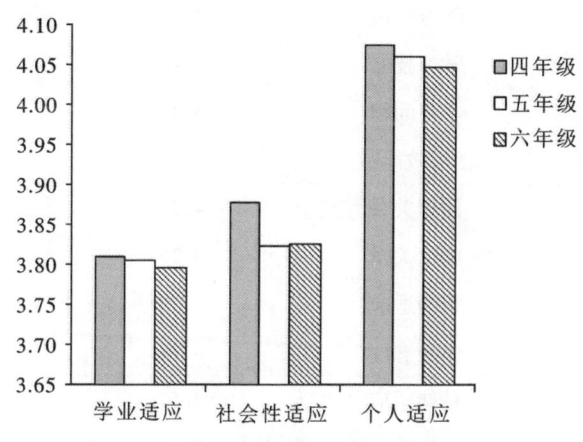

图2-4 不同年级农村小学生的学校适应

二、农村初中生学校适应的现状及特征

（一）农村初中生学校适应现状

统计初中生学校适应各维度（学业适应、社会性适应和个人适应）的均值（见表2-2），并进行方差分析。球形检验结果表明被试内变量不符合球形假设（$p < 0.01$），因此使用 Greenhouse-Geisser 方法校正。结果显示，学校适应的主效应显著，$F(2, 6140) = 5043.14$，$p < 0.01$。事后比较发现（见图2-5），社会性适应（$M = 4.37$，$SD = 0.51$）显著高于个人适应（$M = 3.41$，$SD = 0.69$）和学业适应（$M = 3.41$，$SD = 0.64$）。

农村初中生学校适应总体上处于中等水平，初中生正处于身心发展迅速变化的关键时期，这个时期的学业任务和升学压力增加，因此，学业适应仍存在一定的问题，而学业上一些不好的表现会影响到初中生的情绪，比如产生焦虑；同时，来自他人（如老师、父母等）的评价会影响到他们的自尊水平。与学业适应和个人适应相比，社会性适应发展得更好。初中阶段，学生的社会人际交往面扩大，对承担社会责任以及适应社会发展变化等有了新的思考。在学业受挫之后，学生会去寻求周围的社会支持，这促进了他们社会关系的建立，促进了他们社会性适应的发展。

表2-2 农村初中生学校适应各维度得分

	指标	均值（M）	标准差（SD）
学业适应	学习动机	3.90	0.72
	学习技能	3.18	0.76
	学习问题	3.45	0.82
	学习效能感	3.10	0.87
社会性适应	同伴关系	4.24	0.66
	师生关系	4.25	0.75
	行为适应	4.79	0.41
	学校态度	4.21	0.78
个人适应	情绪适应	3.50	0.90
	自尊	3.32	0.90

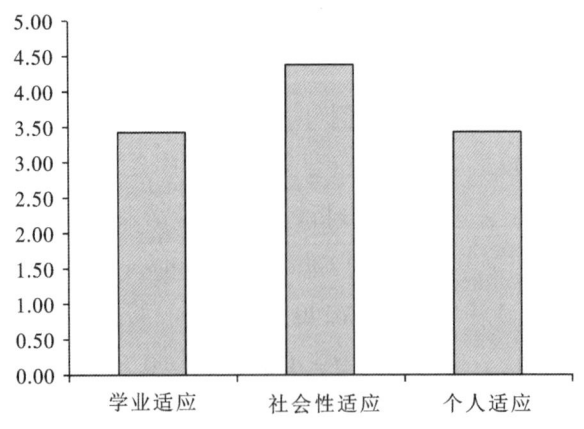

图2-5 农村初中生的学校适应

（二）人口学变量对农村初中生学校适应的影响

进行2（性别：男、女）×3（学校适应：学业适应、社会性适应、个人适应）重复测量方差分析，结果显示，性别的主效应不显著，F（1，3069）$=0.54$，$p>0.05$；性别和学校适应的交互作用显著，F（2，6138）$=53.91$，$p<0.01$。进一步分析发现，在社会性适应和个人适应上性别差异显著，在学业适应上无显著性别差异（见图2-6）。与小学阶段不同，初中生学校适应的性别效应表现出不同的特点。具体而言，在社会性适应方面，女生的表现比男生更好；在个人适应方面，男生的表现比女生更好。在初中生学校适应的性别差异上，前人研究也得到了不同的结论。有研究显示，女生的心理健康水平总体低于男生，其中学习焦虑和恐怖倾向方面，女生比男生更加突出（张晖，刘静，陈露，2017）；而另一项研究发现留守男生样本情绪和行为问题更多地聚集在适应困难组和行为冲动组两个组上，即男生的表现更差（黎志华，尹霞云，蔡太生，等，2014）。这种男女差异是多方面原因造成的：一方面，女生更加感性，因而出现的情绪问题比男生多；另一方面，初中阶段的男生的生理成熟与心理成熟相对女生晚，男生更加冲动，获得和利用社会支持比女生少，处理人际关系也不如女生灵活。

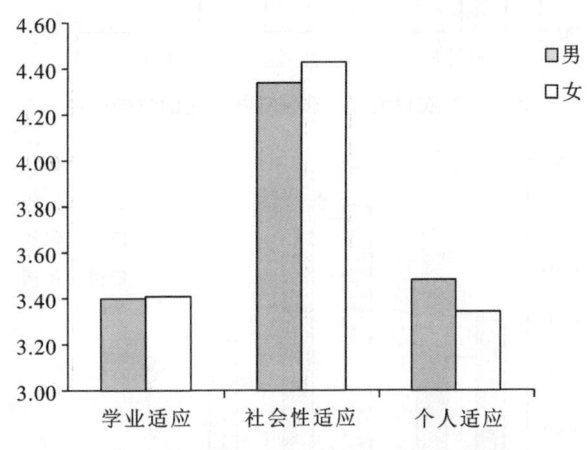

图2-6 不同性别农村初中生的学校适应

进行2（留守情况：留守、非留守）×3（学校适应：学业适应、社会性适应、个人适应）重复测量方差分析，结果显示，留守与否的主效应显著，F（1，3069）$=6.32$，$p<0.05$。成对比较发现，在学业适应上，留守儿童的得分显著低于非留守儿童（$p<0.05$），在社会性适应和个人适应上差异不显著（$p>0.05$），见图2-7。有研究显示，与非留守儿童相比，留守儿童在学校适应方面处于劣势，相比父母均外出的留守儿童、父亲外出的留守儿童，母亲外出的留守儿童不仅健康状况（患先天性特征更强的慢性疾病）最差，且认知能力水平、非认知能力水平（尽责性）也最低（杨青，易礼兰，宋薇，2016）。在学业适应维度上，非留守儿童的得分显著高于留守儿童，在某种程度上也契合前人研究结果。

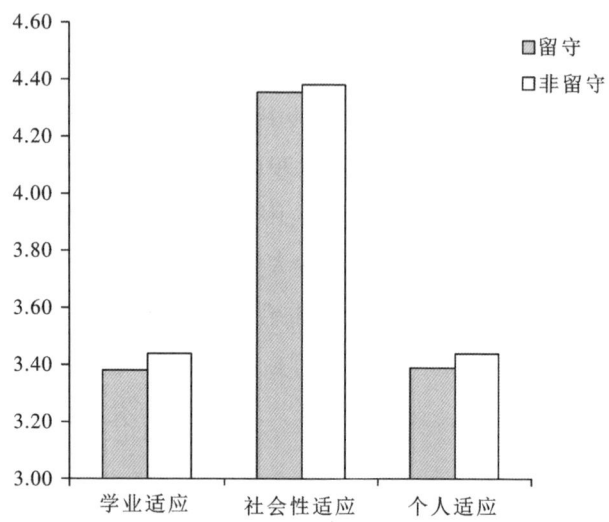

图 2 - 7　农村留守、非留守初中生的学校适应

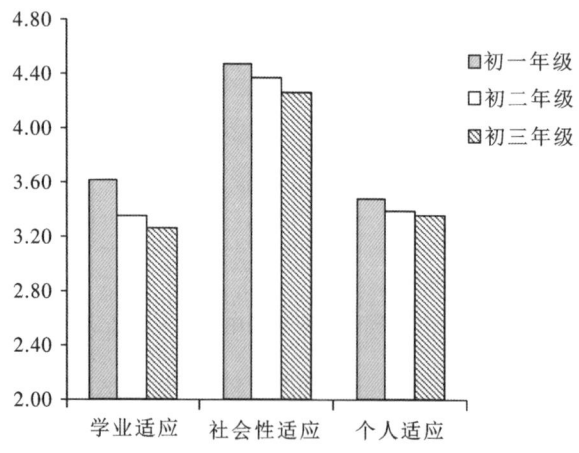

图 2 - 8　不同年级农村初中生的学校适应

进行 3（年级：初一年级、初二年级、初三年级）×3（学校适应：学业适应、社会性适应、个人适应）重复测量方差分析，结果显示，年级的主效应显著，$F(2, 3068) = 52.30$，$p < 0.01$；年级和学校适应的交互作用显著，$F(4, 6136) = 19.44$，$p < 0.01$。进一步分析发现，在学业适应和社会性适应上，三个年级之间两两差异显著（$p < 0.01$），而在个人适应上，初一年级学生得分显著高于其他两个年级学生（$p < 0.01$），见图 2 - 8。由此可见，初中生学校适应的年级差异显著，总体上表现为年级越高，初中生学校适应（学业适应、社会性适应、个人适应）越差。初中生面临着较强的升学压力，且不同年级学生面临的压力也不同。这个结果符合现实情况，初中生心理和生理发展快速，自我意识增强、情绪多变，同时面临更为复杂多变的人际交往问题，发展的快速和不稳定在学校适应上表现为年级的差异。初三年级学生面临升学，受到的学业压力更大，这也会造成他们学校适应降低。因此，应特别注意初三年级学生的心理，帮助他们适度释放压力。

三、结论与建议

研究结果显示，农村中小学生学校适应总体处于中等水平，并且存在维度上和人口学上的差异。具体而言，在小学阶段，与学业适应和社会性适应比较而言，个人适应发展得更好；女生的适应情况比男生好；相对非留守儿童，留守儿童更容易出现适应不良的问题；各年级的适应水平没有显著差异。在初中阶段，相对学业适应和个人适应，社会性适应发展得更好；女生的社会性适应情况比男生好，而男生的个人适应情况发展更好；相对非留守儿童，留守儿童更容易出现适应不良的问题；年级越高，初中生在学校适应及其各维度的表现越差。值得注意的是，结果显示小学阶段和初中阶段存在较大的差异。研究结果为促进农村中小学生的学校适应带来了一些启示。

第一，不能笼统地看待学校适应问题，而要关注其具体维度。学业适应、社会性适应和个人适应分别有不同的内涵与外延。学业适应侧重学生学习方面的适应情况，主要包括学习动机、学习技能、学习问题。社会性适应侧重人际交往方面的适应情况，主要包括同伴关系、师生关系、行为适应以及学校态度。个人适应侧重自我概念、自我评价以及情绪反应性与调节能力，主要包括情绪适应和自尊。目前的学校适应研究大多集中于对中小学生的学校适应总体状况进行评价。学生们到底存在哪些方面的适应问题，个体的社会性发展情况如何，难以知晓。因此，将来对中小学生的学校适应研究需要我们去探究学生学校适应不同维度的发展状况，全面系统地了解农村儿童学校适应的具体发展现状，以期增强学校适应对策的具体性、针对性。

第二，在促进农村中小学生的学校适应发展之时，应考虑性别差异。应试教育以升学考试为中心，它对学生的评价必然集中在学习成绩、考试分数上，这类考试侧重于考查对知识的记忆，由于考试内容难以让男生发挥他们视觉和空间技能、运动技能等长处，也容易过早磨损男生学习动力与自尊心。教育不能搞"一刀切"，必须为孩子成长过程中的差异性提供不同服务，遵循人的成长规律，遵循教育的规律。通过教育实现学生主体选择的合理化、超越的现实化，不断地完善提升，成为真我。具体来说，首先要尊重学生主体间的差异，保护男生、女生自尊心的发育。其次，要根据孩子不同成长阶段的心理、生理特点，对孩子进行合理的教育引导，采取合理教育方式去因材施教，让不同性别的学生各施所长，促进其全面发展。最后，应采取更加多样化的教学评价体系，准确摸清学生的学校适应现状，并以此为依据，制定更适合学生的教育方案。

第三，应该关注重点人群，如初三年级学生和留守儿童，需要给予他们更多的支持。初三年级学生属于心理危机高发群体，对此，学校应该加强毕业年级学生、家长、教师心理健康知识的普及与宣传，增强学生的心理监测能力和适应调适能力。通过学生自我的积极调节、家长的鼓励、教师调整教学方式、家校增强互动，毕业年级学生才更有可能尽快适应学校的要求、人际关系变化和行为要求。此外，留守儿童的健康成长不仅关乎留守儿童的个体及其家庭，也关乎社会的和谐可持续发展，是一个需要社会各界、学校、政府部门等共同关注解决的问题。首先，在外务工的家长也需要改变以往的错误观念，除了尽可能满足留守孩子物质方面的需求外，还需要加大对孩子教育的文化投入和时间投入，积极主动配合教师及学校，共同为学生的健康成长努力。其次，对学校管理者而言，要加强学校、班主任、任课老师等对留守儿童的关注与帮助，以师生之情弥补亲情的缺失，从生活细节入手，让留守儿童能够感受到更多的关爱，加快建设农村寄宿制学校，增加留守儿童教育、生活被照料的可及性，同时要加强与留守儿童父母或是监护人的沟通，查看学校适应不良是否是因为家庭环境所致，一起帮助留守儿童解决这一问题。最后，在政府层面，各级政府应该相互配合，共同为留守儿童提供良好环境，有助减少留守儿童因缺少父母照料受到的负面影响，比如，为留守儿童建档立库，将留守儿童纳入整个儿童福利工作当中，对生活困难、无人监管的留守儿童，各级政府部门应做好帮扶工作。

第二节　农村儿童学校适应的类型：基于潜在剖面分析

通过分析以往农村儿童学校适应的研究后发现，大多数研究对个体学校适应水平高低的判断局限于其在量表得分上的高低，但随着时代的发展，一代人与一代人之间的认知水平、价值观念等方面都存在显著差异，因此问卷的时效性有待商讨。

在问卷调查的基础上，采用一种新的统计方法，即：潜在剖面分析（Latent Profiles Analysis，LPA）。潜在剖面分析是指通过类别的潜变量来解释连续外显指标间的关联，使外显指标间的关联通过潜在类别变量来估计，进而维持其局部独立性的统计方法。与传统研究方法相比，潜在剖面分析更加精确客观，不仅可根据农村中小学儿童在《中国中小学生学校适应量表》上的反应模式来判断个体所属的亚群体，而且可用 Entropy 等客观指标对分类的精确度进行评价。通过对个体的心理、行为特征进行分类，获得潜在类别的具体外在特征，从而有助于对不同特征类别人群的进一步研究。在分类结束后，运用多元 Logistic 回归的统计方法，比较农村儿童性别、年龄差异以及留守儿童与非留守儿童在学校适应方面存在的差异，并提出相应的政策以应对学校适应不良问题。

调查对象与调查工具见本章第一节。

一、农村小学生学校适应的类型及其分析

（一）农村小学生学校适应的潜在剖面分析结果

研究分别抽取了 1~4 个潜在类别模型，拟合指数汇总在表 2-3 中。

表 2-3　农村小学生学校适应各潜在类别指标分析

类别	AIC	BIC	aBIC	Entropy	LMR	BLRT	类别概率
1	47703.98	47809.30	47752.11	—	—	—	1.00
2	40771.25	40935.09	40846.12	0.86	0.00	0.00	0.43/0.57
3	38901.76	39124.11	39003.38	0.83	0.00	0.00	0.23/0.46/0.31
4	38410.42	38691.28	38538.78	0.79	0.36	0.00	0.40/0.28/0.11/0.21

从表 2-3 可知，拟合指数 AIC、BIC 和 aBIC 随分类类别的增加而单调减少（没有复杂的变化）。1~3 类别的 Entropy 均高于 0.8，说明该模型 1~3 类别分类均具有可信度。检验过程中，1~3 类别的 LMR 和 BLRT 均显著，说明 3 类别模型优于 2 类别模型，但在 4 类别模型检验时，LMR 值不显著，表明 4 类别模型并不优于 3 类别模型。因此最终选择 3 类别。

（二）农村小学生学校适应潜在类别特征

运用潜在类别分析技术对农村小学生学校适应进行探究，发现小学生中存在明显的分组特征，在对各类精确度指标分析的综合考虑下，根据被试对相关测量条目的反应模式特征，C1 类别在 9 个维度上的得分明显低于其他两个类别，因此将其定义为"适应困难组"；C2 类别在 9 个维度上的得分均明显高于 C1 且均低于 C3，因此将其定义为"中等适应组"；C3 类别在 9 个维度上的得分均高于 C1 和 C2 类别，学校适应情况良好，因此将其定义为"适应良好组"（见图 2-9）。

其中，"中等适应组"人数最多，占总人数的 45.78%；其次，"适应良好组"人数中等，占总人数的 31.06%；"适应困难组"占总人数的 23.16%，相对而言，在各个维度上表现不是很好。虽然大部分学生在学校适应方面表现较好，但仍有一部分学生学校适应处于低水平，例如，小学生的师生关系和自尊等表现不良。有研究表明小学生年级越高，与老师之间的亲密度越低，因为 4~6 年级小学生与 1~3 年级小学生相比，一方面其不再把老

师作为"绝对权威"，认知水平的不断上升，使其发现自己与老师在某些问题上存在分歧；另一方面，随着同伴关系的地位不断上升，占据了小学生生活中的大部分，师生关系的地位有所下降。针对小学生自尊方面存在的问题，主要是因为小学生知识经验相对匮乏、认知水平有限，他们在学习与人际交往中多少会遇到一些问题，容易产生孤独、自卑等消极情感，从而对其身心健康发展造成负面影响。教师不仅要关注学生的学业成就，也要注意学生的心理问题，与学生之间建立民主型师生关系。

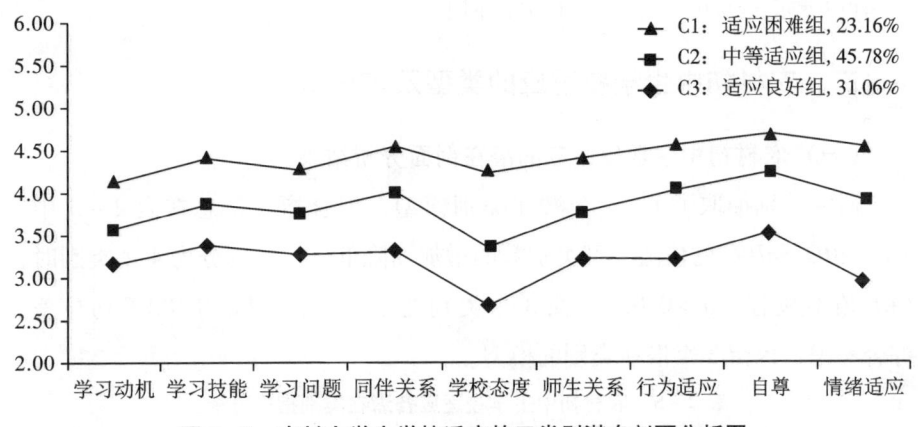

图 2 - 9　农村小学生学校适应的三类别潜在剖面分析图

将分类变量虚拟化：性别维度上，女性编码为 0，男性编码为 1；留守情况维度上，留守编码为 1，非留守编码为 0；年级维度上，设置了 $n-1$ 个虚拟变量。为了解性别等人口学变量对农村小学生学校适应的影响，在对学校适应进行潜在类别分析的基础上，将性别、年级和留守情况作为自变量，学校的潜在类别作为因变量进行多项 Logistic 回归（见表 2 - 4）。以适应良好组为参照组，将适应困难组、中等适应组与其进行比较，*OR* 值反映了不同性别、年级和留守情况的效应。在适应困难组中，年级不存在显著差异，性别与留守情况存在显著差异。具体来看，男生所占比重高于女生，与女生相比，男生学校适应能力较差；留守群体在低水平适应中所占比重较大，说明留守儿童比非留守儿童的学校适应能力差。中等适应组仅存在性别差异，且男生所占比重高于女生，说明男生更容易出现学校适应不良问题。

表 2-4 农村小学生学校适应多项 Logistic 回归分析

学段	人口变量	类型	C1（适应困难组）		C2（中等适应组）	
			OR	*CI*	*OR*	*CI*
小学生	性别	男	2.01**	1.62~2.49	1.22*	1.02~1.46
	年级	四年级	0.78	0.60~1.02	0.85	0.69~1.06
		五年级	1.04	0.80~1.35	0.94	0.76~1.18
	留守情况	留守儿童	1.41**	1.11~1.78	1.08	0.89~1.31

注：* 表示 $p < 0.05$，** 表示 $p < 0.01$，下同。

二、农村初中生学校适应的类型及其分析

（一）农村初中生学校适应的潜在剖面分析结果

研究分别抽取了 1~4 个潜在类别模型，拟合指数汇总在表 2-5 中。*AIC*、*BIC*、*aBIC* 的值随模型类别数的增加而降低，但当划分为 4 个类别时，*LMR* 值不显著（$p > 0.05$）；而 3 个类别的模型中，*LMR* 和 *BLRT* 均显著。综合考虑，保留 3 个潜在类别的模型。

表 2-5 农村初中生学校适应各潜在类别指标分析

类别	*AIC*	*BIC*	*aBIC*	*Entropy*	*LMR*	*BLRT*	类别概率
1	69015.51	69136.11	69072.56	—	—	—	1.00
2	62085.33	62272.25	62173.75	0.86	0.00	0.00	0.38/0.62
3	59642.02	59895.27	59761.81	0.84	0.00	0.00	0.15/0.44/0.41
4	58104.51	58424.08	58255.68	0.85	0.15	0.00	0.14/0.37/0.06/0.43

（二）农村初中生学校适应的潜在类别特征

将 C1 类别命名为"适应困难组"，约占初中生总人数的 14.59%；将 C2 类别命名为"中等适应组"，约占初中生总人数的 44.48%；将 C3 类别命名为"适应良好组"，约占初中生总人数的 40.93%。具体见图 2-10。其中"中等适应组"人数最多，"适应困难组"所占比最少，这说明少部分农村初中生处于较低学校适应水平。除了学习技能与学习效能感维度外，在其他维度上，适应困难组与中等适应组、适应良好组存在显著的差异，相比后两组，前者得分更低。其中，农村初中生在学业适应和个人适应的

平均得分不如社会性适应，这是因为初中阶段的学习与小学阶段的学习有很大的不同，随着课程难度的上升，初中生会面临不同程度的课程压力；并且中学更加强调学习的自主性，如果学生不积极转变自己的学习方式，可能会面临学习困难等问题；青春期又是自我意识发展的关键时期，当初中生发现理想自我与现实自我存在较大差距时，会产生焦虑、自卑等情绪。这时需要老师的积极引导，培养学生形成积极的自我人生价值观；家长要营造良好的家庭氛围，与子女及时沟通，帮助子女适应学校环境带来的变化。一项研究以学校适应类别为因变量，以自我控制为自变量，结果发现，自我控制的得分越低，越可能归属于适应困难组和中等适应组（谭千保，黄勇，申诗雨，等，2022）。

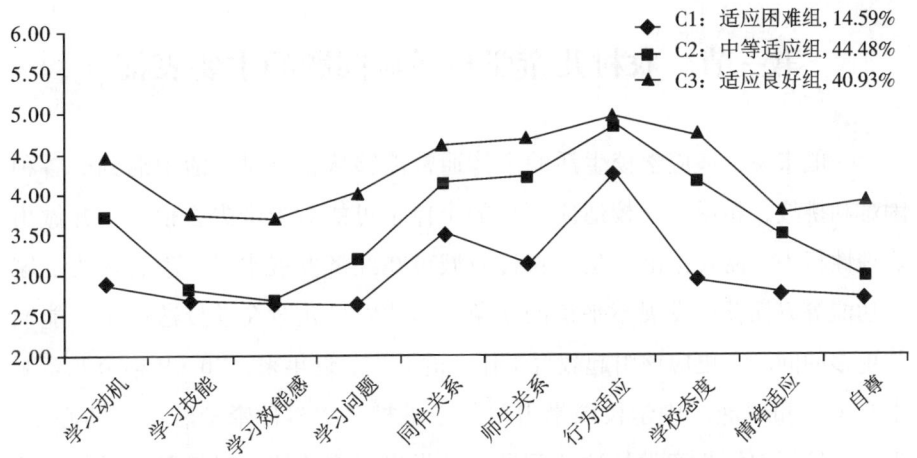

图 2－10　农村中学生学校适应的三类别潜在剖面分析图

同理，在学校适应潜在类别分析的基础上将性别、年级和留守情况作为自变量，学校适应的潜在类别作为因变量进行多项 Logistic 回归。以适应良好组为参照组，将适应困难组、中等适应组与其进行比较，*OR* 值反映了不同性别、年级和留守情况的效应（见表 2－6）。在适应困难组，男生所占比重高于女生，女生学校适应能力优于男生，这与先前的研究结果较为一致。同时，初三年级所占比重高于初一、初二年级，初三年级学校适应能力较差；在留守情况方面，农村初中生学校适应不存在显著差异。在中等适应组，男女差异不显著，但初三年级所占比重显著高于初一、初二年级，留守学生所占比重显著高于非留守学生。综上，留守儿童更容易形成低水平学校适应。

表 2 – 6　农村初中生学校适应多项 Logistic 回归分析

学段	人口变量	类型	C1（适应困难组）		C2（中等适应组）	
			OR	CI	OR	CI
初中生	性别	男	1.37**	1.10 ~ 1.71	0.98	0.84 ~ 1.14
	年级	初一年级	0.24**	0.18 ~ 0.32	0.44**	0.36 ~ 0.54
		初二年级	0.52**	0.40 ~ 0.66	0.77*	0.64 ~ 0.94
	留守情况	留守儿童	1.17	0.93 ~ 1.45	1.26**	1.08 ~ 1.48

第三节　农村儿童学校适应问题的主要表征

一般来说，适应学校生活的个体通常能够从容应对生活中遇到的各种困难和挑战，相反，学校适应不良的个体很可能对未来失去信心，并做出非理性行为。需要指出的是，农村与城市在经济发展水平、教育能力、家庭功能等方面存在发展不平衡的现象，因此农村儿童在学校适应中可能面临更多的问题，更应该引起教育工作者的关注。近年来，"6·9 毕节儿童服毒自杀"和"渔沟中学校园暴力"等一桩桩恶劣事件牵动着人们的心弦。据此，挖掘农村儿童学校适应问题，并提出相应的解决对策至关重要。那么农村儿童学校适应问题主要表现在哪些方面呢？本节以农村儿童为对象，以学业适应、社会性适应和个人适应三方面为侧重点，探讨农村儿童学校适应存在的主要问题。

一、农村儿童的学业适应问题

与从小生活在良好教育环境下的城市儿童相比，农村儿童由于优质教育资源缺乏、家庭贫困、地区教学理念落后等多重因素影响，更容易产生学业适应不良问题。然而，儿童学业适应是否良好不仅影响其学业成就，也会影响其道德水平和社会责任感。因此，对农村儿童学业适应方面存在的问题，须及时发现并加以干预。学业适应不良主要表现在学习成绩差、学习态度不佳、学习焦虑严重以及学习能力不足等方面。

一是学习成绩方面。首先，农村儿童"隐形辍学"现象较为严重。一些儿童虽然每天按时上学，但坐在教室却无心学习，真正参与学习的时间不充足，这种现象称之为"隐性辍学"。他们的共性特征主要包括两个方面：一方面是每天心思不在课堂，不重视学习，学习成绩较差；另一方面是学生较长时间离开课堂，从事与学习无关的社会性活动。造成此现象的主要原因是农村家长自身能力有限，希望孩子能够自主学习，然而儿童遇到学习困难无法解决时，容易产生厌学情绪。其次，农村儿童辍学屡见不鲜。由于对教育的重视不够，许多农村儿童未能完成义务教育阶段的学习任务便提前结束学习生涯，或在初中毕业后不再选择继续升学的现象较多，这类现象被称为学业终止，即人们常说的"辍学"。尽管各级政府一直在解决基础教育阶段学生的辍学及促进升学率问题上付出了许多努力，也取得了明显成效，但部分贫困地区的辍学率和升学率仍不容乐观。教育部统计数据显示，截至 2019 年 11 月 20 日，全国 832 个国家级贫困县义务教育阶段辍学学生人数已由台账建立之初的 29 万减少至 2.3 万。比较农村和城镇儿童学业生涯的时长，农村学生的学业生涯时长明显低于城市儿童，且在初中毕业后继续上学和接受高等教育的比例显著低于城市学生样本（赵阳，王亚飞，2020）。父母外出打工增加了农村儿童的辍学率，并且该现象自 2015 年以来显著加剧（李强，叶昱利，姜太碧，2020）。最后，儿童学习成绩不佳可能源自学习倦怠，即大众普遍熟知的"厌学"，它是指个体在学习过程中感到无力与挫败，由于无法解决学习困难，便对学习失去兴趣，甚至产生极大的排斥，最终导致学习成绩下滑。城市儿童在面临学习困难时往往能够获得一些课外资源得以辅助解决，农村儿童却难以获得课外资源。长此以往，农村儿童的学习问题则越积越多，进而产生学习倦怠问题，最终导致学习成绩一落千丈。

二是学习态度方面。首先，农村儿童往往缺乏学习能动性。从个体自身来看，部分农村儿童未能客观认识学习的价值和意义；从外部环境来看，一些农村贫困地区不重视教育，当地教师素质较低，这在很大程度上削弱了农村儿童的学习兴趣，同时也无法激发学生的内部学习动机，主要表现为农村儿童难以积极主动地参与学习活动。其次，农村儿童的学习习惯相对较差，主动学习的意识较为薄弱，且缺乏自主学习能力。这是因为许多农村儿童的父母外出打工，缺乏对孩子的管教和约束，因此造成农村儿童在学习过程中无人监督，学习较为懒散。一名受访农村学校教师如此评价某学生："他性格比较懦弱，贪玩，学习不自觉，写作业字迹很潦草；思维很活跃，但是基础较差，而且容易骄傲，简单的题目不想听，难的题目不会做，学习方法不好。"一名在农村小学支教的研究生有这样的反馈："这边的学生几乎都是留守儿童，缺乏父母的管教，学习自觉性很差，需要老师的监督和教导。所以每天中午只要一有空，我都会去他们班级对他们的学习进行指导，检查他们的作业情况。英语是他们最薄弱的一门科目，因受地域和方言的影响，他们的发音和口语都比较差，更别说表达能力了。"

三是学习焦虑方面。学习焦虑是学业适应不良所表现出的负面情绪。适当的紧张状态可提高儿童对考试的重视程度，提高学习自主性和注意力，但过度紧张会使学习效果适得其反。学习焦虑是学生在学习过程中常见的心理状态，大致包括过度害怕考试、担心因为学习成绩不佳遭受老师和家长的批评，从而导致其课堂上害怕与老师互动，抑或是考试成绩与平时学习表现不相符，严重者还会出现失眠、做噩梦等生理症状。一项 8128 名农村初中生的心理健康调研显示，学习焦虑问题检出率高达 63.5%；且母亲的受教育程度越低，农村初中生学习焦虑愈严重。其中，数学学科和英语学科的学习焦虑情况最为严重（史耀疆，闵文斌，常芳，等，2016）。还需要重点关注的群体是从农村流向城市的儿童，即流动儿童。由于农村的教育水平相对落后，当流动儿童进入城市学校接受教育时，可能出现无法适应学习进度的情况，更容易产生焦虑情绪。此外，需要警惕的是农村儿童进城补课与教育焦虑开始蔓延到农村。部分农村孩子的"第三学期"相当繁忙，村里的到镇里，镇里的去区里，区里的赶到城里补课，这些会导致乡村家庭负担进一步加重，并且容易扭曲教育观念，片面重视考试分数。

四是学习能力方面。有研究者从学习态度、学习能力和学习动机三个方面对农村留守儿童学业适应进行研究，发现留守儿童在学习能力维度上的表现最差，主要表现在留守儿童无法灵活运用所学知识来解决学习问题，即理论与实践脱钩，且独立思考的能力较差，难以实现学以致用（赵可云，黄雪娇，杨鑫，等，2018）。《县中的孩子：中国县域教育生态》中有段话可印证这点，"老师们认为，村小的学生反应比较慢，在学习新内容的时候需要更长时间，很多学生不会举一反三，尽管老师反复强调，有的学生还是理解不了"（林小英，2023）。另一项调查研究发现，农村初中生总体上呈现出自主规划能力差、学习意志力薄弱、自主坚持性较低、对他人依赖程度较高等特点（武倩倩，2022），这意味着他们在制订学习计划、规划学习时间和确立目标方面存在困难，缺乏良好的学习自觉性和坚持性，容易受到他人影响而失去自主性。还有一些农村寄宿制学校学生情绪控制能力相对较强，但是学习的自我管理能力相对较弱；学生基本能准确评价自己，但是自信心相对不足，并且由于网络时代的来临，新技术引入再次加大城乡间学生信息化学习能力的差距，城市学生比农村学生有更多的机会接触到信息化学习环境，接触到信息化学习方式，从而在信息化学习能力发展上优于农村学生。同时，也由于知识经验水平和认识能力的欠缺，导致农村学生不知道如何进行自主学习以及自我监督。由此看来，培养留守儿童的学习能力，是促使其学业适应良好的关键和重要条件。

二、农村儿童的社会性适应问题

从整体情况来看，城市儿童社会性适应能力和人际和谐高于农村儿童（王亭月，郭成，缪华灵，等，2021）。有研究表明，农村儿童社会适应能力较差和很差所占比例之和已达到总人数的70%（梁凤华，2017），农村留守儿童社会适应水平显著低于非留守儿童（付淑英，2021）。主要表现如下：

一是农村儿童的越轨同伴交往。越轨同伴交往是指与品行不端、违反学校纪律的人建立"友谊"。青春期儿童的行为很容易受他人的影响，缺乏辨别能力的留守儿童若长期受有暴力行为和错误认知模式的个体影响，那么，他们将很大可能会采用同样恶劣的手段解决自己在人际交往过程中遇到的问题（张珊珊，李琳烨，张野，2022）。与成年人相比，青少年因为缺乏辨别能力而更容易受到越轨同伴的影响做出消极冒险行为，比如吸烟、吸毒、网络成瘾、暴力攻击行为等（王冰，田录梅，董鑫月，2018）；与城市儿童的不同之处在于，先天的乡土文化使农村儿童更容易受到同伴效应的影响，积极的同伴友谊有利于抑制儿童问题行为的发生，但也会导致他们更容易受到越轨同伴的推波助澜而更强烈地做出一些反社会行为（苏群，邢义青，2019）。有受访的农村学生这样说："学校有抽烟、喝酒、打架的同学，会影响我们的学习和身心健康。"有家长也反映："村上爱耍的孩子太多，孩子们沉不下心去搞学习。"影响农村儿童越轨同伴交往的主要因素有：一是自我控制能力低。自我控制是指个体为达到长远目标而监控、调整、抑制自身不良行为的能力。自我控制能力较低的农村留守儿童更容易受到短期利益的迷惑，结交越轨同伴，采用非正规手段满足自己的需求（宋明华，陈晨，刘燊，等，2017）。二是恶劣的家庭环境。长期暴露在父母冲突和排斥（Yang et al.，2020）、父母婚姻冲突（李蒙蒙，甘雄，金鑫，2020）、父母拒绝（张珊珊，李琳烨，张野，2022）等情境下的个体更容易受到越轨同伴交往的影响。在暴力环境下成长的儿童，父母总是将个人意愿强加到他们身上，导致其自我需求无法得到满足，于是会转向其他生态环境并采取一些措施来弥补自我需要（杨邦林，黄瑾，2020）。

二是农村儿童的同伴欺凌。同伴欺凌是指个体在持续的一段时间内受到某一群体以语言或身体接触的方式挑衅、欺负与伤害。儿童期的心理创伤会伴随个体成长的一生，尤其对于处境不利的农村留守儿童而言，遭受同伴欺凌的可能性更大。已有许多研究证明，遭受同伴欺凌的青少年易存在焦虑、抑郁、孤独等心理健康问题（刘小群，刘倩雯，吴芳，等，2022）。对农村初中生校园欺凌经历进行调查发现，高达37%的农村初中生正遭受同伴欺凌（高岫，闵文斌，常芳，等，2018）。农村儿童比县城和城市儿童在各类型欺负行为上所占比重均高（黎亚军，2021）。那么，原因何在？许多学者对儿童遭遇同伴欺凌的原因作出了解释。首先，儿童自身的个体特征能够对同伴欺凌产生影响。高抑郁倾向、低自尊的个体更容易受到同伴欺凌的影响，这类群体常常容易否定自己，给身边人传递"逆来顺受"的信号，为欺凌者带来可乘之机（Zych & Llorent，2019）。除此之外，个体的学业表现也会对同伴欺凌产生影响。在我国高度重视学习成绩的背景下，学业表现常常与道德品质挂钩，学习成绩好往往被赋予勤奋、刻苦等优良品质，而学习成绩差在同伴交往中具有一定的劣势，常常被认为品行不端、毅力不坚定等，甚至成为被教师嘲讽的对象，进而增加了儿童受欺凌的风险（辛国刚，张李斌，常睿生，等，2023）。其次，家庭环境也会对同伴欺凌产生影响。家庭环境是校园欺凌的前端影响因素。农村留守儿童往往面临家庭资源匮乏，农村父母长期缺位导致子女的社会生活参与度低等问题（杨柳，李思蒙，任萍，等，2023），导致孩子人际交往障碍，缺乏沟通技能，在与同伴交往过程中敏感自卑，态度被动。同伴间力量的不均衡，使许多留守儿童成为被欺凌的对象。

三是农村儿童的学校归属感不足。学校归属感指针对学龄儿童在学校环境下感受到的被接纳感以及自主感。主要包括两部分：学生感到自己是学校生活或活动的一分子；学生在学校环境中被其他同学和老师接受、尊重、包容和鼓励的程度。就农村留守儿童而言，归属感缺失是他们内心最深的痛。父母外出务工对留守子女的学校归属感具有消极作用；同时，父母外出务工导致的父母陪伴缺失降低了留守子女的学校归属感（张行，2022）。缺少父母陪伴的子女学校归属感较低，甚至有可能过早辍学，这对家庭代际流动而言是一次重大挫折。就流动儿童而言，当他们的学习生活环境发生改变时，其更容易与同龄人进行社会地位的比较。然而，社会地位的不平等易导致流动儿童产生相对剥夺感，在人际交往过程中引发偏见、冲突和不信任等问题。社会排斥理论则认为当个体被全部或部分排斥在社会参与之外，会产生较高的负性情绪，降低个体的心理归属感。具体来说，流动儿童常认为自己备受排挤，所以拒绝与他人沟通互动，这导致农村流动儿童对学校的归属感降低。这主要表现在缺乏对学校价值观的基本认同，对学校的依恋不足，无法全身心投入学习，也不愿意参加学校组织的各类活动等方面（张樱樱，叶海，叶一舵，等，2021）。

三、农村儿童的个人适应问题

2021 年《乡村儿童心理健康调查报告》显示，乡村儿童的抑郁检出率高达 25.2%，焦虑检出率为 25.7%，并且有三成的乡村儿童睡眠质量存在问题，同时随着儿童年级的不断升高，其睡眠问题也逐步增加。需要指出的是，留守儿童的心理健康风险更大，留守儿童抑郁检出率为 28.5%，过度焦虑检出率为 27.7%，两项均高于非留守儿童。基于此，关注农村儿童个人适应问题迫在眉睫。

第一，农村儿童的情绪适应不良。在多重家庭风险的累积作用下，贫困儿童更容易产生情绪问题（袁言云，王志航，孙庆，等，2022）。农村儿童常见的情绪适应不良问题主要表现为孤独感以及抑郁发生率较高等。首先，孤独感是在农村留守儿童群体中较为常见的消极情绪，孤独感越高，个体心理健康水平越低。近年来，有学者采用元分析法总结我国农村儿童孤独感的研究文献，发现留守儿童比非留守儿童更容易产生孤独情绪，并且不同性别儿童的孤独感水平也存在显著差异，男生比女生更容易产生孤独感。农村留守儿童的孤独感显著高于一般儿童，主要原因是留守儿童的亲子关系要显著差于一般儿童，留守儿童与父母之间的情感交流无法满足，且得到的父母关爱少，因此更容易对不利处境产生消极情绪，从而诱发儿童的孤独感（任玉嘉，李梦龙，孙华，2020）。但也有研究发现，高感恩特质的个体可调节由父爱、母爱缺失带来的消极情绪，具体而言，懂得感恩的儿童能够体会父母外出打工的艰辛与不易，并希望通过自身努力来回报父母的付出，以此减少孤独感，降低抑郁情绪。因此，可从内在特质、外在环境方面减少留守儿童的消极情绪。其次，抑郁也是农村儿童群体常见的心理症状。抑郁是指面对外部环境，个体常常感觉到无能为力、失望、沮丧等。抑郁的素质—压力理论认为，抑郁是由压力和个体易感素质两方面原因导致的，压力主要包括急性压力（亲人去世、突然失业）和慢性压力（贫困、社会歧视），而个体易感素质主要包括消极人格特征（自我评价低）和消极的应对方式（对消极事件内部归因）。一项对留守儿童的追踪调查发现，由于留守儿童长期面对父母关爱缺失的压力，儿童对陪伴、温暖、支持的需要得不到满足，很容易产生被抛弃感，因此在面对压力事件时常常无法积极应对，更容易焦虑，进而增加了抑郁的风险（范兴华，方晓义，黄月胜，等，2018）。

第二，农村儿童的自尊心不足。自尊是指个体对自我价值的认知与情感评价。认知与情感评价的结果既与自身认知方式有关，又与个体所处的环境息息相关。首先，农村家庭教育的不足影响儿童的自尊。现如今，农村儿童家长自己本身受教育水平偏低，潜意识中读书的功利性目的又太强，迫切期盼孩子能够前往更发达区域接受更高质量的教育从而改变自身命运。这在某种程度上反映了农村儿童家长的觉醒，但觉醒后的无力反过来又会引发新问题。农村家庭的结构与功能变化，难以与学校教育之间形成新的匹配与契合，导致农村儿童更早察觉自身知识、能力与城市儿童的差距，甚至可能在生活质量上产生不切实际的攀比。家庭教育支持的不足常使他们在这场"无声的战役"中处于下风。其次，农村的"孤独"影响儿童的自尊。尽管农村的生活条件有了明显改善，城乡一体化或者均衡发展在使农村很多习惯都慢慢向城市靠近，邻居之间交流、亲戚之间走动不断减少，远离家乡的逐渐增多，这种孤独也会使留下的农村儿童变得孤独。有些农村儿童寄希望于与同伴"互相取暖"，但是高孤独感限制了同伴依恋对自尊的积极作用。更为严重的是，有些地广人稀地区的农村儿童"缺朋少友"，这使农村儿童自尊发展"雪上加霜"。

第三，农村儿童的积极心理资本匮乏。积极心理资本是指个体拥有的、对心理适应具有促进作用的一类积极心理能力，包括自我效能、韧性、希望感和积极乐观等要素。对于农村儿童来说，由于缺乏良好的教育条件和学习资源，家庭背景和社会环境的限制都影响他们对未来的期望和自我效能感。相比于城镇儿童，农村儿童自信心明显不足，导致他们对外（教师、家长）求助减少，对同伴求助也不高。资源保存理论认为，同样是处于不利环境，在积极心理资本资源不足时，个体会变得相对脆弱、感受到较多的心理压力，同时产生负性情绪。农村留守儿童由于父母外出务工或其他原因，使他们没有得到足够的关注和陪伴。缺乏亲情支持和家庭教育的指导，导致情感上的孤独和不安全感。这种家庭背景限制了他们正常成长和发展，阻碍了积极心理资本的培养。还要关注的是农村儿童经济条件相对较差，许多家庭面临着生活困难问题。这种经济压力不仅限制了农村儿童在教育和学习方面的投入，还增加了他们面对挫折和困难时的心理负担。

对那些经济困难的家庭来说，家长更关注基本的物质生活需求，很难提供给孩子更多的情感支持和积极心理资本培养。在这种环境中成长的孩子缺乏良好的支持系统和资源，容易缺乏韧性与产生沮丧，容易选择放弃。

第四节　农村儿童学校适应问题的风险因素：单领域视角

随着我国城市化、工业化进程加快，大批农村劳动力纷纷涌入城市，他们的初心是给下一代创造更好的生活条件，但他们抑或忽视抑或无法做到陪伴儿童成长。有的父母在孩子出生不久便进城务工，虽然这类父母在经济上可为子女提供基本保障，但近些年对农村儿童的调查研究发现，留守儿童和非留守儿童在学习、社交、心理健康等方面均存在显著差异，与非留守儿童相比，留守儿童表现出更多的攻击行为。这意味着现代社会不仅创造了丰富的生活条件，同时也伴随着各种风险。正如德国著名社会学家乌尔里希·贝克在《风险社会》所指出的那样，风险可被定义为以系统的方式应对由现代化自身引发的危险和不安。风险有别于传统的危险，它是现代化的威胁力量和令人怀疑的全球化所引发的后果。

"风险"一词最早出现在远古时代，当时的渔民在每次出海前都会向神灵祷告希望出海时能够风平浪静，因为他们深深地感受到"风"会给他们带来无法预料的危险，"风"蕴含着"险"。在《辞海》中，"风险"一词有明确的定义和解释，是指可能发生的危险、危机。英国心理学家 Rutter 率先将"风险"一词纳入心理学的领域。此后，学者们基于心理学的研究视角对风险进行了一系列的概念界定。美国著名社会心理学家 Jessor 在 1998 年提出风险是一种条件，即在青少年社会生活情境中潜在地增加个体本身（或个体在社会方面）产生不适宜发展性问题的可能性（Jessor，1998）。生态风险因素是指人类生存环境中会增加个体消极发展结果可能性的特征（Wright & Masten，2005），Evans 等人则认为风险是指一类能够导致儿童出现不适应性发展结果的环境因素（Evans et al.，2013）。

本节主要从家庭领域、学校领域、同伴领域以及社区领域，分析农村儿童学校适应的风险因素。

一、家庭领域的风险因素

家是孩子出生的第一个"学校",父母则是学校的"老师"。孩子的成长与父母密切相关。通过对家庭领域的风险因素进行分析,以期寻找有利于改善留守儿童学校适应问题的方法与途径。

(一)父母教养方式的非理性

不同类型的父母教养方式对农村儿童的学校适应会产生不同的影响。父母教养方式主要包括情感温暖型、严厉惩罚型和放纵不管型。当父母教养方式为情感温暖型时,孩子会表现出积极的学习态度和具备自信乐观的个性品质,并可与同伴融洽相处,这是最理想的教育方式,也是农村家庭教育中最值得学习的教育理念。"棍棒底下出孝子"是典型的严厉惩罚型教养方式,也是许多农村家庭所采用的原始教育方式,他们常常不分情景不合时宜地数落自己的孩子,长此以往,农村儿童的自尊心受到了极大伤害。以家长们最关注的学习问题为例,当学生考试成绩不佳时,家长们倾向于使用一些消极字眼,如"啥也干不好""你看隔壁的孩子"等刺激孩子,在此过程中,农村儿童不仅自信心受挫,而且很可能逐渐丧失学习兴趣,在这种教养方式下培养出的儿童会出现孤独、自卑等不良情绪。第三种常见的父母教养方式为放纵不管型。他们的养育方式主要表现在:将重心放在孩子的吃穿和安全方面,往往忽视孩子的心理发展,这样的孩子在青春期容易出现打架、斗殴等问题,长久下去会出现很多品行不端行为。有家长就在访谈中抱怨:"老师几次打电话都是说他上课玩手机,或者晚上大半夜不睡,打什么游戏,我又不是很懂,整天不好好学习。""他要什么,我们都会满足他,真是都做到有求必应,他就是自己不争气,不好好学习。"

(二)两类监护的缺陷

第一种留守儿童家庭常见的监护方式是单亲监护。父亲和母亲在儿童成长中均发挥着不容小觑的作用。农村父母外出务工时,大部分是一个家庭只出去一个。当父亲或母亲出去时间较长时,孩子则由母亲或父亲进行照顾、抚养和教育,在很大程度上就相当于儿童生活在一个准单亲的家庭中。这种监护类型在我国农村地区是比较常见的，并且多数是父亲外出，由母亲监护的情况较多。这样的生活环境对于留守儿童成长与发展显然是有弊端的，因为父母在孩子成长过程中往往扮演着不同的角色。父亲主要任务是与孩子互动并陪伴孩子探索外部世界，在探索过程中增长子女的自信和勇气，并学习各种本领，让孩子能够在未来有效应对陌生环境带来的困难和挑战。在父爱缺失下长大的孩子会十分缺乏安全感，遇到问题总是逃避。因此，父亲在儿童成长过程中的作用不可替代。第二种留守儿童家庭常见的监护方式是隔代监护。隔代监护是指父母双方均外出务工，将孩子留在家中，由自己年迈的父母抚养。隔代监护虽然可在一定程度上弥补由父母缺位对孩子造成的情感缺失，但却不能完全替代父母的作用。首先，在学习上，祖辈的文化程度一般比较低，无法胜任儿童课后作业的辅导工作。农村儿童隔代监护已占"主流"，但仅有极少的祖辈监护人能够帮助留守儿童完成学习任务。一名较内向、不爱说话的农村小学五年级学生反馈："父母离异，母亲和继父常年在外打工，见面频率难有一年一次，外公外婆照顾自己和五个月大的妹妹。自己与外公外婆缺乏交流。"其次，在良好习惯培养上，父母情感上的呵护对良好习惯的养成尤为重要，但大部分留守儿童家中的老人溺爱自己的孙子孙女，在保证安全的前提条件下会尽可能地满足他们的"无理要求"，长久如此，在无人及时纠正的情况下，致使他们产生许多问题行为，并极有可能引发犯罪行为。

（三）家庭教育的缺失

一般来说，留守儿童与父母的联系频率普遍较低、交流内容缺乏，并处于长期分离的状态。与非留守儿童相比，留守儿童的家庭结构不完整，父母难以参与儿童成长的全过程。有些孩子因长期与父母分离，当父母再次出现时，儿童会与父母产生距离感，容易产生性格孤僻等心理问题（李海云，魏衍，2019）。有家长在访谈中表示："基本没去过（学校），我都是在外面做事，只能在微信上或者打电话给她老师了解相关情况。"家庭教育的缺失会导致很多留守儿童的安全无法得到保障，从小没有人对他们进行生理知识、自我保护意识的培养，他们很容易轻信他人，上当受骗的概率比非留守儿童高。比如，近年来，发生在留守儿童身上的溺水、奸幼、杀害、伤害、拐卖等各种悲剧频频上演，在被拐卖的儿童中也绝大多数是留守儿童或流动儿童。

（四）教育观念的落后

农村家长教育意识落后于城市家长，思想观念也不先进，根本原因或许是他们从小就没有接受良好的教育，导致家长教育缺失，精神生活没有提高，整体素质落后于城市家长。主要表现为对孩子教育重视程度不够、职业规划局限性强、学业辅导方法滞后、性别观念较为传统等方面。在重视程度方面，农村家庭普及教育水平有限，对孩子的教育投入不足。在访谈中，就有教师如此说："我觉得农村家长都不是很重视孩子读书这件事，孩子想读就读，不想读也不强求，出去打工。我觉得这样对小孩子不好。"在职业规划方面，部分农村地区家长普遍认为孩子未来只能外出务工或留在农村务农，或者更可能偏重传统学科，如文科或理科，而忽视了艺术、体育、社会科学等领域的培养。这种单一的学科倾向可能限制了孩子们的发展空间和专业选择。在学业辅导方法方面，过于强调死记硬背和传授知识，缺乏启发式、探究式学习和实践能力的培养。在性别观念方面，农村儿童家长可能会对男女儿童有不同的期望和对待方式。部分农村父母仍存在早婚和早育的观念，认为女孩子应该尽早结婚生育。因此，一些家庭可能会选择让女孩早早地辍学，不给予她们继续接受教育的机会。

二、学校领域的风险因素

相较于非留守儿童而言，亲情的缺失导致留守儿童更容易在自身社会化发展过程中出现问题或偏差，他们的父母将培养与教育孩子的重望寄托在学校和教育者身上，因此把握学校对农村儿童学校适应的作用尤为重要，以下从四个方面探讨学校领域对学生学校适应的风险因素。

（一）师资力量薄弱

一是教师学历水平的差别。由于城乡经济水平差距较大，农村和城市在基础设施建设、工资待遇等方面均存在较大差异。大部分大学生毕业后选择留在城市工作，导致农村师资力量薄弱。教育部发布的 2021 年教育统计数据显示，本科及以上学历的乡村中学教师占比为 85.16%，较城区占比少 9.39%；本科及以上学历的乡村小学教师占比为 58.06%，较城区占比少 23.53%。乡村与城区间师资力量的差距在小学阶段更为明显。二是农村教师结构性短缺。一名教师可能需要教授多门课程，这要求该任课老师同时准备撰写多门课程的教案，致使许多老师力不从心，不得不应付，繁重的课程负担严重打击了教师的教学积极性，使其教学质量大打折扣。三是教学素质上的差距。很多农村教师并非师范专业毕业，在教育水平及专业水平上都无法与科班出身的教师比拟，且农村教师老龄化问题严重，参差不齐的教学水平使提高农村学校的教学质量成为一大难题。有教师就反映："我也觉得教学设施设备或者教师资源跟不上，对那些有自己想法、成绩好点的同学有影响。"

（二）课程实施"水土不服"

课程实施是指把课程计划付诸实践的过程，它是达到预期课程目标的基本途径。简单来讲，课程实施就是把课程从上到下落实下去的具体操作活动。《教育部关于加强中小学地方课程和校本课程建设与管理的意见》（教材〔2023〕2 号）指出，学校是落实国家课程政策的责任主体。要依据国家课程方案和省级义务教育课程实施办法、省级普通高中课程实施指导意见，立足学校办学理念，分析资源条件，对学校课程实施工作做出总体安排，形成课程实施方案。在国家课程校本化的过程中，农村学校因其地处农村、规模较小、受教育对象贫弱等特殊性的存在而显现出一些"水土不服"的现象。一是课程目标的困惑不断。在我国城乡二元对立社会结构的长期作用下，乡村教育在目标与功能定位方面一直存在着"离农"和"为农"的博弈，使得课程目标的设置也在二者的夹缝中左右为难（张晓娟，2021）。二是课程资源配置不足。与城镇学校相比，农村学校在财物方面普遍存在"跟不上"现象，课程财物短缺是不争的事实。同时，教师是课程人力资源的主体，其素质决定课程资源开发的品质。从调研情况来看，优秀教师难以下到农村，培养多年的优秀教师离开农村是常态。三是"主科"强势占领，"副科"严重缺乏。与城市学校"开齐开足开好课程"相比，一些农村学校，尤其是小规模学校在课程开设上存在着严重的"瘸腿"现象：努力保证"主科"，简单应付"副科"。其中普遍原因是"副科"教师补给不够、不及时，"副科"难有专任教师，大多由"主科"教师兼任，或者形同虚设。

（三）校园文化环境落后

校园文化是指以校园环境为主要活动空间，以校园精神为主要特征的一种群体文化，具有互动性、渗透性、传承性等特点。学生在学校的活动主要包括课堂学习和课余活动，人的思维能力在一定程度上源于环境。而对学生能力会产生重大影响的主要因素是校园文化环境。农村学校在校园文化建设上存在许多问题，主要有以下几点：一是认识不到位。大部分教师和个别学校领导对校园文化建设认识不深，例如学校对社会文化缺乏积极有效的反馈、筛选和引导；校园文化建设缺乏整体设计和综合管理，普遍处于松散无序状态。二是宣传不到位。农村学校教育者由于在思想上对学生精神建设的不重视和受经济水平限制，从而更愿意将资金投入"更必要的"建设中去，因此，很多学校甚至连最基本的宣传形式（如宣传栏、黑板报等）也无法落实到位。三是校园文化形式单一。纵然有很多农村学校尝试开展文化活动，但由于我国农村学校的教育理念、教学观念缺乏创新意识，往往导致学校活动内容死板且形式单一，难以调动学生的学习兴趣和探索精神，更别提充分发挥其应起的教育导向作用。

（四）家庭教育与学校教育脱节

在城市，一些教学水平较高的学校会不定时与学生家长进行沟通联系，老师可将学生在学校的表现向家长传达，家长发现问题会及时与孩子沟通交流，从而双向培养孩子的全面发展。但这样的教育形式在落后地区的农村学校是不常见的，在繁重的教育教学任务压力下，老师无法关注到每个学生近期的学习状况及心理状况，更不会花时间与学生家长沟通。一个教师在访谈中说道："他在班上经常一个人，他跟其他同学玩不到一起，学习上也一般，不听老师的话，自己想怎么样就怎么样，老师就算表扬他，他也无动于衷。我觉得可能是他家里有什么事，他的家长很少来学校，也不知道怎么和他的家长交流。"留守儿童的家长长期不在家，也不会主动与老师进行沟通，当孩子出现一些问题时也无法及时发现并解决，让留守儿童感觉自己不受重视。在家不能得到父母的爱，在学校也得不到老师的关注，尤其是处于叛逆期的青少年，若问题不能被及时发现和纠正，他们更容易产生孤独、学校适应不良等心理问题。

三、同伴领域的风险因素

父母常年不在家时，同伴关系可弥补留守儿童内心的情感缺失。然而，农村儿童的同伴关系发展存在较大问题，针对性地改善留守儿童同伴领域的风险因素，可促进其自我认同与社会性认知和谐发展。

（一）农村儿童同伴交往面临同伴减少

随着人们生活压力加大，年轻人生育意愿下降，导致适龄儿童数量减少。同时，人们生活水平提高，部分农村孩子前往县城等拥有更多教育资源的学校就读，导致农村学校学生数量大幅减少。此外，相比而言，农村儿童居住比较分散，使得儿童更加远离同伴。一边是农村儿童事实上的减少，一边是农村儿童空间上的远距离，无疑使有些农村儿童在其家附近根本没有同龄的伙伴，连"遥遥相望"的愿望都无法实现。因此，农村儿童同辈群体的缺失已成为普遍现象。有学生如此讲："放假了，村子里没有几个同龄人；放假的时候要骑个电动车跑上几公里才能跟同学玩。"在以地缘或血缘为纽带的农村社区中，随着农村人口流动和农民进城，农村儿童的社会化不再嵌入温情脉脉的乡土社会，儿童虽然生于斯长于斯，但缺乏日常化的社会交往导致难以建构基于熟悉和认同而产生的归属感。

（二）农村儿童同伴交往面临"手机之困"

网络时代智能手机成为农村儿童寻求外界"玩伴"、满足情感"共鸣"、获得价值"认同"的重要载体。根本上讲，"被手机困住的农村儿童"背后隐藏着农村儿童精神需求在现实中得不到满足的客观现实，通过手机建构虚拟"生活"成为多数农村儿童寻求精神寄托、发泄情绪、获得认同的重要途径。同时，相对于城市地区，农村地区的网络覆盖较为薄弱，很多偏远山区甚至没有信号或者信号不稳定，这使得农村儿童无法像城市孩子那样便捷地使用手机与同伴进行交流。他们无法通过社交软件、短信或电话等方式与朋友保持联系，无法及时分享彼此的生活和心情。农村儿童往往与城市孩子有着不同的生活背景和兴趣爱好，由于信息交流的限制，他们难以获取到城市孩子所关注的时尚潮流和流行话题，这在一定程度上影响了彼此之间的交流和共同话题的建立。另外，农村地区家庭教育观念的落后和传统观念的影响，也使得一些农村儿童无法充分利用手机进行社交交流。他们可能对现代社交媒体应用缺乏了解或者家长限制其使用手机，导致他们与其他同伴的交流受阻。

（三）农村儿童同伴交往面临"安全隐患"

农村地区缺乏完善的监护机制，许多儿童在家庭和社区环境中缺乏有效的保护。家庭经济贫困、父母务工等因素导致儿童长时间处于无人看管状态，容易受到不良行为的影响，包括欺凌、打架、偷窃等，他们可能会参与或者被迫参与一些不良行为，如吸烟、酗酒、斗殴等。同时，一些留守儿童也存在自我照顾能力差、生活习惯不规律、容易发生意外伤害等问题，这些问题对留守儿童的身心健康造成了潜在威胁。农村地区教育资源匮乏，学校管理水平相对较低，如对儿童间的同伴交往缺乏有效监督和引导，一些学校甚至缺乏必要的安全措施，这使得欺凌、暴力等不良行为在校园内得以滋生。在一些农村地区，由于师资力量不足、管理松散等，学校未能提供有效的心理辅导和安全教育，儿童缺乏应对同伴关系中不良行为的能力，容易受到这些不良行为带来的伤害。除此之外，农村地区对性教育的重视程度不高，缺乏科学、全面的性知识普及，农村儿童在同伴交往过程中，可能遭受性骚扰、性侵犯等性安全隐患。由于缺乏性知识的指导和保护意识的培养，他们更容易成为性犯罪的受害者。

四、社区领域的风险因素

改善留守儿童学校适应不良问题不仅需要从学生自身、家庭和同伴关系等方面出发，还应该从社会因素着手。其中，从社区支持层面来改善留守儿童学校适应问题具有重要意义。有学者提出要动员社会力量，关爱留守儿童群体，将教育工作落实到基层（赵磊磊，柳欣源，李凯，2019）。农村建立良好的社区体系，一方面，可为留守儿童提供良好的学习环境，建立学习互助团队帮助留守儿童解决学习上遇到的困难；另一方面，每个村落都有自己独特的文化和乡土气息，留守儿童可在这种熟悉的过程中感受到社区成员对他们的关心与呵护，这有利于留守儿童情绪智力的培养。

（一）社区建设未充分考虑留守儿童发展教育

近年来，随着我国脱贫攻坚战略的实施，农村基层建设的重点主要放眼于经济发展。但一个地区想要持久发展，人才不可或缺，而村落中的儿童可能是未来农村发展的主要建设者，他们的素质水平影响着农村未来的发展深度。当留守儿童感受到社区支持体系带给他们的温暖时，他们会深深热爱这片土地，这也会增强他们的乡土情结，从而下定决心长大后努力为家乡建设做出贡献。但当他们感受到村落的冷漠或忽视时，会打击他们为这片土地奋斗的决心。所以，在当前农村社区建设中，农村基层发展不仅要注重经济建设，也要在具体行动上关注留守儿童身心健康的发展。

（二）城市化建设加速了传统乡土文化的瓦解

由于经济建设发展重心在城市，城市的工作机会更多，因此农村青壮年劳动力纷纷选择到城市发展，导致"农村空心化"问题较为严重。大批劳动力紧随城市化步伐，不仅弱化了家庭教育功能，还撼动了乡村团结文化的根基。费孝通先生在《乡土本色》中提到，在中国的乡土社会是"熟人"的社会，彼此往来没有陌生人，在这样的文化中，村民们在生活的方方面面都是紧密相连的，由此形成对本土文化的认同感，在这基础上建立的社会连结是留守儿童获得社会支持的重要保障。而随着农村劳动力纷纷涌向城市，加速了农村乡土文化的流失速度，邻里之间不再像过去那样彼此熟悉，这种陌生感从社区层面阻断了本土人民对留守儿童的关心与关爱。不仅如此，城镇化的快速推进，导致农村学生人数不断减少，一些村庄甚至没有学校，导致乡村文化加速断裂，乡村社会进一步荒凉。在自身教育经费和师资队伍建设等资源有限的情况下，农村学校无暇顾及传承本土文化的功能。乡村学校的人文环境在整个现代价值序列中逐渐消失，传承乡土文化、发展乡土教育的功能也被弱化。

（三）农村基础设施缺乏影响儿童成长养分的获得

在很多贫困地区，农村社区文化的基础设施较为匮乏。相对而言，农村居民更重视物质上的满足，不重视精神上的充实。一方面，在基础设施建设上，很多为农村儿童提供的基层服务设施不够完善，未能建立"少年宫"、阅览室、留守儿童社区家庭等场地。就算具备一定的活动场地，也有很多地方被挪用充当成棋牌室供村里的孤寡老人们消遣，这样的文化环境不仅不利于农村儿童的成长，还可能间接导致儿童误入歧途。另一方面，在一些偏远地区，网络信息技术不够发达，再加上缺乏得当有效运营等问题，社区文化信息更新速度较慢，阅览室的藏书多数过于陈旧，并与生活实际脱节，无法满足村中群众的精神需求，更不用说能带给留守儿童快乐和促进他们成长的绘本、小说名著等有多么短缺。农村社区条件改善和硬件设施建设"欠债"太多，无疑会使农村儿童失去更多与"外界"接触的基础，无法在纷繁复杂的环境中获得更多成长的养分，难以走出去与适应未来。

（四）农村优质社区志愿服务不足影响儿童"外援"质量

国家各种顶层设计特别重视利用社会志愿服务加强青少年教育，例如《全面加强和改进新时代学生心理健康工作专项行动计划（2023—2025年)》强调"民政、卫生健康、共青团和少先队、妇联等部门协同搭建社区心理服务平台，支持专业社工、志愿者等开展儿童青少年心理健康服务"。《中国儿童发展纲要（2021—2030年)》注重"常态化开展寒暑假特别关爱行动，充分发挥群团组织以及社会组织、社会工作者、志愿者等作用，加强对留守儿童心理、情感、行为和安全自护的指导服务"。其实，这从另外一个角度反映了农村优质社区志愿服务存在供给不足的现象。农村有效、快速获得外界稳定的志愿服务，可为本区域儿童提供优质的教育支持。例如，长沙市浏阳市柏冲镇新南桥村自2016年以来，持续获得湖南科技大学"木槿感恩支教团"的义务支教，为当地留守儿童提供了优质支持。不可否认的是，全国文化科技卫生"三下乡"活动为农业、农村、农民提供源源不断的服务，但是围绕志愿服务农村儿童的项目化、持续化、固定化，仍需要进一步思考与推进。换而言之，农村优质社区志愿服务的形式化、非连续性等可能成为影响农村儿童适应学校生活的隐性障碍。

第三章
累积生态风险影响农村儿童学校适应：
理论与实证分析

引子：农村儿童"辍学"背后的故事

2019 年上线的纪录片《小镇微光》拍摄记录了多位在昆山打工的农村青少年，其中邢某的经历让人印象深刻，且其早早辍学打工的缘由令人唏嘘。10 岁之前的邢某，由于父母感情破裂、闹离婚，只有过年期间才能偶尔见到他们，其余时间均得不到父母的照料和关怀。在最需要亲人陪伴的阶段，邢某过着寄人篱下而又有别于农村留守儿童的特殊生活，成了外人口中的"野孩子"，并由此受到周围同伴的言语欺凌和行为攻击。这些经历无疑给邢某的身心健康带来了不可磨灭的伤害，邢某七八岁时还想过轻生。幸好有亲戚的悉心陪伴，给了他继续坚持的动力，使其顺利步入初中。然而，或许之前的被欺凌经历让邢某厌倦了弱小，到了初中后，他的性格逐渐变得有些乖戾和暴躁，只要是"坏学生"会做的事情，进入叛逆期的邢某几乎都干了一遍：抽烟、打架、辱骂老师等等，并且变得厌恶读书。最后，13 岁的邢某从学校辍学。

邢某辍学缘由大致可概括为三个方面：其一，家庭因素。父母婚姻出现裂痕势必会造成家庭变动，严重时甚至能让一个家庭分崩离析，从而难以满足年幼邢某所需的爱与归属感，本应该享受父母关爱和陪伴的邢某过上了"野孩子"生活。其二，同伴因素。当邢某处于"无人管教"境地时，不仅没有得到同龄人的支持与陪伴，反而受到周围同伴的欺凌与攻击，无疑给邢某受伤的心灵沉痛一击，导致其性格越发自卑、内向。其三，学校因素。对邢某幼时所经历的一切，学校并未给予重视并采取相关措施对其身心健康问题进行干预，且就邢某在校期间的恶习也没有尽到正确引导的责任，甚至任其"自由发展"。

第一节　累积生态风险影响农村儿童学校适应的理论阐释

学校适应是评价学生心理健康状况的重要指标，即学生在校的综合表现与内在感受。以往研究既有把重点放在学校氛围、班级氛围、师生关系、同伴关系等外部环境因素上，也有从个体层面证明自我效能感对学校适应的影响。总体而言，已有研究大多停留在单个影响因素层面上。毋庸置疑，弄清影响学生学校适应的单一因素是很重要且必要的，但是在相同的风险因素是如何作用于不同特质学生的学校适应，怎样的家校互动才能更有利于学生学校适应等问题上，若只停留在单个变量的研究是不够全面的。这是因为学校适应的影响因素复杂多样，仅凭个体水平的因素是无法解释的，在现有的大生态环境下，个体的家庭、学校和同伴等不同的小生态环境会对其成长发展产生一定程度的协同影响。

就现实而言，农村儿童并非仅面临长期与父母分离这一个风险因素，同时还可能面临家庭经济困难、师生关系不和或越轨同伴交往等多重风险因素的威胁，而各种生态风险因素的协调作用很可能出现"1＋1＞2"的后果，即叠加多个领域的风险因素可能会对农村儿童学校适应状况乃至心理健康造成更加严重的损伤。本节主要从已有理论层面，解释累积生态风险对农村儿童学校适应的影响。

一、人类发展的生物生态学模型

人类发展的生物生态学模型（Bioecological Model of Human Development）由生态学、发展心理学专家 Bronfenbrenner 等提出，认为发展中的个体处于生态系统中心位置，被多层环境系统包围，这些环境系统之间的相互作用最终影响个体发展（Bronfenbrenner & Morris，1998）。在生物生态学理论中，发展被定义为人类作为个体和群体生物所具心理学特征的连续性和变化现象，这一过程受到个人特征、环境与时间等元素的影响，并在此基础上提出了"过程—个体—情境—时间"模型（Process-Person-Context-Time Model，PPCT）（Tudge et al.，2009），成为生物生态学模型的核心。

（一）近端过程

近端过程是 PPCT 模型的核心，也被认为是人类发展的主要机制与动力所在。它是指生物体在直接环境中与人、客观物体或符号以特定的方式所建立起的复杂且持久的相互作用形式（臧宁，曹洪健，周楠，2022）。个体在与他人互动的过程中，会积累起关于近端过程的能力、动机、知识和技能等相关经验，进而成为自己发展的推动者。近端过程是人与人在足够长的时间内有规律地相互沟通交往的过程。近端过程能够顺利发展，需要满足的主要要求有：第一，近端过程是双向的，个体所做出的行为需要得到回应；第二，近端过程需要在相当长时间内保持稳定；第三，这种相互作用不仅发生在人与人之间，也会发生在人与物体及人与符号之间。生物生态学模型认为，近端过程的发展是伴随着人的特征、环境的变化以及近端过程发生的时间变化而变化的。农村儿童学校适应过程其实也是农村儿童与所处地域人、物等环境互动过程，且这种互动在每个学习阶段是相对稳定的，在这一过程中家长、教师、同伴会对农村儿童所作所为给予不同程度的回应。

（二）个人特征

该模型的第二构成要素是个人特征。个人特征是间接生产者，也是发展的产物，包括动力特征、资源特征及需求特征三种类型。

1. 动力特征

其指个体的气质、行为倾向及特征，能够使个体在特定阶段发挥作用。主要包括发展生成倾向和发展破坏倾向两种人格品质。发展生成倾向是一种积极向上的特质类型，主要表现为对世界充满好奇心、目光长远、善于与他人积极交往等；发展破坏倾向是一种消极特质，主要表现为冲动、愤怒、无法管理自己的情绪、难以延迟满足等（Bronfenbrenner & Morris，1998）。当两个儿童有相同的资源特征但动力特征截然相反时，他们最终发展结果也会完全不同（谷禹，王玲，秦金亮，2012）。

2. 资源特征

其主要指发展资源，被认为会影响个人未来的心理成长。由于所处环境不同，每个人能够获得的资源也不同。发展资源主要包括个体资源，出生体重低、先天残疾等都是资源不足的表现，例如先天残疾不仅影响个人的健康和生活，而且会给家庭和社会带来巨大负担。同时，也包括环境下的物质及社会资源，例如居住环境、教育质量等（谷禹，王玲，秦金亮，2012）。处于家庭经济困境中的留守儿童无法获得足够的物质资源，妨碍了其成长期社会适应的发展（徐明津，杨新国，2020）。

3. 需求特征

其主要是指个体引发或抑制来自社会环境影响的特征，包括年龄、性别、肤色以及外表等方面。外表有吸引力的子女往往受到的父亲排斥行为少于缺乏外表吸引力的儿童；与温和气质的婴儿相比，易烦躁的婴儿对父母关注的需要可能会更多一些，这将容易引起父母对烦躁婴儿进行更多的呵护和照顾。此外，需求特征会促进或阻碍个体心理成长过程的运作，且在适应环境的过程中相对被动。农村儿童随着年龄的增长，发展特征会发生改变，需要适应的范围与程度也会有所不同。如何敏锐察觉到农村儿童的适应能力变化，做到提前预防、精准干预是当前学校与家长需要重点关注的内容。

（三）环境

该模型的第三构成要素为环境。环境被认为是一套嵌套的结构，每一个内部都像一套俄罗斯娃娃（如图 3 – 1）。在生物生态学模型中，环境系统包括微观系统（microsystem）、中间系统（mesosystem）、外在系统（exosystem）、宏观系统（macrosystem）四个部分（Bronfenbrenner & Morris，1998）。后来，随着全球化的发展趋势，各国越来越重视相互之间的交流，而国与国之间的行为表现、礼仪举止等存在较大差异，仅用先前的微观系统、中间系统、外在系统及宏观系统无法作出解释，因此，研究者加入第五个层次——外宏观系统（ex-microsystem）来完善模型（谷禹，王玲，秦金亮，2012）。

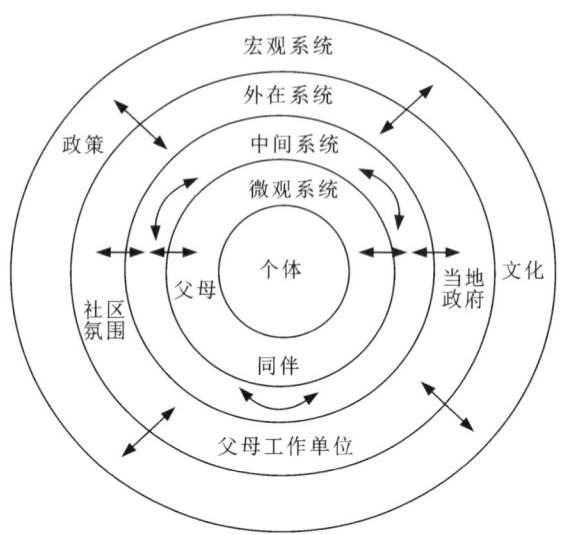

图 3 - 1　生物生态学模型

1. 微观系统

其是人在特定的面对面环境中扮演的社会角色，经历各种活动及人际关系模式，具有特定的社会和行为特征，与直接环境进行持续、逐渐复杂的互动和活动，也是人与人、物体及符号之间直接的相互作用（Bronfenbrenner & Morris，1998）。家庭系统、学校环境、同伴关系等微观系统对学龄期儿童的学校适应具有重要影响。儿童心理与社会性发展的最近端环境是家庭系统。父母关系、家庭氛围影响儿童的行为处事及个人适应能力。步入学校后，教师风格、学校管理气氛影响儿童对学校的归属感及学习适应能力；离开家庭后，由原先与父母的垂直关系过渡到与同伴的平等关系，儿童会形成自己的交际圈，同伴关系也会对儿童的社会适应及学业适应产生直接影响，例如，同伴的学习成绩可正向预测农村儿童学业表现（陈云祥，李若璇，张鹏，等，2018）。

2. 中间系统

发展中的人在两个单独系统中均有参与，并且一个系统下形成的能力、知识、经验等会对另一个系统产生影响，进一步影响到个体的行为表现。也就是说，中间系统是两个微观系统之间产生的相互作用。例如，消极的父母教养方式会导致亲子关系淡漠，儿童会通过结交越轨同伴给父母造成危机感，并且一旦得到了越轨同伴的认可，儿童获得了这种所谓的安全感后，会进一步强化问题行为，导致发展中的儿童误入歧途（宋明华，陈晨，刘燊，等，2017）。而从家庭功能中获得关爱的儿童往往友谊质量也高于在父母淡漠环境下成长的儿童，且会形成更加稳定的心理品质（梁英豪，张大均，胡天强，等，2018）；还有研究发现，儿童对父母关系的感知会影响到成年后浪漫关系的建立（梁晓燕，赵桐，刘晓飞，2018）。近端过程需要在一个相当有规律且稳定的基础上才会发生，而伴随着日益复杂的相互作用，这样的稳定性很难维持。当不同层面的微观系统稳定性遭到破坏时，会转变成危害儿童成长的风险因素，在下一个更高水平的环境结构中，相互连接的微观系统的破坏性特征往往会相互加强，中间系统的风险累积效应会严重危害人类发展的近端进程（Bronfenbrenner & Morris，1998）。例如，生态环境的不稳定性越大，儿童在童年后期和青春期的攻击性、焦虑性和社会问题就越大，导致成年早期暴力和犯罪行为的风险越高（葛海艳，刘爱书，2019）。因此，不仅单一环境会对青少年发展产生影响，而且各个环境之间产生的风险累积效应也会对儿童适应发展产生影响（Evans et al.，2013）。

3. 外在系统

其包括发生在两个或多个环境之间的联系和过程，与中间系统的差别在于外在系统至少有一个环境不包含发展中的人。也就是说，某个环境不会对儿童成长产生直接的影响，但会间接影响到儿童。比如，虽然儿童不会直接参与到社区文化中，但会受到父母从社会中获得的教育观念的影响；相比父母权威性较低的子女，父母权威性较高的子女在社交网络中更具有优势，因为他们可有效利用家庭权威所带来的优势去充分利用社会资本。有研究发现，邻里环境会对同伴选择产生影响，进而影响到青少年问题行为的发生。此外，当社区环境的集体效能感较低，缺乏凝聚力，集体社会控制不足时，青少年更容易选择与越轨同伴交往，并受到越轨同伴不良观念和恶习的影响，容易在同伴压力作用下表现出不良行为。研究发现，越轨同伴交往在家庭累积风险与社会适应之间起中介作用，教师情感支持在"家庭累积风险→越轨同伴交往→社会适应"的后半段起调节作用，高教师情感支持能够缓冲越轨同伴交往对社会适应发展的不良影响（谭千保，申诗雨，黄勇，等，2023）。

4. 宏观系统

它是个体发展所处的文化或亚文化环境和社会阶层背景，包含了特定文化中的意识形态、态度、道德观念、习俗及法律等。实际上，宏观系统并不能直接满足儿童的需求，但微观系统、中间系统和外在系统都嵌套于其中并从中获得支持。任何社会活动的进行都离不开政治、经济、文化这样一个宏观的社会背景，教育更是与社会发展息息相关。农村儿童尤其是留守儿童作为一个特殊的受教育群体，他们的健康发展需要社会给予更多的重视和关爱。但是，以或政治或经济或文化为视角的研究成果并不是很多，政治、经济、文化等宏观社会因素对农村儿童教育问题的影响有待进行更详尽深入的研究。

（四）时间

对近端过程的发展而言，构成生物生态学模型中的稳定性、一致性、可预测性十分重要，这种作用在生物生态学模型中的具体表现为时间。时间是生物生态学模型的一个定义性属性，贯穿于近端过程、个人特征与环境三个要素之间。一方面，个体特征会随年龄而发生改变，另一方面，生态环境也会在近端过程运行时发生变化。时间可划分为微时间、中间时间和宏观时间三种类型。微时间是指近端过程中持续发展的稳定性与不稳定性。中间时间是指发展中的事件在较宽时间间隔（如几天或几周）内的周期性。宏观时间关注的是社会中不断变化的期望和事件，无论是在几代人内部还是跨代人之间，因为它们影响并受人类发展过程和结果的影响，这也是研究代际传递的意义所在。

生物生态学模型以人类发展的近端过程为核心，个人特征、环境和时间与近端过程相互关联、相互影响，且三者作用于近端过程，近端过程反过来也会影响到三者。学校适应是学龄期儿童心理发展的主要任务，适应水平是近端过程的一种表现。因此，学校适应会受到来自家庭、学校、同伴及社区等生态环境的影响，当各个生态环境对学校适应的影响在发展过程中存在不稳定性时，会产生一系列的问题与矛盾，即风险的"累积效应"，累积生态风险远高于单一环境风险对学校适应的影响。以生物生态学模型为基础，探讨累积生态风险对农村儿童学校适应的影响具有重要现实意义。

二、风险—韧性理论模型

Sandler（2001）将风险定义为儿童与环境之间所形成的关系，这种关系威胁到人类基本需求和目标的满足和达成，并且会阻碍儿童完成与年龄相适应的发展任务。在此基础上，提出了"风险—韧性理论模型"（如图3－2所示）。该理论认为，个体的内外化行为问题受到风险因素、发展能力、基本需求满足等几大要素的影响，而自我系统过程在这种影响中具有调节作用。

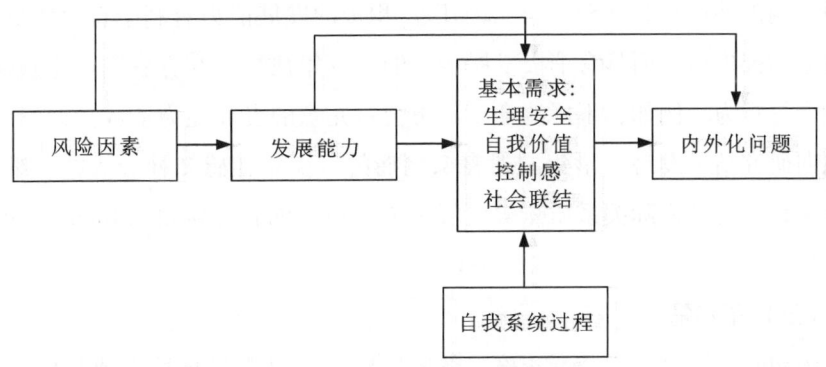

图3－2　风险—韧性理论模型

（一）风险因素

风险因素会通过影响成长期儿童基本心理需求的满足从而导致许多内外化问题。那么风险因素的类型、不同类型之间的关系以及这种关系是如何随时间发生变化的？Sandler（2001）对此作出了说明。首先，风险因素可在个人层面，家庭、学校等微观系统以及社会层面进行表征。例如，社区暴力接触会引发青少年情绪管理失调、抑郁症等内化症状及酒精滥用等外化行为（李涛，陈晨，左薇，2018）。不同层面的风险因素之间会发生相互传递，在一个层面中接收到的风险信息会传递至其他层面，例如青少年亲历的社区暴力能够正向预测其在学校系统下采取暴力形式欺凌他人的行为（Ho & Cheung，2010）。其次，随着时间的推移，某一风险因素的存在增加了其他不利条件发生的可能性。有纵向研究证明，父母冲突的持续稳定性越高，初中生在学校受到同伴排斥的可能性越大，越容易产生孤独、抑郁等心理健康问题（梁丽婵，边玉芳，陈欣银，等，2015）。同时，不同风险因素会产生累积效应，即多种风险因素会叠加，对个体发展造成的伤害远大于各种风险因素的简单相加（Sandler，2001）。例如，来自家庭、学校、同伴、社区等多个层面的累积生态风险指数越高，儿童的自我意识越低，学业适应表现越差（谭千保，黄勇，申诗雨，等，2022）。

（二）发展能力

青春期儿童的发展能力主要有学习能力、社交能力、压力应对能力等。青春期儿童的发展能力会受到风险因素的影响，作用于个体的基本需求，进而影响内外化行为（Sandler，2001）。积极的发展能力有利于青少年更好地适应学校生活，而具有消极发展能力的青少年往往会在青春期产生叛逆、反社会等行为。例如，不好的童年经历会对儿童的发展能力造成负面影响。有纵向研究结果发现，早年遭遇丧亲之痛的青少年在感知社会支持、维持亲密关系、提升人际关系质量等发展能力适应方面存在困难（Brent et al.，2012）。

（三）基本需求

Sandler（2001）以离异家庭、贫困家庭及父母去世环境下成长的儿童为研究对象，提出了对个体发展有影响的基本需求，主要包括保持自身安全的需求、积极的自我评价需求、对环境的控制感需求以及社会联结的需求。

第一，生理安全需求是指保证自我肉体不受侵犯，维持身体生存的基本需求。在传统的父母"棍棒"教育之下，儿童为让自己免受伤害，会选择能够在短时期内最大限度保护自己的应对方式，如以打架斗殴等侵犯他人行为将自己的痛苦转移到他人身上，或采取社会退缩等拒绝社交的行为。这些举措所付出代价是不能培养出儿童亲社会能力，如成为一名好学生或亲社会组织的成员。有相当多的证据表明，成长发展早期遭受暴力会给心理健康带来伤害，如在社区环境中的不安感与心理健康问题发生率高相关（陈子循，李金文，王雨萌，等，2023）；遭遇同伴排斥的青春期少年更容易结交越轨同伴，做出一些过早饮酒等问题行为（江艳平，张卫，喻承甫，等，2015）；童年期虐待经历会正向预测成年后的焦虑及抑郁症状（Huh et al.，2017）。

第二，自我评价是指个体对自我能力及价值的主观评估。不利的环境因素可能会以多种方式威胁青少年的积极自我评价，例如累积生态风险会威胁青少年儿童的自尊与自我效能感，削弱青少年的学习动力，导致学业适应不良（陈建文，刘艳，谭千保，2022；谭千保，易艺宇，黄勇，2022）；长期处于极端负面压力事件下的青少年会产生消极情绪体验，导致自我否定、自我定位不清晰，在风险环境下产生的消极自我评价成为自杀意念形成的保护因素。伴随着累积风险的不断增加，个体所产生的消极情绪体验导致儿童社会适应和心理适应能力下降，做出自杀、自伤、自残等过激行为。当个体在班级群体或同伴群体中无法得到尊重时，会通过结交不服从家校管理的越轨同伴，以获得较高的社会地位和自主权，并与越轨同伴共同做出一些犯罪行为。

第三，控制感是指个体认为自己可作为环境变化推动者的信念。控制感会影响处于不利环境下个体的结果发展进程，即使先前付出了很多努力，结果也依然是无法控制的，例如父母离异、双亲去世等。那些普遍认为自己可以控制生活事件的儿童，即使在高度紧张的情况下也会经历更少的心理问题和社会适应问题。反之，缺乏控制感的儿童往往会因无力改变事情的局面而采取逃避的应对方式，做出一些适应不良的行为。

第四，社会联结是对自我与父母、同伴等社会关系亲密度的自我觉察。人们在积极努力地保持着社会联结，当这种关联被割断时，个体会非常痛苦。风险环境会影响儿童的社会适应能力。例如，父母婚姻冲突可正向预测青少年自杀意念、焦虑、攻击倾向等心理危机（王淼，李欢欢，包佳敏，等，2020）。同时，社会联结的质量比数量更为重要。父母离异或父母去世后，及时与非监护人建立积极的关联，并从中感受到温暖能够大大降低青少年儿童心理健康问题发生的概率。而对失去亲人的孩子而言，监护质量差、被忽视、被扫地出门等都可能导致成年后抑郁症的发生。同伴关系质量同样对儿童的心理症状及外化行为有预测作用，例如一项三年的追踪研究发现，同伴友谊质量能负向预测青少年的孤独感（张豪，马田雨，王媛，等，2021）。

由此看来，基本需求大部分都是由个体的自我系统过程满足的，当个体接收到外界刺激会引发自我系统过程产生反应，整合先前经验并通过积极方式满足自己的基本需求。积极的自我系统过程有利于个体的心理健康发展，是个人宝贵的心理资源。但儿童基本需求的满足会受到风险因素的威胁，对发展产生负面影响。

三、发展级联理论

发展级联（Developmental cascades）是近年来发展心理学追踪研究中一种重要的理论视角，是指在发展系统中的交互与累积，导致了在不同水平或在同一水平不同领域之间，以及不同系统之间的传播效应。而且发展级联效应是长期存在的，且贯穿于个体完整的发展过程。发展心理学家 Martin 等（2010）的发展级联理论认为，发展系统中众多交互作用所产生的累积结果，会随着时间的推移，对不同层次、同层次不同领域、不同系统及不同代际间产生影响。与传统生态学理论不同的是，发展级联理论能够说明问题产生的时间、原因、程度及范围等，以便探索在个体发展过程中不同因素所产生的跨领域、跨时间的影响（辛国刚，张李斌，常睿生，等，2023）。通过对跨时间或世代的多个领域之间的关联进行建模，有助于理解广泛的发展结果，它们比传统模型更好地捕获了发展的复杂性（李腾飞，陈光辉，纪林芹，等，2017）。发展级联理论认为，环境与个体的发展主要存在扩散效应、滚雪球效应和累积效应三种表现形式。

首先，个体的发展具有扩散效应。即某个生态系统的发展会对后期多个领域的发展产生影响。在发展初期，不同系统或不同领域的交互作用仅对某一特定适应行为的形成产生影响，但随着时间的推移，级联过程中某个领域可能对后续多个发展领域产生影响，即个体受级联效应影响的范围会不断扩展。例如，家庭生态与学校生态是不同的系统，能力发展和社会性发展是不同的领域等，但这些生态系统与各个领域之间具有复杂的交互作用（李腾飞，陈光辉，纪林芹，等，2017）。

其次，个体发展受各个领域及系统影响的速度呈滚雪球效应。即发展过程呈非线性模式，它强调个体的发展遵循一种加速增长的曲线轨迹。在发展系统中，个体与环境因素存在持续的相互作用，起初对个体特征的影响范围及程度较小，但当到达某一发展的敏感期时，个体特征受各个生态系统多个领域的影响，其发展速度会呈现出非线性增长（李腾飞，陈光辉，纪林芹，等，2017）。不同的发展特征有不同的敏感期，该特征的发展状况在敏感期达到峰值。童年中期是个体发展和环境发生变化的关键时期，为成年期观念的形成提供重要基础（Panayiotou & Humphrey，2018）。例如，幼儿时期儿童发展主要受到家庭系统的影响，步入学龄期，由家庭系统扩展到学校系统及社会系统，伴随着青春期个体心理特征上发生的重大变化，对个体适应能力的影响远大于幼儿期。因此，基于发展级联理论，探讨农村儿童童年期学校适应的影响因素不仅可以预测成年期社会性发展，同时能够起到"及时止损"的作用，以避免危险性因素对儿童成长的加速性影响，造成不可磨灭的伤害。

最后，发展领域具有累积效应。发展级联理论提出，发展结果不可能直接受到单一因素的影响，而是在级联效应传递的过程中，多个影响因素共同产生的"强有力"的累积效应。例如，药物滥用是由于在童年早期受到了"溪流般"风险因素的影响，这些影响的范围及程度都相对较弱，但在此后发展过程中，随着多种风险因素的影响不断累积，在青春期形成了不可逆转的影响，这些影响犹如溪水汇集后的洪水进发，最终造成青少年儿童产生了如药物滥用等严重的内外化行为问题（Dodge et al.，2009）。风险因素的积累通过破坏近端发育过程和增加个体的适应负荷，显著提高了负面结果的可能性（Evans et al.，2013）。国内研究者根据发展级联理论分析家庭累积风险对青少年心理健康的影响，发现家庭和个体风险的跨系统交互作用会随着时间增加，且在成长初期的累积风险能够预测青少年后期的生活满意度与心理健康（吴慧玲，2021）。

综上，生物生态学模型说明了影响个体发展的生态因素类型以及各个风险类型之间的关系。风险—韧性理论阐述了风险因素如何对个体的适应行为及内外化问题产生影响。发展级联效应一般适用于研究青少年儿童从幼儿期到学龄期的发展过程，能够解释儿童认知及适应行为的发展，以及其对后期学业能力、社交成就及行为问题的影响。这些理论为解释累积生态风险对学校适应的影响及作用机制提供了依据。

第二节　累积生态风险影响农村儿童学校适应的实证研究

2020 版"心理健康蓝皮书"《中国国民心理健康发展报告（2019—2020）》对国民心理健康现状与趋势、服务需求状况进行了分析，结果显示青春期的心理健康问题较为多发，城市户籍青少年的心理健康状况显著优于农村户籍青少年。农村儿童，尤其是农村留守儿童的学校适应状况不容乐观，他们在人际交往、学习成绩、行为习惯等方面存在适应不良状况，学校适应非常困难。前人研究指出，来自各个领域的风险因素累积会对个体心理和行为产生更严重的后果（Jiang et al.，2020）。那么，累积生态风险是否影响农村儿童的学校适应？这需要更多的实证研究依据，并为优化农村初中生成长环境提供支持（李玉华，丁峰，2020）。

一、问题提出

在我国现有教育背景下，学习是农村儿童生活的主旋律，并且随着年级的升高，其学习内容相对于小学低年级阶段发生诸多变化，比如学习内容显著增多、学科分类更加详细、各科学习层次更加深入等。同时，学生的个性发展也呈现出半幼稚和半成熟、独立性和依赖性、自觉性和幼稚性并存的特点。青春期个体容易产生"自我同一性"与"角色混乱"两极之间的矛盾，而自我意识迅速增强，更有可能导致较强的心理情绪的波动。与城市儿童相比，农村儿童的学业成就相对较低，他们在取得学业成就的过程中面临更多的考验（谭千保，吴喜燕，李佳圆，等，2021）。如果此时，他们遇到一些来自家庭、学校、同伴、社区中负面因素的干扰或诱导，便极有可能出现学校适应困难的问题。

目前，关于农村儿童学校适应的研究尚有较多的留白与不足。一个重要原因是农村儿童学校适应的影响因素复杂多样。根据生物生态学的观点，在现有的大生态环境下，个体的家庭、学校和同伴等不同的小生态环境会对其成长发展产生一定程度的共同影响（Bronfenbrenner & Morris，1998）。

比如，对留守儿童而言，其在实际生活中并非仅面临长期与父母分离这一个风险因素，同时还可能面临着家庭经济困难、师生关系不和谐或越轨同伴交往等多重风险因素的威胁。然而，现在的研究大多仅从某一领域单一风险因素入手来分析农村儿童的学校适应问题，这是不现实的。事实上，学校适应差异仅凭学生个体水平的因素是解释不了的，因此仅仅从单一风险因素视角去研究农村儿童学校适应变化的原因，容易造成对结果的过度推论。

本节从风险累积的视角出发，探讨累积生态风险与农村儿童学校适应的关系，一方面能够明晰该作用于"何时"发生，另一方面有利于探寻农村儿童学校适应不良产生的根本原因。

二、研究方法

（一）数据来源及样本情况

见第二章第一节。样本来自山西、湖南、陕西、重庆 4 省（市）16 所小学和 14 所中学，共发放问卷 5936 份，最终有效样本 5640 份，其中小学生样本 2569 人，平均年龄 10.69 岁（$SD = 1.01$），男生 1300 名（50.6%），女生 1269 名（49.4%）；初中生样本 3071 人，平均年龄 13.62 岁（$SD = 1.04$），男生 1570 名（51.1%），女生 1501 名（48.9%）。

（二）变量选取与处理

1. 因变量

研究中的因变量为学校适应，选用《中国中小学生学校适应成套量表》（江光荣，应梦婷，林秀彬，等，2017）中的小学 3~6 年级版、初中版，具体见第二章第一节。

2. 自变量

自变量是累积生态风险，包括 13 个指标，其中所涉变量及说明如表 3-1 所示。家庭领域的风险因素包括家庭经济困难、父母婚姻冲突、父母疏远、父母拒绝 4 个指标；学校领域的风险因素包括学校联结、教师支持、学校管理氛围、班级氛围 4 个指标；同伴领域的风险因素包括同伴支持、同伴疏远、越轨同伴交往 3 个指标；社区领域的风险因素包括社区安全、邻里支持 2 个指标。

表 3 - 1　生态风险指数及其界定标准

生态风险指数	评分	风险界定标准
家庭经济困难	1（从不）到 4（总是）	高于第 75 百分位数
父母婚姻冲突	1（完全不符合）到 4（完全符合）	高于第 75 百分位数
父母疏远	1（完全不符合）到 5（完全符合）	高于第 75 百分位数
父母拒绝	1（从不）到 4（总是）	高于第 75 百分位数
学校联结	1（完全不同意）到 5（完全同意）	低于第 25 百分位数
教师支持	1（完全不符合）到 6（完全符合）	低于第 25 百分位数
学校管理氛围	1（非常不符合）到 5（非常符合）	低于第 25 百分位数
班级氛围	1（从不如此）到 5（总是如此）	低于第 25 百分位数
同伴支持	1（完全不符合）到 4（完全符合）	低于第 25 百分位数
同伴疏远	1（从来不是这样）到 5（几乎总是这样）	高于第 75 百分位数
越轨同伴交往	1（没有）到 5（全部）	高于第 75 百分位数
社区安全	1（很不安全）到 4（很安全）	小于 3
邻里支持	1（周围没有邻居）到 4（都很熟悉/总有帮助）	低于第 25 百分数

使用构建累积生态风险指数的方法建模。"社区安全"风险因素得分进行二分编码（得分小于 3 的编码为 1，其余编码为 0），其他风险因素得分的 25 或 75 百分位数作为临界值，然后对风险因素进行二分编码（1 表示有风险，0 表示无风险），将每个编码后的风险因素相加得到累积生态风险指数。具体风险因素如下：

（1）家庭经济困难。采用王建平等参考的 Wadsworth 和 Compas 编制的"经济困难量表"对青少年感知到的家庭经济压力进行施测（王建平，李董平，张卫，2010），包含 4 个项目。4 点计分，分数越高表示感知的家庭经济越困难。量表的内部一致性系数为 0.80。

（2）父母婚姻冲突。采用 Grych 等人编制、池丽萍和辛自强修订的"儿童对婚姻冲突的感知量表"中的冲突特征分量表（池丽萍，辛自强，2003），共 19 个项目。4 点计分，分数越高表示父母婚姻冲突越严重。分量表的内部一致性系数为 0.89。

（3）父母疏远。采用"青少年依恋量表（中文版）"中的父母疏远维度（张迎黎，张亚林，张迎新，等，2011），其中父亲疏远、母亲疏远各 6 个项目。5 点计分，得分越高说明被试感知到的父母疏远越明显。量表的内部一致性系数为 0.88。

（4）父母拒绝。采用"简式父母教养方式问卷"中的拒绝维度（蒋奖，鲁峥嵘，蒋苾菁，等，2010），父亲版和母亲版各 6 个项目。4 点计分，分值越高表示父母拒绝水平越高。问卷的内部一致性系数为 0.91。

（5）学校联结。采用 Resnick 等人编制、喻承甫等人翻译的"学校联结量表（中文版）"（喻承甫，张卫，曾毅茵，等，2011），共 6 个项目。5 点计分，总分越低表示学校联结越差。量表的内部一致性系数为 0.85。

（6）教师支持。采用"学生感知教师支持行为问卷"（欧阳丹，2005），共 19 个项目。6 点计分，总分越低表示教师支持水平越低。问卷的内部一致性系数为 0.92。

（7）学校管理氛围。采用"学校氛围问卷"中的管理氛围分问卷（朱新筱，2005），共 4 个项目。5 点计分，分数越低表示学校管理氛围越差。问卷的内部一致性系数为 0.63。

（8）班级氛围。采用"我的班级问卷"中的班级秩序和纪律分问卷（江光荣，2004），共 8 个项目。5 点计分，分数越低表示班级氛围越差。问卷的内部一致性系数为 0.86。

（9）同伴支持。采用"青少年心理韧性量表"中同伴亲密关系维度（李海垒，张文新，张金宝，2008），共 3 个项目。4 点计分，得分越低表示同伴支持越少。分量表的内部一致性系数为 0.88。

（10）同伴疏远。采用"青少年依恋量表（中文版）"中的同伴疏远维度（张迎黎，张亚林，张迎新，等，2011），共 7 个项目。5 点计分，得分越高说明被试同伴疏远程度越高。分量表的内部一致性系数为 0.76。

（11）越轨同伴交往。采用"越轨同伴问卷"（Li et al.，2013），共 8 个项目。5 点计分，得分越高表明儿童结交的越轨同伴越多。问卷的内部一致性系数为 0.90。

（12）社区安全。采用 Gerald 等人使用的 1 个项目进行总体评价（Gerard & Buehler，2004），即"你觉得你居住的地方安全吗?"。4 点计分，得分越低表示社区环境越不安全。

（13）邻里支持。采用董奇等编制的研究工具（董奇，林崇德，2011），共 2 个项目，即"熟悉你家周围的邻居吗?"和"在你家遇到困难的时候，邻居会提供帮助吗?"。4 点计分,得分越低表示获得的邻里支持越少。问卷的内部一致性系数为 0.61。

3. 控制变量

为更好地解释累积生态风险及各因素对学校适应的影响和预测效应,本研究把农村儿童的性别、年级、是否留守等因素作为控制变量处理。

(三) 分析方法

本次调查由经过心理学专业训练的学生担任主试,团体施测,要求被试以班级为单位填写问卷,填写完后当场收回。使用 SPSS 21.0 软件进行数据分析。

三、研究结果

(一) 共同方法偏差检验

采用自我报告法或许会导致数据出现共同方法偏差效应。因此,在收集数据时通过反向计分和匿名调查等方式实施程序监控,并在分析数据的过程中,运用 Harman 单因素检验共同方法偏差效应。检验结果表明,小学组和初中组数据第一个主因子解释的变异量为 14.74% 和 14.87%,未达到40% 的临界值,说明本研究的共同方法偏差不明显。

(二) 农村小学生、初中生累积生态风险与学校适应的现状及特点

1. 性别差异

农村小学生组:相关变量的性别差异分析结果见表 3 - 2,相比女生,男生报告的累积生态风险指数更高,两者差异显著 ($p < 0.01$)。男生在父母疏远、父母拒绝、越轨同伴交往上得分明显高于女生 ($p < 0.01$);相比女生,男生感知到的父母婚姻冲突、学校联结、教师支持、学校管理氛围、同伴支持、社区安全、邻里支持更低 ($p < 0.05$ 或 $p < 0.01$)。此外,相比于农村小学女生,男生的学校适应得分更低 ($p < 0.01$)。

农村初中生组:如表 3 - 2 所示,相比农村初中女生,男生报告的累积生态风险指数更高,两者差异显著 ($p < 0.05$)。男生感知到的父母疏远、教师支持、同伴支持比女生低 ($p < 0.05$ 或 $p < 0.01$),但男生感知到的越轨同伴交往、邻里支持、社区安全比女生高 ($p < 0.05$ 或 $p < 0.01$)。在学校适应方面,初中男生、女生性别差异不显著 ($p > 0.05$)。

表 3 – 2　主要变量的性别差异分析（$M \pm SD$）

变量	小学生			初中生		
	男生	女生	t	男生	女生	t
累积生态风险（总）	3.31 ± 2.32	2.83 ± 2.15	5.52 **	3.15 ± 2.21	2.96 ± 2.22	2.46 *
家庭经济困难	1.59 ± 0.64	1.59 ± 0.63	0.19	1.61 ± 0.64	1.63 ± 0.65	− 0.74
父母婚姻冲突	2.91 ± 0.54	2.98 ± 0.60	− 2.88 **	2.88 ± 0.56	2.84 ± 0.61	1.71
父母疏远	1.86 ± 0.68	1.77 ± 0.65	3.22 **	1.98 ± 0.77	2.06 ± 0.77	− 2.72 **
父母拒绝	1.62 ± 0.56	1.51 ± 0.52	5.57 **	1.63 ± 0.57	1.60 ± 0.56	1.48
学校联结	4.10 ± 0.79	4.23 ± 0.74	− 4.27 **	3.88 ± 0.85	3.93 ± 0.75	− 1.79
教师支持	3.78 ± 1.07	3.99 ± 1.00	− 5.18 **	3.80 ± 1.00	3.88 ± 0.94	− 2.49 *
学校管理氛围	3.40 ± 0.93	3.47 ± 0.88	− 2.03 *	3.42 ± 0.87	3.43 ± 0.77	− 0.54
班级氛围	3.35 ± 0.85	3.40 ± 0.85	− 1.36	3.25 ± 0.84	3.26 ± 0.80	− 0.37
同伴支持	2.91 ± 0.92	3.05 ± 0.86	− 3.95 **	2.85 ± 0.89	2.94 ± 0.85	− 2.94 **
同伴疏远	2.11 ± 0.72	2.11 ± 0.73	0.21	2.32 ± 0.70	2.35 ± 0.73	− 1.33
越轨同伴交往	1.46 ± 0.61	1.33 ± 0.53	5.97 **	1.58 ± 0.72	1.42 ± 0.53	6.81 **
社区安全	3.56 ± 0.70	3.67 ± 0.64	− 4.16 **	3.47 ± 0.66	3.41 ± 0.61	2.56 *
邻里支持	3.19 ± 0.66	3.25 ± 0.63	− 2.12 *	3.15 ± 0.64	3.09 ± 0.60	2.68 **
学校适应（总）	3.82 ± 0.49	3.92 ± 0.48	− 5.67 **	3.78 ± 0.52	3.80 ± 0.49	− 1.44

2. 年级差异

农村小学生组：如表 3 – 3 所示，四年级小学生的累积生态风险得分显著高于六年级的得分。具体来看，四年级小学生家庭经济困难高于五年级、六年级小学生；在父母疏远、教师支持、学校管理氛围、班级氛围、邻里支持上，四年级小学生得分低于六年级。在学校适应上，不存在显著的年级差异（$p > 0.05$）。

农村初中生组：如表 3 – 4 所示，农村初中生的累积生态风险存在显著的年级差异（$p < 0.01$）。具体而言，初一年级学生在家庭经济困难、父母婚姻冲突、父母疏远、父母拒绝、学校管理氛围、班级氛围、学校联结、同伴支持、越轨同伴交往、邻里支持、社区安全的情况总体上要好于初三年级学生的得分情况（$p < 0.05$ 或 $p < 0.01$）。在学校适应方面，初一年级的学校适应得分要显著高于初二、初三年级（$p < 0.01$）。

表 3 – 3 　农村小学生主要变量的年级差异分析（$M \pm SD$）

变量	四年级①	五年级②	六年级③	F	事后比较
累积生态风险（总）	3.23 ± 2.31	3.08 ± 2.18	2.92 ± 2.26	4.11*	①>③
家庭经济困难	1.64 ± 0.65	1.56 ± 0.61	1.57 ± 0.64	3.63*	①>②，③
父母婚姻冲突	2.94 ± 0.57	2.96 ± 0.55	2.93 ± 0.59	0.54	
父母疏远	1.78 ± 0.63	1.80 ± 0.67	1.86 ± 0.70	4.03*	①<③
父母拒绝	1.59 ± 0.55	1.56 ± 0.54	1.55 ± 0.54	1.33	
学校联结	4.16 ± 0.77	4.18 ± 0.79	4.15 ± 0.76	0.26	
教师支持	3.80 ± 1.04	3.92 ± 1.04	3.94 ± 1.03	4.46*	①<③
学校管理氛围	3.38 ± 0.92	3.43 ± 0.91	3.50 ± 0.88	3.84*	①<③
班级氛围	3.34 ± 0.83	3.34 ± 0.83	3.44 ± 0.88	3.99*	①<③
同伴支持	2.93 ± 0.89	2.96 ± 0.93	3.03 ± 0.87	2.88*	
同伴疏远	2.11 ± 0.71	2.11 ± 0.72	2.11 ± 0.74	0.00	
越轨同伴交往	1.42 ± 0.58	1.39 ± 0.62	1.38 ± 0.54	1.06	
社区安全	3.62 ± 0.67	3.63 ± 0.62	3.60 ± 0.64	0.31	
邻里支持	3.16 ± 0.67	3.24 ± 0.62	3.25 ± 0.64	4.85**	①<②，③
学校适应（总）	3.89 ± 0.48	3.86 ± 0.49	3.86 ± 0.49	0.79	

表 3 – 4 　农村初中生主要变量的年级差异分析（$M \pm SD$）

变量	初一年级①	初二年级②	初三年级③	F	事后比较
累积生态风险（总）	2.87 ± 2.15	3.07 ± 2.23	3.22 ± 2.26	5.94**	①<③
家庭经济困难	1.58 ± 0.62	1.62 ± 0.66	1.65 ± 0.65	2.81	①<②<③
父母婚姻冲突	2.90 ± 0.61	2.86 ± 0.56	2.82 ± 0.59	4.77**	①>③
父母疏远	1.91 ± 0.75	2.01 ± 0.78	2.12 ± 0.77	19.87**	①<②<③
父母拒绝	1.59 ± 0.57	1.65 ± 0.59	1.60 ± 0.53	3.33*	①<②<③
学校联结	4.05 ± 0.78	3.89 ± 0.80	3.80 ± 0.82	24.27**	①>②>③
教师支持	3.93 ± 1.03	3.81 ± 0.97	3.79 ± 0.91	6.34**	①>③，②
学校管理氛围	3.47 ± 0.83	3.35 ± 0.84	3.46 ± 0.79	6.96**	①，③>②
班级氛围	3.22 ± 0.88	3.23 ± 0.78	3.32 ± 0.81	4.42*	①，②<③
同伴支持	2.96 ± 0.90	2.90 ± 0.86	2.83 ± 0.84	5.80**	①>③
同伴疏远	2.28 ± 0.77	2.35 ± 0.76	2.36 ± 0.73	3.38*	①<②，③
越轨同伴交往	1.38 ± 0.57	1.51 ± 0.64	1.61 ± 0.67	31.16**	①<②<③
社区安全	3.51 ± 0.63	3.46 ± 0.61	3.37 ± 0.67	11.65**	①，②>③
邻里支持	3.17 ± 0.62	3.14 ± 0.62	3.07 ± 0.62	6.77**	①，②>③
学校适应（总）	3.93 ± 0.50	3.77 ± 0.49	3.68 ± 0.51	59.96**	①>②>③

3. 留守、非留守差异

农村小学生组：留守小学生占比 65.9%。由表 3 - 5 可知，留守小学生的累积生态风险得分显著高于非留守小学生（$p < 0.01$），这说明父母外出在一定程度上影响小学留守儿童所面临的累积生态风险。具体来说，在家庭经济困难、父母疏远、学校联结、教师支持、班级氛围方面，小学留守儿童的情况要差于小学非留守儿童的情况（$p < 0.05$ 或 $p < 0.01$）。同时，留守小学生的学校适应得分显著低于非留守小学生（$p < 0.05$）。

农村初中生组：留守初中生占比 61.1%。由表 3 - 5 可知，留守初中生的累积生态风险得分显著高于非留守初中生（$p < 0.01$）。具体可见，在家庭经济困难、父母疏远、学校联结、教师支持、学校管理氛围、邻里支持方面，留守初中生的情况要差于非留守初中生的情况（$p < 0.05$ 或 $p < 0.01$），但有趣的是，相比于留守初中生，非留守初中生的父母婚姻冲突情况差些。同时，留守初中生的学校适应得分显著低于非留守初中生（$p < 0.05$）。

表 3 - 5 留守与非留守农村学生在主要变量上的差异分析（$M \pm SD$）

变量	小学生			初中生		
	留守	非留守	t	留守	非留守	t
累积生态风险（总）	3.13 ± 2.24	2.83 ± 2.16	3.14^{**}	3.17 ± 2.25	2.88 ± 2.15	3.64^{**}
家庭经济困难	1.60 ± 0.63	1.54 ± 0.63	2.16^{*}	1.66 ± 0.65	1.56 ± 0.63	4.04^{**}
父母婚姻冲突	2.96 ± 0.57	2.92 ± 0.57	1.85	2.84 ± 0.59	2.89 ± 0.58	-2.13^{*}
父母疏远	1.83 ± 0.66	1.77 ± 0.68	2.07^{*}	2.05 ± 0.78	1.97 ± 0.76	2.80^{**}
父母拒绝	1.56 ± 0.55	1.57 ± 0.54	0.34	1.62 ± 0.56	1.60 ± 0.58	0.93
学校联结	4.13 ± 0.77	4.25 ± 0.75	-3.64^{**}	3.88 ± 0.80	3.96 ± 0.81	-2.64^{**}
教师支持	3.85 ± 1.03	3.96 ± 1.05	-2.48^{*}	3.80 ± 0.96	3.90 ± 0.98	-2.78^{**}
学校管理氛围	3.42 ± 0.90	3.48 ± 0.92	-1.37	3.37 ± 0.82	3.50 ± 0.82	-4.19^{**}
班级氛围	3.34 ± 0.83	3.46 ± 0.89	-3.34^{**}	3.24 ± 0.82	3.29 ± 0.83	-1.90
同伴支持	2.95 ± 0.89	3.03 ± 0.89	-1.95	2.87 ± 0.87	2.93 ± 0.87	-1.68
同伴疏远	2.12 ± 0.72	2.08 ± 0.74	1.42	2.34 ± 0.75	2.33 ± 0.75	0.29
越轨同伴交往	1.39 ± 0.57	1.40 ± 0.57	-0.17	1.52 ± 0.63	1.48 ± 0.64	1.89
社区安全	3.60 ± 0.65	3.64 ± 0.64	-1.11	3.43 ± 0.64	3.46 ± 0.65	-1.34
邻里支持	3.20 ± 0.64	3.26 ± 0.65	-1.93	3.10 ± 0.61	3.17 ± 0.63	-2.98^{**}
学校适应（总）	3.85 ± 0.49	3.92 ± 0.47	-3.48^{**}	3.77 ± 0.50	3.82 ± 0.51	-2.47^{*}

（三）累积生态风险及各领域风险因子与学校适应的相关分析

农村小学生组与初中生组在累积生态风险及各领域风险因子与学校适应的相关分析如表3-6所示。学校适应与累积生态风险存在显著负相关（$p < 0.01$），所有风险因子之间存在着显著相关性（$p < 0.01$），同时家庭经济困难、父母疏远、父母婚姻冲突、父母拒绝、同伴疏远、越轨同伴交往与学校适应呈显著负相关（$p < 0.01$），学校管理氛围、班级氛围、学校联结、教师支持、同伴支持、邻里支持、社区安全与学校适应存在显著正相关（$p < 0.01$）。

表3-6　农村学生累积生态风险及各领域风险因子与学校适应的相关分析结果表（r）

领域	变量	小学生				初中生			
		学业适应	社会性适应	个人适应	学校适应（总）	学业适应	社会性适应	个人适应	学校适应（总）
家庭领域	家庭经济困难	-0.28**	-0.23**	-0.19**	-0.27**	-0.10**	-0.22**	-0.18**	-0.20**
	父母婚姻冲突	-0.33**	-0.33**	-0.31**	-0.36**	-0.28**	-0.29**	-0.30**	-0.35**
	父母疏远	-0.39**	-0.35**	-0.31**	-0.40**	-0.32**	-0.46**	-0.45**	-0.49**
	父母拒绝	-0.30**	-0.26**	-0.22**	-0.30**	-0.20**	-0.35**	-0.30**	-0.34**
学校领域	学校联结	0.45**	0.49**	0.42**	0.52**	0.43**	0.60**	0.42**	0.58**
	教师支持	0.35**	0.42**	0.36**	0.46**	0.40**	0.37**	0.26**	0.42**
	学校管理氛围	0.32**	0.31**	0.27**	0.35**	0.30**	0.35**	0.28**	0.38**
	班级氛围	0.31**	0.32**	0.24**	0.33**	0.29**	0.29**	0.27**	0.35**
同伴领域	同伴支持	0.32**	0.35**	0.29**	0.37**	0.27**	0.35**	0.27**	0.37**
	同伴疏远	-0.37**	-0.37**	-0.23**	-0.37**	-0.18**	-0.34**	-0.36**	-0.34**
	越轨同伴交往	-0.19**	-0.19**	-0.21**	-0.22**	-0.22**	-0.32**	-0.17**	-0.30**
社区领域	社区安全	0.16**	0.15**	0.15**	0.17**	0.12**	0.22**	0.19**	0.21**
	邻里支持	0.17**	0.17**	0.14**	0.19**	0.15**	0.18**	0.17**	0.21**
	累积生态风险	-0.45**	-0.47**	-0.40**	-0.50**	-0.37**	-0.58**	-0.45**	-0.56**

（四）回归分析

将家庭经济困难、父母婚姻冲突、父母疏远、父母拒绝合并为家庭领域的风险，将学校联结、教师支持、学校管理氛围、班级氛围合并为学校领域的风险，将同伴支持、同伴疏远、越轨同伴交往合并为同伴领域的风险，将邻里支持、社区安全合并为社区领域风险，以学校适应类别作为因变量，以风险因素作为自变量，进行多项 Logistic 回归分析，考察风险因素对学校适应类别的影响。根据潜在剖面分析，学校适应可划分为三组：适应困难组（C1）、中等适应组（C2）、适应良好组（C3），结果显示（表 3 - 7），相对适应良好组，农村初中生和小学生在累积生态风险以及家庭、学校、同伴和社区等领域的风险越高，越可能归属于适应困难组和中等适应组。

表 3 - 7　学校适应 3 个潜在类别对风险因素的 Logistic 回归

学段	风险因素	C1 （适应困难组）		C2 （中等适应组）	
		OR	CI	OR	CI
小学生	累积生态风险	2.09**	1.95 ~ 2.24	1.41**	1.32 ~ 1.50
	家庭风险	1.76**	1.56 ~ 1.99	1.16**	1.04 ~ 1.29
	学校风险	3.86**	3.37 ~ 4.41	2.08**	1.84 ~ 2.34
	同伴风险	3.17**	2.75 ~ 3.65	1.82**	1.61 ~ 2.07
	社区风险	2.54**	2.05 ~ 3.14	1.34**	1.10 ~ 1.64
初中生	累积生态风险	2.21**	2.07 ~ 2.35	1.48**	1.41 ~ 1.55
	家庭风险	2.16**	1.92 ~ 2.44	1.12*	1.02 ~ 1.22
	学校风险	3.51**	3.13 ~ 3.93	2.08**	1.90 ~ 2.28
	同伴风险	3.45**	3.01 ~ 3.95	1.87**	1.69 ~ 2.08
	社区风险	2.56**	2.08 ~ 3.15	1.81**	1.54 ~ 2.14

四、结果分析

通过选取一些代表性的因素来构建累积生态风险指数，以农村四年级到六年级的小学生以及农村初中生为调查对象，探究累积生态风险对个体学校适应的影响，得到的主要发现如下：

（一）人口学变量对农村中小学生累积生态风险因子的影响

农村中小学生感受到的累积生态风险存在显著的性别差异，男生的累积生态风险得分显著高于女生。原因可能是在中小学时期，女生比男生有更多表达自我的需求，可获得更多来自家庭、学校、同伴、邻里的支持与帮助，从而抵御风险因素的影响。有意思的是，农村小学生感知的父母婚姻冲突存在性别差异，但农村初中生却不存在差异。事实上，在小学阶段，女生在情感方面较为细腻和敏感，其心理保护机制并未发育完全，因此更容易觉察出父母之间的婚姻冲突（王秋英，黄巧敏，刘晓凤，等，2020）。同时，男生的学校适应性均差于女生，尤其是小学阶段存在明显差异。一般认为，对小学高年级和初中阶段的男生而言，他们处于发育较为快速的时期，其生理成熟与心理成熟相对晚于女生，且男生具有更高的攻击性，身心冲突以及学业压力的交织不利于他们很好地解决人际交往问题；而女生人际关系协调能力较强，且学习更加主动，因此其学校适应能力更强。

农村中小学生累积生态风险的年级差异显著。小学四年级的累积生态风险得分显著高于小学六年级学生，但在初中阶段，相比初一年级学生，初三年级学生的累积生态风险指数更高。年级变量是否影响农村中小学生的累积生态风险得分，不同研究者得出的结果存在差异，这可能与各研究选取的具体指数不同有关。小学生与初中生之间存在的学校适应差异由多方面原因造成。首先，我国实行九年制义务教育，农村小学生较少有升学烦恼，且四至六年级的小学生经过前三年学习，他们已经能够较好地适应学校的自然和人文环境；而初中生正处于心理、生理快速发展期，其自我意识增强且情绪多变，同时又面临着更为复杂多变的人际交往问题，并随着年级的升高，他们还需要面临不断上涨的升学压力，这也会促使他们学校适应水平的下降。

总体上，与非留守儿童比较来看，留守儿童的累积生态风险和学校适应情况均较差，这和前人的研究结果一致（赵景欣，杨萍，张婷，2015；赵磊磊，柳欣源，李凯，2019）。父母外出务工会造成留守儿童出现更多的学习焦虑、孤独等心理健康问题，这是因为父母的照料缺失对子女成长的影响是全方位且深远的，留守儿童因父母支持不足变得更加敏感；对学校制度与管理缺乏认可，并且父母外出也不利于留守初中生培养社交技巧、选择合适的同伴，这使得留守初中生面临的累积风险因素高于非留守初中生。此外，不少留守初中生为隔代抚养，祖父母文化水平有限且往往缺乏正确的教育理念，并不重视留守儿童自尊心、情绪表达、人际交往等方面的发展，这容易使留守初中生社会适应和个人适应受阻（琚晓燕，张晨轩，2022），同时，鲜有祖父母能够提供学习指导，这不利于留守初中生学习方法的掌握与学习问题的解决，最终加剧其学业适应困难。

（二）生态风险对农村中小学生学校适应的影响

研究结果显示，农村中小学生学校适应的发展受家庭、学校、社区和同伴等环境中风险因素的影响，各领域生态风险因素累积越高，其学校适应越差。这符合人类发展的生物生态学理论，即个体的发展受周围多层环境系统的影响，生态风险越高意味着个体遭受的负性事件越多或得到的支持越少，这会给其身心健康、情绪表达和行为适应等带来不利影响。以往有不少研究证实了累积生态风险所带来的负面影响，如各领域累积生态风险能显著预测学习倦怠，且会造成情感满足受挫而导致消极自我（陈建文，刘艳，谭千保，2022）；累积生态风险会降低子女责任感、学业能力和社交能力（鲍振宙，李董平，张卫，等，2014）。累积生态风险会提高个体的道德推脱水平，且显著地预测校园欺凌和攻击行为（谭千保，伍牧月，常志彬，2018；谭千保，李佳圆，刘旭，2020）。可见，对农村小学生和初中生而言，学校适应的发展受到各种风险因素的影响，例如从家庭可获得的发展性支持不足、学校教育资源分配不均衡、师生关系淡漠、同伴关系疏远等因素都可能造成其心理失衡、人际交往困难和成绩下滑等。同时，作为学生最直接接触、最重要的生态子系统，它们之间相互作用产生的累积风险会营造出一个严重逆境，抑制个体学业适应、个人适应以及社会性适应的发展（袁言云，王志航，孙庆，等，2022）。

五、结论与建议

通过对前人研究的总结，选取一些代表性的因素来构建累积生态风险指数，以 2569 名农村小学生和 3071 名农村初中生为调查对象，探讨累积生态风险对其学校适应的影响并获得了一些有意义的发现。第一，农村中小学生男生的累积生态风险得分高于女生，学校适应情况差于女生。第二，农村小学生随着年龄的增长，累积生态风险得分越低；农村初中生随着年级的升高，累积生态风险得分越高、学校适应状况越差。第三，留守儿童累积生态风险指数高于非留守儿童，且学校适应水平不如非留守儿童。第四，累积生态风险与学校适应呈显著负相关，各个风险因子之间显著相关，学校适应与正性风险因子总体呈显著正相关，与负性风险因子总体呈显著负相关。第五，累积生态风险能够直接负向预测农村小学生、初中生的学校适应水平，各领域生态风险越高，学校适应越差。

鉴于此，从生态学层面考察了农村中小学生学校适应的影响因素，为进一步探索保障农村儿童健康发展的政策提供实证依据。从源头着手分领域出发降低农村儿童面临的风险因素。从家庭出发，农村儿童的父母或其他照料者应努力提高自身教育水平和改善不良的父母教养方式，尽可能地为农村儿童营造一种民主、和谐且温暖的家庭氛围，多倾听孩子内心的想法，这表现为不仅关注孩子成绩的高低，同时也致力于促进其心理层面的健康发展。从学校出发，学校管理者和教师应切实认识到农村儿童发展的实际需求，不盲目追崇城市学校的教育方式，切勿妄想只通过引进先进的教育教学设备等达到"一刀切除"学校风险的目的。教师应因地制宜地开展适合农村儿童现实发展的课程和教学活动，培养农村儿童对乡村的文化认同和情感认同，从而使得他们在自信乐观的心理状态下努力汲取知识，促进自身学校适应的良好发展。从同伴出发，农村儿童的社交圈主要限于学校中与同学的交往，因此从同伴领域出发助力农村儿童形成积极的人际交往圈，并及时干预交往过程中的不良行为对农村儿童学校适应意义重大。从社区领域出发，加强农村社区基础设施的建设，及时维护破损和危险设施与地区，组织和举办加强邻里凝聚力的活动或比赛，使儿童在学校适应过程中获得一定的外部支持力量。综上所述，单一风险干预在农村儿童面前可能会显得微不足道，而从源头着手分领域出发降低各个生态领域的风险因素才能在最大程度上为农村儿童的学校适应保驾护航。

第四章
累积生态风险影响农村儿童
学校适应的心理机制

引子：感动中国年度人物后的"感动故事"

2022 年 3 月 3 日晚，2021 感动中国年度人物名单公布。其中一位是清华生命科学学院 2018 级博士研究生江梦南，来自湖南莽山瑶族小镇、在半岁时就双耳失聪的姑娘。她创造了世人眼中的"奇迹"：自幼通过读唇语学会了"听"和"说"，江梦南在家乡普通小学"旁听"后，以全市第二名的成绩考入郴州市六中。12 岁时独自坐了 32 小时火车到郴州，开始寄宿中学的独立生活。6 年后的高考，她的分数过了当地一本线，但她觉得没发挥好，坚持复读一年。第二年以优异成绩考入吉林大学药学专业，硕士研究生阶段继续在吉林大学攻读计算机辅助药物设计方向，2018 年通过了清华大学生命科学学院的博士研究生面试，成为近年来家乡小镇唯一考入重点大学并到清华攻读博士的学生。

从相关报道来看，影响江梦南发展的主要困境有：一是高烧导致极重度神经性耳聋，无法治疗；二是江梦南父母是乡村教师，收入微薄，多年的奔波治疗，花费甚巨，欠下不少外债。尽管存在诸多困境，但江梦南的积极心理品质令人佩服，例如：学会如何面对困境，逐渐摸索出一套自己的学习方式，并且真正融入群体，学会求助老师和同学，不懂就问；骑着自行车练甩坡技巧，突然连人带车摔倒在地，额头破了皮并流出血，但依然坚持；学习兴趣很浓，四年级暑假结束后，自学完成五年级功课的江梦南跳级到六年级，震惊全校。

在人的发展过程中，难免遇到程度不一的风险，而且可能是多重的。

能否走出多重风险因素的影响，既需要外界的有力支持，又需要自身的内心强大，习惯于与困难为伍、与挑战并肩前行。

资料来源：央视网《人物·故事》奋斗者·正青春 江梦南 2022 – 05 – 12

第一节　累积生态风险对农村儿童学业适应的影响及其心理机制

学业适应是学校适应的重要组成部分，良好的学业适应意味着个体能较好地克服各种困难，适应学校环境要求，并取得学业成就。它对中小学生的身心健康和未来发展都具有重大影响。就农村儿童而言，学业适应是其打通向上流动的重要基石。因此，有必要探索累积生态风险对农村儿童学业适应的影响及其机制。

一、问题提出

"物竞天择，适者生存"，适应对生物体的重要性不言而喻。对于青少年，良好的学业适应是其健康成长的必要条件。学业适应问题历来备受教育工作者的关注。教育部曾多次印发关于减轻中小学生过重负担的通知，中共中央办公厅、国务院办公厅于 2022 年又下发了《关于进一步减轻义务教育阶段学生作业负担和校外培训负担的意见》。整体来看，目前中小学生的学业适应问题依旧不容乐观（刘艳艳，2021）。从初中开始，学业资源对个体未来能否顺利升学的影响便已开始（赵阳，王亚飞，2020），且初中生学业适应情况存在城乡差异，不少贫困地区的青少年"隐形辍学"倾向严重，学业适应隐患较多，而辍学是青少年至成人后的贫困代际传递的重要影响因素（赵明仁，陆春萍，2020）。

因此，追问农村初中生学业适应问题的原因显得尤为必要。究其原因，农村初中生生存环境的影响不可忽视，尤其是一些风险因素相互作用制约了其学业适应的发展。前人研究指出，各个领域风险因素的累积会对个体心理和行为产生更严重的后果（Jiang et al.，2020）。因此，本节将探索累积生态风险对农村初中生学业适应的影响，并在此基础上提出相关建议，以增强农村初中生的学业适应。

何谓学业适应？自 20 世纪 90 年代以来，研究者们围绕学业适应性的概念、学生学业适应性的发展现状及其促进对策等方面展开了大量研究，但学业适应的概念至今仍没有一致定义。学业适应的概念主要有三种观点：第一，学业适应是克服困难、取得学习效果的过程；第二，学业适应是主体在学习过程中与环境的动态平衡；第三，学业适应是指个体能否正常参与学习活动，主要指标为学业成绩和学习态度（赵磊磊，王依杉，2018）。综合来看，可将学业适应定义为学生克服困难取得良好学习效果的状态，即提高学习技能、增强学习动机、克服学习问题的整体状态。

什么影响学业适应？大量研究证实家庭、学校、同伴等因素在学生学业适应中发挥着重要作用。具体而言，以往研究把重点放在家庭情况、班级氛围、学校氛围、师生关系、同伴关系、邻里社区等外部环境上，也有研究者关注自尊心等个体因素。毋庸置疑，探究影响学生学业适应的单独性因素是重要且必要的，但其影响因素复杂多样，仅仅根据环境中的单一因素或个体水平因素去推论获得的研究数据，可能无法全面揭示事实背后的原因。因此，只有同时关注来自多个领域的风险因素对学业适应发展状况的协同作用才更符合实际。

现有研究使用多种方式对多重风险进行建模，其中累积风险模型更为契合生态系统理论，也是迄今使用最广的方法（李董平，周月月，赵力燕，等，2016）。该模型认为不同风险因素在作用个体发展过程中会表现出聚集性特点，当风险指数累加越多，个体所受环境威胁的程度越高（Sun et al.，2021）。系列研究发现，累积生态风险与青少年学业成就关系密切（Ragnarsdottir et al.，2017；谭千保，吴喜燕，李佳圆，2021）。因此，本研究推测累积生态风险与农村初中生的学业适应具有重要关联。

尽管累积生态风险可能会直接影响农村初中生的学业适应，然而累积生态风险也可能通过影响某些密切相关的变量，从而间接作用于学业适应。自尊是个体的自我评价，即个体通过内化他人的积极或消极态度、观点和相关情绪反应来确认自我价值。依据自我系统模型，如果个体在与环境的互动中不能得到正向反馈，则其从事满足自主性、能力和相关性等心理需求的活动意愿降低，继而形成低自我价值感，进而产生学业和行为问题。虽然，前人已考察了自尊与学业适应之间的关系（邝宏达，徐礼平，2013），但鲜有研究以累积生态风险为切入点，探索自尊与学业适应的关系。按照生物生态学理论，自尊的发展也与个体所处的环境关系密切。有研究发现中学生的自尊与家庭生活、学校生活及其同伴关系等因素显著相关（李然，梁利花，贾睿，等，2017）。基于此，多重风险因素可能通过影响个体自尊，再影响其学业适应。以往研究发现，累积生态风险与个体发展有紧密的联系，但有趣的是，不同个体对相同的风险因素有着不同的反应，甚至存在质的差异。究其原因，一般来说，个人某些积极品质可调节生态风险因素对个体发展的影响，例如，自我控制可缓冲暴力暴露对校园欺凌的影响（张珊珊，张野，申婷，2021）。自我控制就是一种积极品质，指个体按照社会标准或自己的意愿管理自身行为、情绪、认知的能力。因此，不难推测，自我控制可能调节累积生态风险与学业适应的关系，即自我控制可缓冲农村初中生累积风险的消极影响，促进其学业适应。

基于以上，以生物生态学理论为基础，引入中介变量（自尊）和调节变量（自我控制），以期明晰累积生态风险对农村初中学业适应的作用机制，并在此基础上，提出促进农村初中生学业适应的建议。

二、研究方法

（一）数据来源及样本情况

选取山西、湖南、陕西、重庆 4 省（市）的 14 所农村初中的在校生进行问卷调查，共发放问卷 3280 份，收回问卷 3274 份，有效问卷 3091 份。男生 1587 名（51%），女生 1504 名（49%）；初一年级 945 人（31%），初二年级 1124 人（36%），初三年级 1022 人（33%）；留守初中生 1889 人（61%）；平均年龄 13.74 岁。

（二）变量选取与处理

1. 因变量

因变量为学业适应，采用《学校适应量表（初中版）》的学业适应维度进行测量（江光荣，应梦婷，林秀彬，等，2017），包含学生的学习技能、学习动机、学习效能感、学习问题等方面，共 22 个项目。采用 5 点计分，从"从不如此"到"总是如此"依次计 1 ~ 5 分，得分越高表明学业适应越好。分量表的内部一致性系数为 0.91。

2. 自变量

自变量是累积生态风险，包括 13 个指标，其中所涉变量及说明见第三章第二节。除社区安全量表只选用 1 个项目外，其余指标对应量表或问卷的内部一致性系数为 0.61 ~ 0.92，见表 4 – 1。

表 4 – 1　相应量表或问卷的内部一致性系数

序号	生态风险指数	内部一致性系数	序号	生态风险指数	内部一致性系数
1	家庭经济困难	0.80	8	班级氛围	0.86
2	父母婚姻冲突	0.89	9	同伴支持	0.88
3	父母疏远	0.88	10	同伴疏远	0.76
4	父母拒绝	0.91	11	越轨同伴交往	0.90
5	学校联结	0.85	12	社区安全	—
6	教师支持	0.92	13	邻里支持	0.61
7	学校管理氛围	0.63			

3. 中介变量

中介变量为自尊。采用 Rosenberg 编制的自尊量表（汪向东，王希林，马弘，1999），主要测量青少年自我价值与自我接纳的总体感受，包括 10 个项目。采用 4 点计分，得分越高表明个体的自尊水平越高。量表的内部一致性系数为 0.76。

4. 调节变量

调节变量为自我控制。采用 Tangney 等人编制、Unger 等人增修订的"自我控制问卷"（Unger et al.，2016），由 13 个项目组成。5 点计分，得分越高表明自我控制能力越好。问卷的内部一致性系数为 0.70。

5. 控制变量

为更好地解释农村初中生累积生态风险对学业适应的预测效应，把年级、性别和是否留守三个因素作为控制变量。

（三）分析方法

调查由经过专业培训的教师、在校研究生担任主试，采用统一指导语进行团体施测。以班级为单位填写问卷，填写完后当场收回。使用 SPSS 21.0 软件进行相关统计分析。

三、研究结果

（一）共同方法偏差检验

在收集数据时通过反向计分和匿名调查等方式实施程序监控，并在分析数据过程中，运用 Harman 单因素检验共同方法偏差。结果表明，第一个主因子解释的变异量为 14.76%，未达到 40% 的临界值，说明共同方法偏差不明显。

（二）农村初中生累积生态风险与学业适应的初步分析

如表 4-2 所示，农村初中生的累积生态风险、学业适应存在显著的年级差异。具体来说，一方面，相比初一年级学生，初三年级学生的累积生态风险指数更高；另一方面，年级越高，农村初中生报告的学业适应得分（总分）越低，且在学习动机、学习问题、学习技能等维度也具有相似的情况。在此需要指出，学习问题的评分属于反向计分，分数越高表示学习问题程度越弱，即年级越高，学习问题越突出。

表 4-2　农村初中生累积生态风险与学业适应的年级差异分析

变量	初一年级①	初二年级②	初三年级③	F	事后比较
累积生态风险	2.87 ± 2.15	3.07 ± 2.23	3.22 ± 2.26	5.94^{**}	①<③
学业适应（总分）	3.64 ± 0.63	3.39 ± 0.62	3.30 ± 0.61	79.53^{**}	①>②>③
学习动机	3.58 ± 0.58	3.33 ± 0.63	3.16 ± 0.61	116.59^{**}	①>②>③
学习技能	3.30 ± 0.81	3.13 ± 0.77	3.12 ± 0.69	17.30^{**}	①>②>③
学习效能感	3.26 ± 0.91	3.01 ± 0.87	3.05 ± 0.83	23.61^{**}	①>②>③
学习问题	3.72 ± 0.79	3.40 ± 0.82	3.21 ± 0.78	100.69^{**}	①>②>③

相关变量的性别差异分析结果如表 4-3 所示。相比女生，男生报告的累积生态风险指数更高，两者差异显著（$p < 0.05$）。此外，相比女生，男

生的学习动机、学习技能得分更低，学习问题程度更弱（$p < 0.05$ 或 $p < 0.01$）。

表4-3　农村初中生累积生态风险与学业适应的性别差异分析（$M \pm SD$）

变量	男	女	t
累积生态风险	3.15 ± 2.21	2.96 ± 2.22	2.46^{*}
学业适应（总分）	3.42 ± 0.66	3.46 ± 0.61	-1.53
学习动机	3.32 ± 0.66	3.37 ± 0.60	-2.30^{*}
学习技能	3.12 ± 0.81	3.24 ± 0.70	-4.64^{**}
学习效能感	3.12 ± 0.93	3.08 ± 0.82	1.50
学习问题	3.49 ± 0.85	3.38 ± 0.79	3.91^{**}

以是否留守为自变量，对初中生的累积生态风险、学业适应进行差异分析，结果如表4-4所示。留守初中生的累积生态风险得分显著高于非留守初中生（$p < 0.01$）。同时，留守初中生的学业适应得分显著低于非留守初中生（$p < 0.05$）。具体来说，尽管两类对象在学习动机（$p = 0.55$）与学习问题（$p = 0.13$）得分上差异不显著，但相比非留守初中生，留守初中生在学习技能与学习效能感上得分更低（$p < 0.05$ 或 $p < 0.01$）。学生不仅需要学习学习技能，如阅读（包括记笔记、做注解等）、观察、讨论等技能，而且需要养成学习品质，如好奇心、自主、主动、坚持、反思等。调查结果提示我们，须加强留守初中生学习技能的指导，并重视留守初中生学习效能感的获得。

表4-4　留守与非留守初中生的累积生态风险与学业适应的差异分析（$M \pm SD$）

变量	留守初中生	非留守初中生	t
累积生态风险	3.17 ± 2.25	2.88 ± 2.15	3.64^{**}
学业适应（总分）	3.42 ± 0.63	3.47 ± 0.64	-2.48^{*}
学习动机	3.34 ± 0.63	3.36 ± 0.64	-0.60
学习技能	3.15 ± 0.76	3.23 ± 0.76	-3.08^{**}
学习效能感	3.07 ± 0.88	3.15 ± 0.86	-2.49^{*}
学习问题	3.42 ± 0.83	3.47 ± 0.82	-1.54

（三）农村初中生累积生态风险与学业适应、自尊、自我控制的相关分析

表4-5　累积生态风险与学业适应、自尊、自我控制的相关分析

变量	累积生态风险	学业适应	自尊	自我控制
累积生态风险	1			
学业适应	-0.38**	1		
自尊	-0.38**	0.44**	1	
自我控制	-0.37**	0.54**	0.45**	1

结果表明（见表4-5），农村初中生的累积生态风险与学业适应、自尊、自我控制均存在显著负相关（$p < 0.01$），学业适应、自尊、自我控制两两之间存在显著正相关（$p < 0.01$）。

（四）累积生态风险影响农村初中生学业适应的机制分析

在控制性别、年级和是否留守后，累积生态风险对农村初中生学业适应的负向预测作用显著（$\beta = -0.38$，$p < 0.01$）。采用 SPSS 宏程序 PROCESS 中 Model 4 检验中介效应，以学业适应为因变量，以累积生态风险为自变量，以自尊为中介变量，通过 Bootstrap 方法进行中介分析。结果显示，自尊的中介效应为 -0.13，95% 的置信区间为 [-0.15, -0.11]，置信区间不包含零，间接效应在总效应中占比 35%，即自尊在累积生态风险对农村初中生学业适应的影响中起部分中介作用。

为提高模型收敛性，减少多重共线性，将主要变量作标准化处理，并在控制性别、年级和是否留守的情况下，使用 SPSS 宏程序 PROCESS 中的 Model 59 来检验自尊的中介作用是否受到自我控制的调节。检验结果显示（见表4-6），累积生态风险与自我控制的交互项对自尊预测作用显著（$\beta = -0.04$，$p < 0.05$），说明自我控制调节了累积生态风险对自尊的影响，即调节了中介模型的前半段；自尊与自我控制的交互项对学业适应的预测作用不显著（$\beta = -0.02$，$p > 0.05$），自我控制在中介模型后半段的调节效应不显著；累积生态风险与自我控制的交互项对学业适应的预测作用显著（$\beta = -0.04$，$p < 0.05$），即自我控制调节了直接路径。

表 4 – 6　累积生态风险对学业适应的有调节的中介模型检验

回归方程		整体拟合指数			回归系数显著性	
结果变量	预测变量	R	R^2	F (df)	β	t
自尊	性别	0.51	0.26	184.58** (6)	– 0.09	– 2.89**
	年级				0.07	3.38**
	是否留守				0.09	2.99**
	CER				– 0.26	– 15.07**
	SC				0.36	21.41**
	CER × SC				– 0.04	– 2.42*
学业适应	性别	0.62	0.39	245.36** (8)	0.04	1.38
	年级				– 0.20	– 11.23**
	是否留守				0.06	2.13*
	CER				– 0.16	– 9.82**
	SE				0.21	12.66**
	SC				0.38	22.51**
	CER × SC				– 0.04	– 2.47*
	SC × SE				– 0.02	– 1.75

注：CER = 累积生态风险（cumulative ecological risk），SC = 自我控制（self-control），SE = 自尊（self-esteem）

　　将自我控制按正负一个标准差分为高、低两组，采用简单斜率检验（simple slope test），考察自我控制在累积生态风险和自尊关系间的调节效应，当自我控制水平较低时，累积生态风险对自尊的负向预测作用显著（simple slope = – 0.23，p < 0.01）；当自我控制水平较高时，累积生态风险对自尊的负向预测作用显著且明显增强（simple slope = – 0.30，p < 0.01），见图 4 – 1。同理，考察自我控制在累积生态风险和学业适应关系间的调节效应，当自我控制水平较低时，累积生态风险对学业适应的负向预测作用显著（simple slope = – 0.13，p < 0.01）；当自我控制水平较高时，累积生态风险对学业适应的负向预测作用显著且明显增强（simple slope = – 0.20，p < 0.01），见图 4 – 2。

此外，从图 4-1、图 4-2 还可知，在低累积生态风险下，相比高自我控制组，低自我控制组的自尊、学业适应得分更低；在高累积生态风险下，尽管低自我控制组比高自我控制组的自尊、学业适应得分低，但是两组得分差距较小。由此表明，在低累积生态风险的状况下，自我控制的调节效应更加明显；当累积生态风险较高时，农村初中生的自我控制对自尊、学业适应的保护作用明显减弱，即自我控制所起的"风险缓冲"效应不够明显。这提示我们，既需要从源头上减少风险因素，又需要培养农村初中生的积极品质。

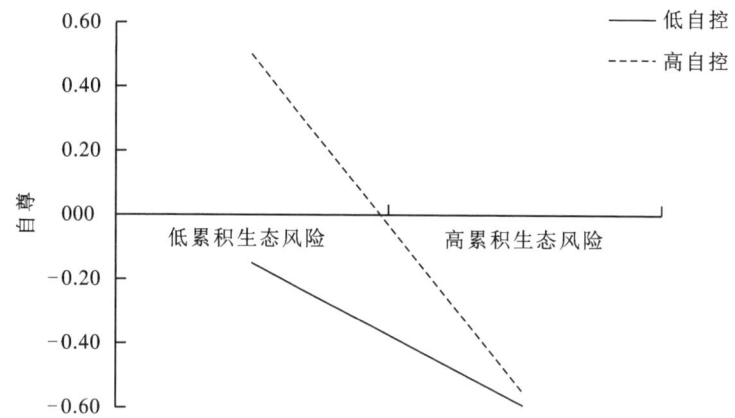

图 4-1 自我控制对累积生态风险与自尊之间关系的调节效应

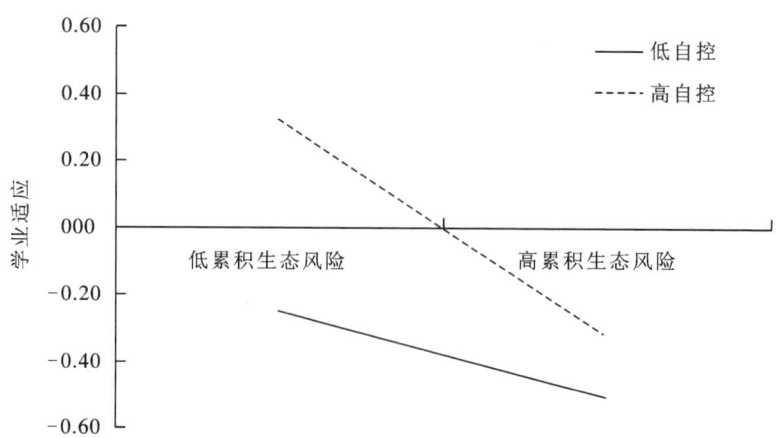

图 4-2 自我控制对累积生态风险与学业适应之间关系的调节效应

综上所述，累积生态风险不仅可直接负向预测农村初中生的学业适应，也可通过自尊间接预测其学业适应，同时自我控制调节了该中介作用的前半段路径与直接路径，即累积生态风险、自我控制、自尊和学业适应构成了一个有调节的中介模型。

四、结果分析

农村初中生的累积生态风险、学业适应及其维度存在显著的年级差异。具体来说，一方面，相比初一年级学生，初三年级学生的累积生态风险指数更高。这与第三章第一节的研究结果较为一致。另一方面，年级越高，农村初中生报告的学业适应得分（总分）越低。随着学习任务的增多、学业压力的加大，缺乏合理学习策略与学习动机的高年级学生学习成就感降低，也更易出现学业适应问题。

农村初中生的累积生态风险、学业适应部分维度存在显著的性别差异。相比女生，男生报告的累积生态风险指数更高，这与以往大多研究结果较为一致。此外，相比于女生，男生的学习动机、学习技能得分更低，但学习问题程度更弱。初中女生相对于同龄期男生而言更早熟，能够进行更精细的学习准备，有更端正的学习态度、更强烈的学习动机与更合理的学习方法，而且在农村学校，男生更容易受不良同伴的影响，产生厌学心理。

农村初中生的累积生态风险与学业适应、自尊、自我控制均存在显著负相关，学业适应、自尊、自我控制两两之间存在显著正相关。相比于自尊水平低的学生，自尊水平高的学生更能正确评估自己的价值、激发自我潜能，从而使自身的学习适应水平越来越高（王冰，田录梅，董鑫月，2018）。相比自我控制水平较低的学生，自我控制水平较高的学生有更多良好的学习品质，如学习自主、学习效能感高、抗干扰能力强等，这些能促使学生对学习产生更加积极的态度、表现出良好社会适应（王景芝，陈段段，陈嘉妮，2019）。自尊心偏低的初中生比高自尊的个体更不愿与人交际，其社会教育不够充分，因此其自控能力较弱。可这样认为，低自尊者因为降低了自控的水平而可能表现出较多的适应性问题行为。累积生态风险不仅可直接负向预测农村初中生的学业适应，也可通过自尊间接预测其学业适应，同时自我控制调节了该中介作用的前半段路径与直接路径，即累积生态风险、自我控制、自尊和学业适应构成了一个有调节的中介模型。自尊是个体对自己能力的评估，对农村初中生而言，家庭、学校、同伴等环境中多重风险因素的消极影响，触发了他们对自我的消极评价和自我否定，打击了自尊心，而低自尊会使得农村初中生变得退缩、害羞，进而学习变得更加困难。在初中阶段，学生自主意识明显增强但意志力薄弱，学生有意进取，但若缺乏自控力，便容易受外界干扰，在学习活动中注意力不能保持长久集中，致使其不能按时或匆忙完成学业任务。拥有高自控水平的学生能够更沉着地应对生活中的负性事件，更乐观、自强，也更少否定自我，从而能更好地促进其自尊心发展；同时，自我控制能力高的个体往往能够避免更多不良行为的产生，对意外的发生也具有更强的适应能力与处理能力，因而具有较好的学业适应水平。然而，长过程中随着风险因素不断累积，农村初中生成长期处于不良环境容易造成其心理资源的过度损耗，学习精力减退，即便是高自控个体，也会引发学业适应水平的下降。

五、结论与建议

选取一些具有代表性的因素来构建累积生态风险指数，以农村初中生为调查对象，探讨累积生态风险对学业适应的影响及其内在作用机制，并获得了一些发现。第一，农村初中毕业班学生面临的累积风险因素高于初一年级学生。同时，随着年级的升高，农村初中生学业动机、学习技能和学习效能感等方面会下降，且学习问题也会越来越严重，学业适应不良整体状况越发严重。此外，父母外出务工对农村初中生的累积生态风险指数和学业适应影响较大。相比非留守初中生，留守初中生的累积风险指数更高、学习技能与学习效能感水平更低。第二，累积生态风险对学业适应、自尊、自我控制均产生了消极影响，自尊、自我控制与学业适应之间具有积极关联。第三，累积生态风险既可直接负向地预测农村初中生的学业适应水平，还可通过降低自尊心水平从而限制农村初中生的学业适应发展。第四，高自我控制能力在累积生态风险对农村初中生学业适应的影响中起到了积极调节作用。在低累积生态风险情况下，较之于低自我控制，高自我控制能更好地提升农村初中生的自尊心与学业适应，而在高累积生态风险的情况下，自我控制的作用微弱。

　　农村初中生的学业适应不良是由于多重风险因素的不断累积造成了其内在心理机制的改变。这提示农村初中生的学业适应会受到多方面因素的影响，仅削弱单一风险因素而起到的作用有限，需要改善农村初中生的整体生活环境，才能促进其学业发展。

　　首先，从源头上减少高风险因素。影响农村初中生学业适应的风险源头主要来自家庭、学校、同伴等领域。基于此，一是减少来自家庭领域的风险。父母和睦相处，避免过度的婚姻冲突，为子女的学习与生活提供安全、温暖的环境。对留守初中生而言，父母是其精神家园和支柱，监护人尽量有一方在家，且最好是母亲"留守在家"，否则须做好子女养育的托管工作。二是减少来自学校领域的风险。学校是初中生成长的主要场所，不良的班级与学校氛围、淡漠的师生关系等是滋生学业适应问题的温床。营造和谐安全的校园氛围，对保证学生顺利完成学习任务的作用不言而喻；学校教师应关注农村留守初中生的个性特点、成长优势，及时发现问题，特别是突然的消极变化（如学业的大幅退步等），并强化与家长互动合作。三是减少来自同伴的风险。结交不良的同伴以及不良同伴关系会通过社会模仿等形式对个体产生恶劣影响，农村初中生，尤其是留守初中生由于缺少正确管教和有力监督，更易受到同伴的诱导。因此，应帮助农村初中生增强明辨善恶、是非的能力，减少同伴带来的负面影响。

　　其次，构建多元参与的关爱机制。学业适应是农村学生打通上升通道的基石，促进农村学生学业适应理应成为各方努力完成的重点任务之一。就家庭而言，监护人尤其是父母给予孩子的精神关怀应贯穿于亲子关系的全方位和全过程，并创造良好的家庭文化氛围，留守初中生的父母也要利用定期和不定期电话沟通，进行不间断的情感交流。就学校而言，农村教师既要利用有限资源培养学生的学习兴趣，开展学习策略和学习技能的交流与训练，又要通过班会课、个别辅导等途径对学生的情绪问题进行引导并提供帮助，营造更为友好、融洽、温暖的校园氛围。对于留守初中生，学校不仅要注重其学业的进步，更要搭建留守青少年亲子间的感情纽带，促进校内外资源的互补。就同伴而言，学校应为农村初中生搭建互动平台，鼓励其与志趣相投的同学形成支持性同伴关系，促进良性的同伴依恋与同伴信念的建立。同时，教师要注意引导留守初中生群体互相支持，相互勉励，朝着积极健康的方向发展。就社区而言，塑造利于乡村教化的社区氛围，建立以心理支持为主、心理疏导为辅的关爱机制，打造助力学习的社区联动体系刻不容缓，并且要以村为单位设立儿童之家，以此加强家庭监护指导帮助，促进留守儿童更好地学习成长（赵磊磊，王依杉，2018）。

最后，培养农村初中生自我保护性品质。积极品质有助于缓解累积生态风险对农村初中生学业适应的不利影响，因此，在实践工作中有必要将积极心理干预融入学生的日常教育。一方面，要帮扶农村初中生增强自尊。对内，教育者需要引导其提升核心自我评价，引导学生形成合理的自然观、社会观、自我观，尽早让其懂得学习知识的过程是理解尊重他人、树立人生信念、提升自我的过程；对外，监护人尤其是留守初中生的监护人应适度表达教育期待与关注，减少对孩子的忽视，及时回应其需求，帮助孩子形成更高质量的自尊，这对其在不利环境中学业适应水平的提高有实践意义。另一方面，要注重提高农村初中生的自控力。从入学起，学校要帮助农村初中生建立发展目标，不断锤炼自身品格，学会抵制不良诱惑，理性解决生活中的矛盾与冲突，进而不断增强自我控制能力；监护人及教师应强化防沉迷网络的监督，有限制地允许孩子使用电子产品，疏堵结合引导初中生丰富现实生活，促使其把心理资源更多地投入到学业中。

第二节　累积生态风险对农村儿童学业倦怠的影响及其心理机制

教育部、发展改革委、财政部2021年印发的《关于深入推进义务教育薄弱环节改善与能力提升工作的意见》明确强调，要加强农村义务教育薄弱环节。农村义务教育是我国基础教育的薄弱之处，提高农村教育水平的主要手段是改善农村学生面临的学习困境，其中提升农村学生的学业成绩是关键，也是家长普遍关注的焦点。

长期以来，不论是从社会现象抑或是调查数据来说，农村学生的学业成绩都处在劣势一端。农村学生因为难以承受学业压力而出现的各种厌学行为层出不穷，如在思想上产生厌倦和疲惫，对与学习有关的事情愤世嫉俗、漠不关心、学习成就感低下、旷课、辍学甚至轻生等。究其原因，对于农村初中生而言，他们不仅要适应身心的快速变化，还要承受来自家庭、学校、同伴关系等多个领域中的压力，容易造成其身体疲惫和心理资源消耗，进而使其学习动机下降，出现学业拖延、厌学、成绩下降等一系列问题，从而产生令教师、家长和学生头疼的"学习倦怠感"，这也一直是学界关注的重要问题，更是社会广泛关注的热点问题。

一、问题提出

学业倦怠指个体在学业上表现出来的情绪枯竭、愤世嫉俗和低成就感状态（Salmela-Aro et al.，2009）。它既是学生普遍面临的学业困境，也是导致学生学业成绩不佳的教育难题。目前，研究者多关注职业倦怠、城市中学生及大学生的学业倦怠，对农村中学生学业倦怠的关注较少。相比城市中学生，家庭经济地位较低和优质教育资源缺乏等客观因素给农村中学生发展带来的各种束缚是无法回避的堵点，会加剧农村中学生的学业倦怠（Luo et al.，2016）。初中阶段是义务教育的最后阶段，此时培养学生的学习热情与兴趣尤为重要。保障义务教育需要健全控辍保学工作机制，需要避免学生因贫困、学习困难、厌学等而失学辍学（刘复兴，曹宇新，2022）。但毋庸置疑的是，学业倦怠的消极作用在极大程度上增加了农村初中生的辍学风险，严重限制其未来的发展空间。

多方面的因素共同影响学业倦怠的产生，如外部的成长环境和内部的学业压力（Luo et al.，2020）。虽然，当前对中学生学业倦怠影响因素的研究并不少，但更多是基于单一因素影响的视角（Luo et al.，2021），对单一风险因素的研究可能会低估风险因素对学业倦怠的影响程度。多重风险因素叠加会给个体发展带来单次或持续的消极影响，用于关注暴露在风险中的青少年学业和行为问题。但积极心理品质可增强个体心理韧性，以此抵御生态系统中风险因素的部分消极影响已被广泛证实，需要关注的是，其究竟以何种方式影响农村初中生的学业倦怠仍需进一步探讨。基于此，本节将讨论累积生态风险对农村初中生学业倦怠的影响，同时考察自尊和意志控制在其中的作用机制，以期拓宽改善农村初中生学业倦怠的途径。

生态系统中的风险因素会阻碍高自我价值感的形成，主要有：一是家庭因素的影响。家庭经济收入和社会地位越低，青少年越难以从环境中获取积极自我评价；较低的家庭收入和消极的亲子关系会引起农村青少年产生较多的生存压力和消极自我评价，也会导致其患重度抑郁和形成低自尊的风险增加。二是学校、同伴因素的影响。农村中学生可能因教育资源匮乏和同伴学业水平不高而导致集体自豪感和荣誉感不强，从而更易形成较低水平的自尊（Li et al.，2021）。从已有研究来看，中学生的学业成就与自尊发展水平相关，中学生的自尊水平越低，越难以保持学业热情，进而导致学业倦怠的风险增加（Kim et al.，2021）；亲子关系可通过自尊预测中学生学业压力，即亲子关系越紧张，中学生的自尊水平越低，越容易缺乏挑战学业压力的信心，进而导致其更容易陷入学业倦怠的泥潭（Mulyadi et al.，2016）。由此，自尊可能在家庭环境与学业压力之间发挥中介作用。在面对生态系统中风险因素的影响时，自尊作为个体的积极心理品质，具有较好的保护作用。就农村初中生而言，较高自尊能够帮助其在风险环境中缓解学业压力和对抗学业倦怠。基于以上，本研究推测累积生态风险可能通过自尊的中介作用间接影响农村初中生的学业倦怠。

意志控制是一种自我调节机制，监管着个体的行为和情感，包括抑制性和兴奋性两个方面，即抑制一种优势行为选择以启动和维持次优势行为选择，是个体检测错误、参与规划、自动调节的主要形式。一方面，个体意志控制水平受多种因素的影响。例如，学生感知到校园氛围和同伴关系越积极，其意志控制水平越高（Zorza et al.，2015）；父母采取消极教养方式会阻碍个体保持较高水平的意志控制（貊可，侯金芹，江兰，2019）。另一方面，意志控制也是影响农村初中生学业倦怠的重要因素。例如，初中生在学校的行为和学业适应性问题与其意志控制有关，体现在学生的意志控制水平越低，表现出违纪行为的概率越高，且这些学生的学业成就感普遍不高（Atherton et al.，2019）；积极的师生关系能够激励学生挑战困难的学习任务，并在此过程中学会意志控制所需的相关技能，从而促进学业成就感的提升（Liew et al.，2010）。意志控制作为个体适应环境的内部保护性因素，有助于个体较好地适应其当前所处的环境。农村初中生因其成长环境状况复杂，因而不利于其保持较高水平的意志控制。由此推测，累积生态风险可能通过意志控制间接影响农村初中生的学业倦怠。

个体在生态风险环境和逆境中的反应差异越来越受到研究者的关注。自尊和意志控制是个体应对生态风险环境的有力保护因素。如在高风险水平下，控制能力较强的儿童能在与教师、同伴的互动中获得更高评分（Corapci，2008）。同时，学生的家庭社会地位越高，其获得的社会自尊越高，在与同伴交往和师生互动方面表现得更好。此外，自尊与意志控制的关系也十分紧密，个体的自尊水平越高，其意志控制能力越强。可见，自尊对意志控制的发展具有促进作用。目前，较少有研究探讨自尊与意志控制的双重保护作用如何影响生态风险因素与学业倦怠之间的关系。农村初中生因师资短缺、被迫留守等问题，长期处于成长生态系统风险之中，这更易导致农村初中生的学业倦怠。因此，探讨农村初中生的自尊和意志控制在累积生态风险与学业倦怠之间的作用机制，对促进农村初中生取得更高的学业成就和获得更好的发展机会有重要意义。

二、研究方法

（一）研究对象

在湖南省 3 所位于乡镇的农村中学进行方便抽样，发放调查问卷 920 份，回收有效问卷 899 份，其中男生 560 人，女生 339 人；初中一年级 304 人，初中二年级 300 人，初中三年级 295 人；学生平均年龄 13.1 岁（$SD = 0.93$）。

（二）研究工具

1. 累积生态风险问卷

自变量为累积生态风险，包括 13 个指标，其中所涉变量及说明见第三章第二节。13 个指标对应量表或问卷的内部一致性系数为 0.61~0.92。

2. 自尊量表

采用汪向东等人（1999）修订的"罗森伯格的自尊量表"，共 10 道题，采用 4 点计分方式，得分越高，说明个体的自尊水平越高。其内部一致性系数为 0.82。

3. 意志控制问卷

采用李董平（2012）修订的"青少年气质问卷"中的意志控制分问卷，共 16 道题，使用 6 点计分，得分越高，说明个体的意志控制水平越高。其内部一致性系数为 0.76。

4. 学业倦怠量表

选用吴艳等人（2010）编制的"青少年学习倦怠量表"，共 16 道题，采用 5 点计分方式，得分越高，说明个体的学业倦怠感越强烈。其内部一致性系数为 0.83。

（三）数据处理

此次研究要求被试以班级为单位现场作答，填写完毕后问卷现场回收。采用 SPSS 21.0 对收集的数据采用共同方法偏差检验和相关分析，并使用 PROCESS 进行链式中介模型检验。

三、研究结果

（一）共同方法偏差检验

使用 Harman 的单因素检验法对所有研究项目采取探索性因子分析，结果显示，特征根值比 1 大的因子共 35 个，首个因子解释量为 13.63%，小于 40% 的临界值。这表明，此次研究中的共同方法偏差问题不明显。

（二）各变量的相关分析

结果显示（见表 4 - 7），农村初中生的性别与自尊、意志控制呈显著负相关，与学业倦怠呈显著正相关；年级与累积生态风险、学业倦怠呈显著正相关；累积生态风险和学业倦怠呈显著正相关，与自尊和意志控制呈显著负相关；自尊与意志控制之间呈显著正相关，与学业倦怠之间呈显著负相关；意志控制与学业倦怠呈显著负相关。

表4-7　各变量的相关分析（r）

变量	性别	年龄	年级	累积 生态风险	自尊	意志控制	学业倦怠
性别	1						
年龄	-0.06	1					
年级	0.02	0.76**	1				
累积生态风险	0.03	0.11**	0.13**	1			
自尊	-0.17**	-0.02	0.01	-0.41**	1		
意志控制	-0.16**	0.01	-0.03	-0.38**	0.40**	1	
学业倦怠	0.13**	0.14**	0.13**	0.47**	-0.54**	-0.52**	1

（三）自尊与意志控制的中介效应分析

表4-8　链式中介模型中各变量间的回归分析

	方程一 （因变量：自尊）		方程二 （因变量：意志控制）		方程三 （因变量：学业倦怠）	
	β	t	β	t	β	t
性别	-0.33	-5.39**	-0.22	-3.44**	0.03	0.67
年级	0.07	2.00*	0.01	0.06	0.12	3.92**
累积生态风险	-0.42	-13.78**	-0.26	-8.09**	0.20	7.02**
自尊			0.26	8.18**	-0.33	-11.59**
意志控制					-0.31	-10.89**
R	0.45		0.47		0.67	
R^2	0.20		0.22		0.45	
F	74.65**		64.44**		145.84**	

　　由于农村初中生的学业倦怠与性别、年级关系密切，因此将性别和年级作为回归分析中的控制变量。使用PROCESS中的Model 6，对性别和年级进行控制，然后对累积生态风险、自尊、意志控制和学业倦怠执行基于Bootstrap法的链式中介效应检验。首先，回归分析结果（见表4-8）显示，累积生态风险对学业倦怠具有显著的正向预测作用（$\beta = 0.20$，$p < 0.01$）；同时将自尊和意志控制纳入回归方程，发现累积生态风险对自尊（$\beta = -$

0.42，$p < 0.01$）和意志控制（$\beta = -0.26$，$p < 0.01$）具有显著的负向预测作用，自尊能够直接显著正向预测意志控制（$\beta = 0.26$，$p < 0.01$），直接显著负向预测学业倦怠（$\beta = -0.33$，$p < 0.01$），意志控制能够显著负向预测学业倦怠（$\beta = -0.31$，$p < 0.01$）。

表 4 - 9　中介效应分析

中介效应	效应值	Boot SE	Boot LLCI	Boot ULCI	相对效应占比/%
总效应	0.45	0.03	0.40	0.51	
直接效应	0.20	0.03	0.14	0.26	44.44
总间接效应	0.25	0.02	0.21	0.30	55.56
间接效应 1	0.14	0.02	0.10	0.18	31.11
间接效应 2	0.08	0.01	0.07	0.11	17.78
间接效应 3	0.03	0.01	0.02	0.05	6.67

注：*Boot SE* 指 Bootstrap 法估计的标准误差，*Boot LLCI* 指 95% 置信区间的下限，*Boot ULCI* 指 95% 置信区间的上限。直接效应：累积生态风险→学业倦怠；间接效应 1：累积生态风险→自尊→学业倦怠；间接效应 2：累积生态风险→意志控制→学业倦怠；间接效应 3：累积生态风险→自尊→意志控制→学业倦怠。

其次，链式中介效应检验的结果显示：自尊和意志控制的独立中介效应和链式中介效应的 Bootstrap 95% 的置信区间均不含 0 值，说明该链式中介效应中的三条间接效应均显著（见表 4 - 9）。由累积生态风险→自尊→学业倦怠构成的路径产生的间接效应 1 的置信区间不含 0 值，表明间接效应 1（自尊的中介效应）显著。由累积生态风险→意志控制→学业倦怠构成的路径产生的间接效应 2 的置信区间不含 0 值，说明间接效应 2（意志控制的中介效应）显著。由累积生态风险→自尊→意志控制→学业倦怠构成的路径产生的间接效应 3 的置信区间不含 0 值，表明间接效应 3（自尊和意志控制的链式中介效应）显著。如图 4 - 3 所示。

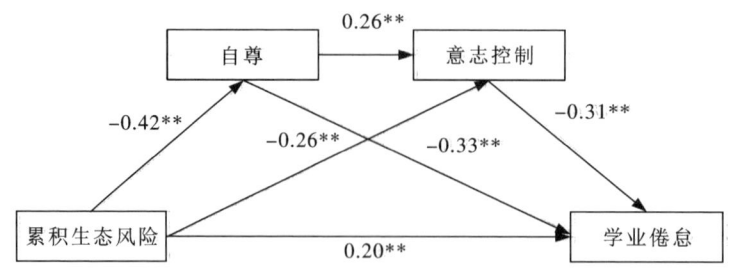

图 4 - 3　自尊与意志控制的链式中介效应路径图

四、结果分析

研究结果显示，累积生态风险对学业倦怠有显著的正向预测作用。具体而言，农村初中生的累积生态风险水平越高，其学业倦怠水平也随之增高。学校教育资源的匮乏、家庭支持性资源的不足和同伴关系的疏远都会将农村初中生推向高学业倦怠的浪尖。第一，在学校方面，农村初中生因获得的教师支持较少、学校管理氛围欠佳、班级学习氛围不够，导致其产生学业倦怠的风险增加。第二，在家庭方面，家庭过高的期望和多数农村初中生长期处于留守状态，导致其成长发展所需的支持性资源不足，促使农村初中生的学业倦怠感增强。第三，在同伴关系方面，农村初中生有着较为疏远的同伴关系，加上结交越轨同伴导致其产生学业倦怠的消极因素增加。此外，在社区环境方面，较好的邻里环境能促进孩子提升学业成绩，而富裕邻里会放大住房贫困对儿童学业产生的负面影响（黄建宏，2018）。农村初中生社区的邻里优势聚集程度较低，居住环境的有序性不高，农村初中生能够从社区环境中获得的支持有限，从而加大了其产生学业倦怠的风险。

同时发现，自尊在累积生态风险与学业倦怠之间的中介作用显著，即累积生态风险通过显著降低个体自尊水平进而显著负向预测其学业倦怠。依据自我系统信念模型，自尊作为个体自我系统信念的内部动机，可在一定程度上影响累积生态风险与学业倦怠之间的关系。一方面，农村初中生处于一个高水平的风险环境中，其自尊水平相对较低，其想要通过取得较好成绩来提高自我价值认同的动机不足（Herrmann et al. , 2019），解决学业问题的信心和努力程度不够，力不从心的疲惫感让农村初中生容易产生学业倦怠。另一方面，人际关系压力是学业倦怠产生的重要原因（马蓓蓓，代文杰，李彩娜，2019），具体表现为累积生态风险的消极影响削弱了农村初中生的自尊，而较低的自尊水平意味着个体在人际关系中被他人认可和接纳的程度较低。因此，当他们在处理人际关系问题过程中面临较大压力时，其倾向于分散部分精力投到维系人际关系上，以满足社交的基本需要，从而导致学习投入不足甚至学习无助感。

另外还发现，意志控制在累积生态风险与学业倦怠之间存在着显著的中介作用，即累积生态风险通过降低个体的意志控制水平进而负向预测农村初中生的学业倦怠。意志控制能使个体在面对压力与挑战时倾向采用较为积极的策略，帮助个体调动自身积极的情绪和认知资源投入学习生活中，从而降低学业倦怠。对农村初中生而言，家庭、学校、同伴和社区等多个领域中多重风险叠加的影响，不利于其形成较强的意志控制。有研究发现，父母婚姻关系和亲子关系质量较低的儿童意志控制水平也相对较低（李苗苗，者亚囡，阴桐桐，等，2019），使得农村初中生产生学业倦怠的风险增加。虽然较高生态风险不利于农村初中生发展出较高适应逆境生存的积极心理品质，但相比于自尊，意志控制在一定程度上更能帮助其抵御生态环境中高风险因素的影响，从而降低学业倦怠。

本研究还验证了累积生态风险通过自尊和意志控制的链式中介作用对农村初中生的学业倦怠产生影响。一方面，自尊可显著正向预测意志控制，即农村初中生的自尊水平越高，其意志控制水平越高。个体自尊系统由作为社会接受的监视系统演化而来，自尊动机的作用是帮助个体避免社会贬低和排斥，激发其增加社会对自我评价的行为，在一定程度上会影响个体抑制优势的冲动反应，产生能够满足需求的次优势反应，从而促进意志控制的形成。尽管长期生活在高风险环境中不利于农村初中生发展出较高的自尊，但为了满足自我被接纳的需要，农村初中生的意志控制水平会随着自尊的发展得到一定提升。另一方面，自尊和意志控制的发展具有相对稳定性，可帮助个体适应和迎接青春期的挑战。高风险生态环境因素的诱导，致使农村初中生的自尊水平较低，其意志控制水平也相对较低。这些说明农村初中生倾向于形成消极的自我概念，使得性格中的消极成分增加，便容易陷入较少感知被接纳、认可和放纵使用冲动行为的困境，进而产生较高水平的学业倦怠。

五、结论与建议

据此推论，累积生态风险通过自我信念系统影响农村初中生的学业倦怠。具体而言，农村初中生遭受的累积生态风险水平升高，将会降低个体的自尊感，进一步降低自身的意志控制，进而影响个体对自身学习能力与克服困难能力的判断，最终促使其学业倦怠的产生。因此，为缓解农村初中生在高风险环境中的学业倦怠，教育者除了从其实际的生活环境出发，还可有意识地帮助学生培育自尊和意志控制等积极心理品质。

第一，防范风险因素，改善生存环境。首先，应从源头着手对风险因素进行预防，做到未雨绸缪，如在精确识别预警对象（家庭、学校、同伴等领域风险）的基础上，构建相应的预警机制，提前释放信号，及时扑灭风险苗头。其次，在风险干预方面，要制定兼具共性与个性的干预方案，确保方案落实的全面性、适切性，做到农村儿童受伤害最小化。

第二，培育积极心理品质，缓冲负性影响。研究表明，"正强化"策略能够显著促进个体积极心理品质的培育和发展，其所带来的愉悦感能在无形中推动个体复刻某种积极行为（李敏，应超，杨全印，等，2022）。初中阶段正是个体身心发展的关键期，培育个体的积极心理品质需"内外"双管齐下。首先，在自尊培养方面，教育工作者既要引导农村初中生学会正确认识和评价自我，形成高自我价值感；同时，农村初中生的监护人、长辈及教师要提高对学生身心需求的敏感性与反应性的关注，并对他们的行为给予正向反馈，如适度的物质或精神奖励，促进个体高自尊水平的发展。其次，意志控制能力的培养需要秉持"打铁要趁热"原则，鼓励学生设立目标，严格遵守相关规则，学会抵制诱惑，促进内隐自控能力的发展；同时，学校可开展相关实践活动，强身健体的同时加强学生意志锻炼。

第三，加强家校协同，激发学习动机。家校合作能够有效改善个体的学业倦怠状态。一方面，家长要紧跟学校教育步伐，做到不甩手、不掉队、不缺位，及时、全面地参与孩子的学习过程；同时，双方合作还需要进行有效沟通，及时了解学生的发展状况，有效预防学业倦怠的发生。另一方面，家长和学校要对学生抱有合理的教育期待，摒弃"成绩定英雄"的传统观念，采取鼓励式教育并根据个体表现辅以相应奖励，这能有效地激发学生的自主学习动机，从而降低学业倦怠水平（谭千保，李雪亮，吴喜燕，2023）。

第三节　累积生态风险对农村儿童英语学习
习得性无助的影响及其心理机制

《全面加强和改进新时代学生心理健康工作专项行动计划（2023—2025年）》部署开展八项重点工作，其中一项就是五育并举促进心理健康，坚持学习知识与提高全面素质相统一，培养德智体美劳全面发展的社会主义建设者和接班人。随着素质教育的不断深入，按照学生全面发展和终身发展的要求，教学必须尊重学生的个体差异，满足多样化的学习需要，促进学生积极主动参与学习，建立学习的信心，不回避遇到的困难，通过主动独立思考的积极学习，来提高自己的学习兴趣。在追求全员、全过程、全方位育人的大形势下，学生在学习中的习得性无助问题越来越引起教育界人士的关注。

身心全面发展是个体发展的内在要求。身体素质、心理素质和社会素质发展统一于个体，才能成为身体健康和人格完整的人。作为在读中小学生，如果因为学业造成情绪不稳定，因为暂时的学习困难而丧失信心，不仅会影响教学质量的提高，对学生的身心健康也有着非常严重的影响。因此，及时关注学生、了解学生、提高学生在学习中的信心、培养学生在学习中的兴趣、改善学生在学习中出现的无助感就成为需要持续解决的问题。

一、问题提出

党的二十大提出，要坚持教育优先发展，加快建设教育强国，办好人民满意的教育。新时代推动乡村教育高质量发展，既是实现高质量教育公平的核心内容，也是培育高素质、高技能乡村振兴人才的主要渠道（肖正德，2023）。然而，农村学生在家庭和社会空间上存在双重弱势，这加剧了该群体在经济、文化和社会资本等方面的"贫困"（周兆海，2018）。初中学段在我国普通中小学教育中处于承前启后的地位，而农村中学在经费、管理、师资等方面明显薄弱，农村初中生缺少监督，缺乏学习兴趣与学习动机，这些学习问题在英语科目上尤为突出。有调查发现，农村学生英语成绩及格率偏低，及格学生占调查样本总人数的 65.14%，其中，留守儿童的及格率远低于非留守儿童（张海燕，王丽娟，李怀瑞，等，2023）。英语基础薄弱的农村学生在自主探索上有较重的畏难情绪，缺乏尝试解决困难的意识，每当遇到失败与困难，他们会感到无助，常常放弃英语学习（段淑芬，2020）。

农村地区的学习资源相对有限，师资力量和教学设施不足，这给农村初中生的英语学习带来很大的挑战。如果长期缺乏有效英语学习支持，学生则会感到习得性无助。当个体长期未能自我掌控事件，或无法预料问题发生结果时，他们会出现认知无助、动机无助和情感无助等症状，这就形成了习得性无助（Overmier & Seligman，1967）。有研究者将习得性无助界定为，当有机体受到某些无法控制外部条件的经验后，所产生的一种无助或无奈的行为反应（燕良轼，颜志雄，邹霞，2014）。对于英语学习习得性无助，其主要表现为：个体有潜力学会英语，但因为缺乏有效的英语学习策略，加上学习动机和学习信心不足，导致英语学习一直失败，从而认定自己没有学好英语的能力（彭雅静，2007）。以往研究发现习得性无助的成因由内因和外因组成，其中内因包括缺乏成功体验、不恰当归因和不正确的比较心理以及动机缺乏等方面（Landry et al.，2018；袁盈儿，2022）。外因则包括教育者的消极评价、家庭不当的教育方式，以及学校和教师等方面的因素。例如，从父母层面看，个体感知到的父母心理控制与个体习得性无助感呈正相关（Filippello et al.，2015），父母对子女情感变化的冷漠与忽视态度也不利于学生心理健康发展（张野，张珊珊，苑波，2020）；从同伴关系层面看，人际关系对习得性无助具有负向预测作用（王亮，张英，2015）；从教师行为层面来看，教师整体支持与中学生学业成绩呈正相关，即教师提供的支持越多，学生的学业成绩相对越好（陈旭，张大均，程刚，等，2018），教师及其行为是促进或减轻习得性无助症状和行为的重要因素（Buzzai et al.，2021）。不难发现，过去的研究仍是从单一或少数风险层面来研究其对个体习得性无助的影响，较少考察多个领域风险累积的结果，更缺少有关其对个体英语学习习得性无助作用的实证研究。有研究发现，累积生态风险在一定程度上影响农村初中生的学业成就（谭千保，吴喜燕，李佳圆，2021）。如此，累积生态风险可能显著正向预测农村初中生英语学习习得性无助。

累积生态风险与个体发展联系紧密，不同学生在相同风险因素的影响下会产生不同的变化。究其原因，个体的某些积极品质，如积极心理资本可能在其中起到了一定的作用。积极心理资本是个体在成长过程中表现出来的一种积极心理状态或能力，包括自我效能感、韧性、希望感和乐观4种核心成分（Luthans & Youssef，2004）。这4种核心成分协同作用，可在增强个人额外努力基础上，促进其产生多种解决问题的方案，同时不断提升学生对结果的积极期望从而对挫折做出积极反应，最终有利于学生学业发展。有实证研究也发现，自我效能感、希望感和乐观3种积极心理资本与英语学业成绩呈显著正相关（解倩，樊云，马媛媛，2019），英语学习情况的改善也能降低个体在学业上的习得性无助。因此，积极心理资本与农村初中生英语学习习得性无助之间可能存在负相关。

积极心理资本作为一类积极心理因素，在过往的研究中也经常被用作中介变量，比如在家庭亲密度适应性与社会文化适应之间发挥全部中介作用（杨明，2018），在体育活动与农村留守儿童社交焦虑之间发挥中介作用（李梦龙，任玉嘉，2020），在学校气氛与学业倦怠之间起部分中介作用（梅洋，徐明津，杨新国，2015）等。这样，可以假设，积极心理资本在累积生态风险和农村初中生英语学习习得性无助之间起中介作用。

二、研究方法

（一）研究对象

在湖南省某两所农村中学选取805名初中生进行问卷调查，收回有效问卷750份，其中男生376名，女生374名；初一年级学生274名，初二年级学生235名，初三年级学生241名；年龄在12～16岁之间，平均年龄为13.27岁（$SD = 1.26$）。

（二）研究工具

1. 累积生态风险

同第三章第二节，再次使用已有研究中广泛使用的建模方法来构建累积生态风险指数。具体指标包括家庭经济困难、父母婚姻冲突、父母疏远、父母拒绝、学校联结、教师支持、班级氛围、同伴支持、同伴疏远、越轨同伴交往、社区安全、邻里支持等指标。除社区安全量表只选用 1 个项目外，其他各问卷或量表的内部一致性系数在 0.67 ~ 0.87 之间。

2. 英语学习习得性无助量表

采用彭雅静编制的《初中生英语学习习得性无助感量表》（彭雅静，2007），共 17 个项目，分为归因无助感、策略无助感和动机无助感三个维度，采用 5 点计分，分数越高说明学生感受到的英语学习习得性无助越强。量表的内部一致性系数为 0.71。

3. 积极心理资本量表

采用张阔等人编制的《积极心理资本问卷》（PPQ）（张阔，张赛，董颖红，2010），分为自我效能、韧性、希望和乐观 4 个维度，共 26 个项目，采用 7 点计分，分数越高说明个体自身积极心理资本越强。问卷的内部一致性系数为 0.85。

（三）数据处理

本次调查由经过心理学专业训练的学生担任主试，要求被试以班级为单位填写问卷，填写完后当场收回，然后使用 SPSS 23.0 软件进行统计分析，用 SPSS 宏程序 PROCESS 插件进行中介模型检验。

三、研究结果

（一）共同方法偏差检验

调查以匿名方式进行，同时部分项目采用反向计分方式。数据采集后，采取 Harman 单因子检验对共同方法偏差进行事后的统计检验，结果显示，有 36 个因子特征根值大于 1，第一个因子解释的变异量为 12.67%，远小于 40% 的临界值，表明本次研究的共同方法偏差不明显。

（二）数据初步分析

统计结果显示，同时面临 3 种或更多风险因素的农村初中生占总样本量的 63.2%，而同时面临 4 种或更多风险因素的农村初中生所占比例已达 45.7%。

统计发现（见表 4 – 10），农村初中生的累积生态风险在性别上不存在显著差异（$p > 0.05$），但英语学习习得性无助存在非常显著的性别差异（$p < 0.01$），男生的习得性无助高于女生；且积极心理资本在性别上存在显著差异（$p < 0.05$），相比女生，男生的积极心理资本更高。农村初中生的累积生态风险、英语学习习得性无助存在非常显著的年级差异。事后比较发现，相比初一年级学生，初三年级学生的累积生态风险指数更高；初一年级学生英语学习习得性无助显著低于其他两个年级学生的英语学习习得性无助。

表 4 – 10　各变量的性别与年级差异检验（$M \pm SD$）

变量	类别	N	累积生态风险	英语学习习得性无助	积极心理资本
性别	男生	376	3.44 ± 2.30	3.05 ± 0.56	4.32 ± 0.88
	女生	374	3.49 ± 2.10	2.85 ± 0.51	4.18 ± 0.75
	t		-0.31	4.99^{**}	2.26^{*}
年级	初一年级①	274	3.13 ± 1.98	2.79 ± 0.49	4.20 ± 0.80
	初二年级②	235	3.58 ± 2.32	3.04 ± 0.58	4.27 ± 0.90
	初三年级③	241	3.73 ± 2.27	3.05 ± 0.54	4.25 ± 0.82
	F		5.36^{**}	20.09^{**}	0.95
	事后比较		③＞①	③、②＞①	

（三）相关分析

表 4 – 11 结果显示，累积生态风险与英语习得性无助及其各维度呈极其显著正相关（$p < 0.01$），与积极心理资本及其各维度呈极其显著负相关（$p < 0.01$）。除积极心理资本的韧性维度外，农村初中生积极心理资本及其另三个维度与英语学习习得性无助呈极其显著负相关（$p < 0.01$）。

表4-11 各变量间的相关矩阵(r)

变量	性别	年级	1	2	3	4	5	6	7	8	9	10
性别	1											
年级	-0.01	1										
1 累积生态风险	-0.01	0.12**	1									
2 英语学习习得性无助	-0.18**	0.20**	0.35**	1								
3 积极心理资本	-0.09*	0.05	-0.34**	-0.39**	1							
4 归因无助感	-0.02	0.09*	0.23**	0.66**	-0.31**	1						
5 策略无助感	-0.16**	0.10*	0.25**	0.83**	-0.34**	0.31**	1					
6 动机无助感	-0.20**	0.30**	0.32**	0.76**	-0.22**	0.32**	0.44**	1				
7 自我效能	-0.15**	0.07	-0.27**	-0.32**	0.85**	-0.31**	-0.27**	-0.14**	1			
8 韧性	-0.17**	0.02	-0.18**	-0.06	0.50**	-0.13**	-0.01	-0.03	0.39**	1		
9 希望	-0.02	0.03	-0.29**	-0.42**	0.86**	-0.26**	-0.42**	-0.24**	0.62**	0.21**	1	
10 乐观	-0.02	0.04	-0.31**	-0.29**	0.86**	-0.21**	-0.24**	-0.23**	0.59**	0.27**	0.76**	1

（四）积极心理资本的中介效应检验

由于农村初中生累积生态风险、英语习得性无助和积极心理资本之间均存在显著相关，依据中介效应分析方法（温忠麟，叶宝娟，2014），采用 Hayes 编制的 SPSS 宏（Hayes，2017），控制性别与年级两个变量，执行基于 Bootstrap 的中介效应检验。

如表 4 – 12 所示，在第一步回归方程中，以累积生态风险为自变量，英语学习习得性无助为因变量，发现累积生态风险显著正向预测英语学习习得性无助（$\beta = 0.33$，$p < 0.01$）；在第二步回归方程中，分别以累积生态风险和积极心理资本为自变量和因变量，发现累积生态风险显著负向预测积极心理资本（$\beta = -0.35$，$p < 0.01$）；在第三步回归方程中，当累积生态风险和积极心理资本同时进入回归方程，结果显示累积生态风险可直接正向预测英语学习习得性无助（$\beta = 0.21$，$p < 0.01$），积极心理资本直接负向预测英语学习习得性无助（$\beta = -0.34$，$p < 0.01$），但由于第三步累积生态风险预测英语学习习得性无助中 β 的绝对值（$\beta = 0.21$）小于第一步累积生态风险预测英语学习习得性无助中 β 的绝对值（$\beta = 0.33$），且 $p < 0.01$，累积生态风险对英语学习习得性无助的影响系数减弱，因此可判断积极心理资本是累积生态风险影响初中生英语学习习得性无助的中介变量。三个模型回归系数都达到显著水平，模型检验 F 值达到显著水平，即中介效应显著。

统计结果显示（见表 4 – 13），累积生态风险对英语学习习得性无助的总效应显著（$c = 0.33$），95% 的置信区间为 $[0.26，0.40]$。累积生态风险对英语学习习得性无助的直接效应显著（$c' = 0.21$），95% 的置信区间为 $[0.14，0.28]$，即累积生态风险能直接预测英语学习习得性无助。以累积生态风险和英语习得性无助分别作为自变量和因变量，积极心理资本作为中介变量，间接效应显著（$ab = 0.12$），95% 的置信区间为 $[0.09，0.16]$，即积极心理资本在累积生态风险与农村初中生英语学习习得性无助之间起部分中介作用，中介效应占比为 36.36%。

表4 – 12 中介模型中各变量间的回归分析

回归方程		拟合指数			回归系数显著性	
结果变量	预测变量	R	R^2	F	β	t
英语学习习得性无助		0.42	0.18	54.43**		
	性别				– 0.36	– 5.46**
	年级				0.19	4.83**
	累积生态风险				0.33	9.90**
积极心理资本		0.37	0.13	37.49**		
	性别				– 0.15	– 2.27**
	年级				0.11	2.60**
	累积生态风险				– 0.35	– 10.23**
英语学习习得性无助		0.53	0.28	72.82**		
	性别				– 0.42	– 6.66**
	年级				0.23	6.10**
	积极心理资本				– 0.34	– 10.26**
	累积生态风险				0.21	6.23**

表4 – 13 中介效应量分析

	效应值	*Boot SE*	*Boot LLCI*	*Boot ULCI*	效应总占比
间接效应	0.12	0.02	0.09	0.16	36.36%
直接效应	0.21	0.03	0.14	0.28	63.64%
总效应	0.33	0.03	0.26	0.40	

四、结果分析

（一）人口学变量的差异分析

调查结果发现，农村初中生的英语学习习得性无助感存在显著的性别差异，男生英语学习习得性无助的感受比女生更强烈。在教育实践中也发现，初中男生的英语学习焦虑高于女生，男生在课堂上被提问的频率更低些。因为缺乏正确的英语学习策略与积极的学习动机，加之不正确的归因方式，许多初中男生英语学习习得性无助感受更为强烈。农村初中生在积极心理资本上也存在显著的性别差异。男生的积极心理资本高于女生，这可能是因为初中女生对家庭亲密度的期望高于男生（杨明，2018），当与父母沟通时出现矛盾时，她们常常感受不满，进而产生更多的心理困扰。

农村初中生的累积生态风险与英语学习习得性无助感存在显著的年级差异。初三年级学生累积生态风险指数最高，初一年级学生累积生态风险指数最低；英语学习习得性无助感在年级上也存在同样显著的差异，这与以往的研究结果一致（彭雅静，2007）。初一年级学生刚刚迈入新的学段，对初中学习生活充满热情与期待。临近中考，初三年级学生考试焦虑偏重、父母期望高、学校课业负担重等，多种风险因素与难度渐高的英语学习内容相互交织，容易导致初三年级学生出现学习困难。随着学业压力越来越重，累积生态风险指数越来越高，初三年级学生的学习动机与自我效能感越来越弱，最终英语学习习得性无助的感受越来越强烈。积极心理资本并不存在年级差异，这可能是因为积极心理资本是个体成长发展过程中内在、相对稳定的心理状态。

（二）累积生态风险、积极心理资本与农村初中生英语学习习得性无助的关系

研究表明，农村初中生经历的累积生态风险水平越高，其英语学习习得性无助感越强。农村初中生的英语学习习得性无助感受家庭、学校、同伴等多重风险因素影响，例如，从家庭环境方面来说，许多农村初中生的父母受教育程度较低，无法给予子女提供英语学习策略上的专业指导与心理疏导。随着初中英语学习任务的增多、学业压力的加大，缺乏合理学习策略的学生，英语学业成绩容易滑坡，也更易出现学习焦虑等心理问题。从学校环境层面来看，师生融洽度、课堂氛围活跃度对学生学习效果和学习压力都有重要影响（史耀疆，闵文斌，常芳，等，2016）。从同伴关系角度来看，学生时期的个体，尤其是在中学阶段，需要从同伴处得到归属感和认同，如果被同伴排斥会影响其个体学业成绩（赵磊磊，贾昂，2018）。

除了外界环境因素，个体的心理资本水平、认知因素、归因方式、学习策略和情绪调节等也影响其习得性无助感（Dweck & Goetz，2018）。本研究结果显示，积极心理资本与英语学习习得性无助感呈显著负相关，这说明学生的积极心理资本越丰富，控制自身行为的能力越强，学业成就也越高。具体来看，在自我效能感上，自我效能感较高的个体，如果在短期内无法改善校园氛围等风险因素，他们会更有效地切断不良因素对自身心理发展的消极影响。在韧性上，高韧性的个体在面临风险威胁的情况下能采取更合适的方式及时处理问题，更积极地利用各种外部支持资源来适应压力事件，与高韧性者不同的是，低韧性者可能体验到更强的习得性无助感（熊猛，叶一舵，2016）。在希望感上，拥有高希望感的学生，在良好的外部支持和内部调节的环境下，对生活有着更积极的认知和评价。在乐观上，对学习持乐观态度的学生往往更加自信，在学习上持有更加正面的态度，获得更加积极的情绪体验。积极心理资本水平的提升，可拓宽个体的注意视野，改善他们对学习和生活状况的认知，提升其幸福感。这提示教师应关注"积极心理资本"这一变量的重要性，并通过提升农村初中生的积极心理资本来降低其英语学习习得性无助感。

（三）积极心理资本的中介作用

研究发现，积极心理资本在累积生态风险与农村初中生英语学习习得性无助感之间的中介效应显著，即累积生态风险可通过积极心理资本间接影响农村初中生英语学习习得性无助感。这提示学生可通过积极心理资本来满足自身的心理需要，以此降低英语学习习得性无助感。利用积极心理资本应对累积生态风险的过程是一种自我调节行为，面临累积生态风险因素的威胁，人类的本能选择是避免受到伤害，而个体的积极心理资本是有限的，在这种情况下，个体会优先配置积极心理资本来抵御负面心理症状的侵袭（Molden et al.，2016）。

心理资本作为重要的内部保护性因素对青少年心理健康具有积极的意义。积极心理资本是一种重要的机制，潜在的消极风险因素通过它能够以积极的方式被重新定义和解释，这个过程可使学习目标更有吸引力，也更值得个体投入时间、精力和资源（Luthans& Youssef-Morgan，2017）。自我效能感、韧性、希望感和乐观这些因素可提升个体对未来的信心和期望，帮助其更好地面对挑战和困难（高晓彩，和青森，汪晓琪，等，2019）。因此，在农村初中生英语学习中，积极心理资本可对学生的习得性无助感产生积极影响。当学生面临累积生态风险时，积极心理资本可为学生提供内在支持和保护来减轻其负面心理症状，从而促进其学习动力和积极性。

五、结论与建议

综上，农村初中生英语学习习得性无助感是由多重风险因素的不断累积所产生的内在心理机制变化状态。仅削弱单一风险因素，其作用是有限的。需要减少风险源，改善农村初中生的整体生活环境，培养其积极心理资本，激发其学习动机，以促进其学业发展。

（一）减少风险源，提供精准支持

习得性无助的产生一般与个人经历失败、挫折相关，而失败、挫折又可能与家庭、学校、同伴、社区等多重风险因素息息相关。对英语学习习得性无助感而言，减少风险源并避免农村初中生经历失败、挫折十分重要。

在家庭方面，父母冲突与有效支持的缺乏会影响农村初中生英语学习。父母冲突不仅会分散父母对孩子的耐心与陪伴，也会降低孩子在家的情绪安全感。同时，农村家长受教育程度普遍不高、工作环境比较复杂，难以给孩子英语学习提供及时、有效支持。有的家长甚至认为学习英语是一种奢侈，对农村孩子来说意义不大，并未给予有效支持，这些因素都不利于农村初中生英语学习成就的获得。因此，一方面，父母需要避免在孩子面前发生冲突、避免让孩子卷入纷争，积极营造温馨和睦的家庭氛围；另一方面，父母需要创设英语学习环境，鼓励孩子加强英语练习。

在学校与同伴方面，农村初中生在英语学习中往往面临教师支持、同伴支持不足等问题。农村中学需补充专职英语教师，教师则把握教情和学情两个方面的情况，重视农村初中生学习方法的指导，尤其要注重阅读教学中学生应用技能的培养与实践（康红兵，2020），做好支持与干预。同时，农村学校还应结合乡土教育资源，鼓励教师开展"在地化"的英语教学。此外，在英语学习中，还要发挥同伴支持的效能，减少或断绝农村初中生与不良行为青少年的交往。强化积极同伴指导、同伴示范、同伴咨询、同伴监督和同伴评价等，组建若干小组，开展专项学习活动，并以小组为单位进行考核，激发孩子英语学习动力。

在社区方面，邻里关系不和与安全稳定性欠缺是潜在风险因素。在充斥冲突、暴力和恐惧的社区中，学生容易产生不确定感和不安全感，并在适应环境中衍生出无力感。为了降低学生的不安全感和无力感，既可定期举办社区活动，如文化节、运动会等，促进居民之间的交流和合作，也要加大教育资源投入，设立英语学习角落或小型图书馆，提供相关的英语绘本、英语文化活动场地，用稳定和谐的社区环境来为学生的英语学习保驾护航。

（二）培养心理资本，增强学业成就

农村环境资源有限、信息闭塞，学生容易产生怀疑和自卑感。培养积极心理资本可提高学生的学习动力、自信心和适应能力，帮助他们更好地应对学习英语过程中的各种困难和挑战，进而提高英语学业成就。

第一，着力提升农村初中生英语学习自我效能感，促使学生相信自己能够有效地学习和掌握英语技能，相信自己具备克服困难和取得成功的能力。可设置适当的学习目标和挑战，设计有趣而有效的教学活动，如每天学会一个农作物单词、"英语歌曲有奖竞猜"等，让学生体验进步和成就。就家庭而言，父母要多陪伴、多关爱、多引导和多鼓励，减少农村初中生英语学习中的焦虑和压力，情绪稳定有助学生建立积极的学习体验和自我效能感。

第二，增强农村初中生的心理韧性。心理韧性是个体在面对压力、挫折和逆境时所表现出来的适应能力和恢复能力。农村初中生处在青春敏感阶段，开始思考和建构自己的身份认同和价值观，但受到多种风险因素的影响，可能产生低自信和自我怀疑。学校、社会与家庭需通力合作，引导学生在学习与生活中正视自己的优缺点，从不同角度认识自己，正确面对他人的批评与惩罚，开展生命教育和挫折主题教育，培养其心理韧性。例如，通过"探索人生地图"心理课、"人生小剧场"英语对话表演、父母与孩子约定好"失败日记"分享日、社区联合学校举办"逆境英雄训练营"等活动，培养学生面对困难、积极应对的心态，提升其心理韧性。

第三，提升农村初中生的希望感。希望感是一种积极的心理特质，有助于留守儿童解决行为问题、减少消极的情绪体验。高希望感的个体的情绪有着更加友好、快乐和自信的成分。为了提升农村初中生英语学习的希望感，教师可帮助农村学生设立可行性目标与阶段性愿望。如要求学生每周学会若干新单词或完成一篇描写农村的英文短文；在课堂中设置炸弹游戏、词语接龙等互动环节，提高学生参与度，帮助学生感受到自己的成长和进步；特别是针对他们听力能力不足的情况，及时给予学生积极正向的反馈，提升其英语学习的自信心。

（三）加强家校社协同，激发学习动机

教育部等十三部门联合印发的《关于健全学校家庭社会协同育人机制的意见》，要求各地积极探索推进学校家庭社会协同育人。家庭、学校和社区三方按照自身定位，协同提升农村初中生的英语学习动机、减少英语学习习得性无助感，亦十分重要。

首先，家长履行"第一责任"，注重亲子间的感情纽带维系，主动配合学校教育。留守儿童家长要积极关注孩子在校英语学习情况，定期与子女保持联系，给予关心关爱，增强其学习动机；与教师之间多沟通、多反馈、多合作，对学校英语教学活动给予积极的配合、支持和反馈。

其次，学校发挥"主导作用"，主动强化家校合作、挖掘社会资源。借助家长会、学生情况书面汇报、互联网教育平台听课（李媛，曹连喆，2023），向农村初中生家长传播家庭教育的先进理念与科学方法，增强其家校合作的意识和能动性，提升家长参与学校管理的质量和效能感。除此之外，学校可主动邀请英语专业人员或大学生开展英语支教服务，为农村学生提供个性化的辅导和指导。如通过英语话剧表演、口语游戏等活动让学生在轻松氛围中进行英语交流和实践，有效丰富英语课后服务内容，满足学生多样化英语学习需求（谭千保，严梨，易艺宇，等，2024）。

第四节　累积生态风险对农村儿童攻击行为的影响及其心理机制

2018年，联合国教科文组织报告，全球约有三分之一的学生曾遭受过校园欺凌，这表明校园欺凌事件并非某些国家所特有的现象，而是广泛存在于全世界范围内，且愈演愈烈。攻击行为从世界各国均面临的社会性问题逐渐演变为十分棘手的教育难题。我国未成年人的校园欺凌也不容乐观。2016年，国务院教育督导委员会办公室下发《关于开展校园欺凌专项治理的通知》并组织督查组对各地专项治理情况进行实地督查。2017年，教育部等 11 部门共同印发了《加强中小学生欺凌综合治理方案》，明确将语言及网络欺凌纳入校园欺凌范畴，提出了指导学校切实加强教育、组织展开家长培训、严格学校日常管理及定期展开排查四项措施。2020 年 10 月 17日，第十三届全国人民代表大会常务委员会第二十二次会议第二次修订《中华人民共和国未成年人保护法》，提出学校应当建立学生欺凌防控工作制度，对教职员工、学生等开展防治学生欺凌的教育和培训。由此可见，国家层面高度重视校园欺凌并采取系列具体措施。

校园欺凌作为学生群体中一类特殊形式的攻击行为，它不仅会给社会造成巨大的负面影响，也会给被攻击者带去无法估量的伤害。研究攻击行为的深层原因，不仅有助控制、减少学生攻击行为的发生，而且有益于学生社会行为的培养。

一、问题提出

目前，不少研究探讨了个体攻击行为的成因（Wang et al.，2020；Yang et al.，2020），且大多关注单一风险因素对个体攻击行为的影响。从生态系统理论来看，个体在现实生活中会不可避免地受到多重风险因素的叠加影响。因此，考察攻击行为的多重风险因素有其理论与现实基础。当前，农村初中生攻击行为引起了研究者的高度重视。一方面，攻击行为不仅不利于农村初中生的身心健康发展，而且还具有较大的社会危害性，影响农村家庭稳定和农村社会发展；另一方面，农村初中生在生活中会遭遇多种风险因素，如家庭教育的缺失、学校教育资源的匮乏等（王学男，吴霓，2019），这些都可能将其推上高风险的风口浪尖。因此，密切关注农村初中生攻击行为具有十分重要的现实意义。此外，即使农村初中生面临的风险因素相同，其攻击性水平也有所不同，这可能源于个体自身的某些心理品质会作用于累积生态风险对其攻击行为的影响。目前，少有研究探讨累积生态风险是怎样影响农村初中生的攻击行为。本研究基于生态系统理论，探讨累积生态风险对农村初中生攻击行为的影响及其作用机制。

生态系统理论主张不同生态领域中的风险因素会对个体攻击行为产生重要影响（Wright & Masten，2005）。在家庭领域中，童年期遭受虐待越多的青少年越容易在后续发展过程中表现出传统的欺凌行为（Wang et al.，

2020）；在学校领域中，不良学校氛围会增加青少年欺凌的可能性（Yang et al.，2020）；在社会领域中，混乱无序与充满暴力的网络环境是滋生青少年攻击行为的温床（Cho et al.，2017）。当前的攻击行为研究主要关注单一风险因素的影响，对累积生态风险与攻击行为之间关系的研究较少。已有研究表明累积生态风险能显著地正向预测农村儿童的校园欺凌行为（谭千保，伍牧月，常志彬，2018），随着累积生态风险的增强，个体实施暴力犯罪的可能性将不断增大（Andershed et al.，2016；Savolainen et al.，2018）。农村初中生在生活中会受到生态风险因素的威胁，而这些风险因素叠加在一起可能会成为诱发其攻击行为的主要原因之一。

道德推脱是一种错误认知倾向的观点，即个体认为自身行为对他人或社会造成的伤害较小，因此自身承担的责任应最小化且自身同情心随之降低。农村初中生在自身良好道德品质的形成和发展过程中都难以获得来自父母的正确指导和管教，因此有可能会表现出高道德推脱。按照一般攻击模型的观点，个体所处的外界环境因素是输入变量，个体信息加工模型会对输入变量进行认知处理，并启动相应的攻击图式，最终导致个体产生攻击行为（Dewall et al.，2011）。据此，本研究推断外界环境因素（累积生态风险）会诱发农村初中生认知处理（高道德推脱），进而使其表现出攻击行为，即道德推脱可能在累积生态风险与农村初中生攻击行为之间起中介作用。首先，累积生态风险会提高个体的道德推脱水平。现有研究大多从家庭等单一层面出发构建道德推脱的影响因素模型，如有研究发现个体在童年期遭受的心理虐待会使其在未来发展过程中表现出高道德推脱（Fang et al.，2020）。但有研究表明多个领域中的风险因素会共同作用于个体的道德推脱，随着不同领域中风险因素的加剧，个体道德推脱水平会逐渐上升。其次，道德推脱会影响个体的攻击行为。青少年道德推脱水平能正向预测其攻击行为（Bjärehed et al.，2020），高道德推脱是个体攻击行为的"催化剂"。此外，有研究证实道德推脱分别在不良学校氛围、童年期虐待与青少年欺凌行为之间起中介作用，即上述单一风险因素均能通过道德推脱对青少年欺凌行为产生影响（Wang et al.，2020；Yang et al.，2020）。不难发现，尽管有研究探讨了累积生态风险对个体攻击行为的影响，但有关道德推脱在累积生态风险与农村初中生攻击行为之间的中介机制仍有待进一步考察。

共情是一种积极心理品质。共情包括认知共情和情感共情两个成分，认知共情是指个体辨别和推测他人情绪状态的能力，而情感共情是指个体对他人情绪作出情感反应的能力。个体社会行为的差异是由个体自身具备的某种能力或经验所导致，个体对所处情境的不恰当解读是诱发其攻击行为的主要原因。基于社会信息加工视角，有研究发现共情是影响儿童欺负行为的重要情感因素（Sticca et al.，2013）。因此，从共情入手探讨农村初中生攻击行为的影响因素具有一定的现实意义。当农村初中生经历累积生态风险的威胁时，高共情或许能够充当保护因子，从而为其良好道德品质的形成和发展保驾护航。有研究发现，认知共情和情感共情均能显著负向预测个体的道德推脱（Kokkinos & Kipritsi，2018），共情能够调节单一风险因素（童年期心理虐待）对个体道德推脱的正向预测作用，且该作用在低共情群体中更显著（Fang et al.，2020）。依此，农村初中生面临的累积生态风险可能会阻碍共情能力的顺利发展，导致他们在面对他人的痛苦情绪时会表现出冷漠甚至于麻木，从而促使其表现出道德推脱。此外，有研究发现高道德推脱和低共情是欺凌行为多发者常表现出来的典型特征（Zych & Llorent，2019），高道德推脱和低共情相结合能在更大程度上诱发青少年的网络欺凌行为（Ouvrein et al.，2018），且共情的情感成分和认知成分能显著调节个体道德推脱与其攻击行为之间的关系（Bussey et al.，2015）。故而推测，共情将调节农村初中生道德推脱对其攻击行为的影响。

本研究以农村初中生为调查对象，基于一般攻击模型和社会信息加工理论的视角，探究道德推脱在累积生态风险与农村初中生攻击行为之间的中介作用，并检验共情对中介路径的调节作用。

二、研究方法

（一）被试

采用方便取样法从湖南省两所农村中学选取 880 名初中生进行问卷调查，回收问卷 870 份，剔除无效问卷后得到有效问卷 845 份。被试平均年龄为 13.31 岁（$SD = 0.96$），其中男生 451 人，女生 394 人；初一年级 275 人，初二年级 259 人，初三年级 311 人。

（二）研究工具

1. 累积生态风险问卷

使用目前常用的累积风险建模方法，选取家庭、学校和同伴等不同领域中与农村初中生攻击行为密切相关的 13 种风险因素来共同构建累积生态风险指数。13 个指标所涉变量及说明见第三章第二节。本研究中，除社区安全量表只选用 1 个项目外，其余指标对应量表或问卷的内部一致性系数为 0.68~0.91，见表 4-14。

表 4-14　相应量表或问卷的内部一致性系数

序号	生态风险指数	内部一致性系数	序号	生态风险指数	内部一致性系数
1	家庭经济困难	0.81	8	班级氛围	0.86
2	父母婚姻冲突	0.91	9	同伴支持	0.87
3	父母疏远	0.86	10	同伴疏远	0.72
4	父母拒绝	0.89	11	越轨同伴交往	0.85
5	学校联结	0.84	12	社区安全	—
6	教师支持	0.91	13	邻里支持	0.68
7	学校管理氛围	0.69			

2. 攻击性问卷

采用 Buss-Perry 攻击性问卷（刘俊升，周颖，顾文瑜，2009）。该问卷包含 4 个维度，共 29 道题，采用 5 点计分，评分越高，表示感知到自身的攻击性越强。本研究中该问卷的内部一致性系数为 0.84。

3. 道德推脱问卷

采用 Bandura 等人编制、王兴超和杨继平修订的青少年道德推脱问卷（王兴超，杨继平，2010）。该问卷共 32 道题，采用 5 点计分，评分越高，表示道德推脱水平越高。本研究中该问卷的内部一致性系数为 0.88。

4. 共情量表

采用中文版人际反应指针量表（张凤凤，董毅，汪凯，等，2010）。该问卷从认知和情感两个方面考察个体共情能力，共 22 道题，采用 5 点计分，评分越高，表示共情能力越强。本研究中该量表的内部一致性系数为 0.79。

（三）数据处理

采用 SPSS 20.0 对数据进行描述性统计和相关分析，并运用 PROCESS 宏程序进行有调节的中介效应检验。累积生态风险指数为被试在 13 种因子上风险划分结果（1 = 有风险；0 = 无风险）的总和。其中，在家庭经济困难、父母婚姻冲突、父母疏远、父母拒绝、同伴疏远和越轨同伴交往维度上得分高于第75百分位数编码为1，其余编码为0；在学校联结、教师支持、学校管理氛围、班级氛围、同伴支持和邻里支持维度上得分低于第25百分位数编码为1，其余编码为0；在社区安全维度上，得分小于3编码为1，其余编码为0。

三、研究结果

（一）共同方法偏差检验

为控制共同方法偏差效应，本研究在收集数据时通过反向计分、匿名调查等方式实施程序监控，并在分析数据时运用 Harman 单因素检验对所有项目进行主成分因素分析。结果表明，特征值大于1的因子共有46个，且第一个因子解释的变异量为 13.17%，未达到 40% 的临界值，这说明本研究不受共同方法偏差问题影响。

（二）相关分析

表 4 – 15 列出了各变量的平均值、标准差和相关矩阵。结果显示，累积生态风险、道德推脱与攻击行为两两之间均存在显著正相关（$p < 0.01$），表示适合对其做进一步的中介效应分析。年级与攻击行为存在显著正相关（$p < 0.01$），性别与攻击行为呈边缘显著相关（$p = 0.09$）。进一步分析发现，农村初中生攻击行为的年级差异显著（$F = 6.17$，$p < 0.01$），农村初中生攻击行为的性别差异边缘显著（$t = -1.69$，$p = 0.09$），因此在后续的分析中将两者作为控制变量处理。

表 4 – 15 各变量的相关系数（r）

变量	1	2	3	4	5	6
1 性别	1					
2 年级	− 0.04	1				
3 累积生态风险	− 0.07	0.17 **	1			
4 攻击行为	0.06 *	0.12 **	0.47 **	1		
5 共情	0.24 **	− 0.03	− 0.06	0.18 **	1	
6 道德推脱	− 0.17 **	0.17 **	0.35 **	0.39 **	− 0.09 **	1

（三）道德推脱的中介效应检验

在控制性别和年级后，累积生态风险对攻击行为的正向预测作用显著（$\beta = 0.47$，$p < 0.01$）。采用 SPSS 宏程序 PROCESS 检验中介效应，具体来说，以攻击行为为因变量、累积生态风险为自变量、道德推脱为中介变量，通过 Bootstrap 方法进行中介分析。结果显示，道德推脱的中介效应为 0.09，95% 的置信区间为 [0.06, 0.12]，置信区间不包含零，间接效应在总效应中所占的比例为 18%，即道德推脱在累积生态风险对农村初中生攻击行为的影响中起部分中介作用。

（四）有调节的中介模型检验

表 4 – 16　累积生态风险对攻击行为的有调节的中介模型检验

回归方程		拟合指标			系数显著性	
结果变量	预测变量	R	R^2	F (df)	β	t
道德推脱		0.40	0.16	32.33**		
	性别				− 0.27	− 4.12**
	年级				0.13	3.34**
	累积生态风险				0.32	9.80**
	共情				− 0.04	− 1.21
	累积生态风险 × 共情				− 0.09	− 2.94**
攻击行为		0.58	0.34	71.84**		
	性别				0.16	2.81**
	年级				0.01	0.36
	累积生态风险				0.39	12.95**
	道德推脱				0.28	9.08**
	共情				0.21	7.27**
	道德推脱 × 共情				− 0.03	− 0.94

将各个变量进行标准化处理（除性别和年级外），并在控制性别和年级的情况下使用 SPSS 宏程序 PROCESS 中的 Model 58 来检验道德推脱的中介作用是否受到共情的调节。有调节的中介模型检验结果显示（见表 4 – 16），

累积生态风险与共情的交互项对道德推脱的预测作用显著（$\beta = -0.09$，$p < 0.01$），表明共情在累积生态风险对道德推脱的影响中起调节作用，即调节了中介模型的前半段；道德推脱与共情的交互项对攻击行为的预测作用不显著（$\beta = -0.03$，$p > 0.05$），这说明共情在中介模型后半段上的调节效应不显著。综上，有调节的中介效应显著，共情对道德推脱的中介作用有负向调节作用。

对有调节的中介效应作进一步的整体模型检验（见表 4 – 17），结果显示，当共情得分低于平均数一个标准差时，道德推脱在累积生态风险与攻击行为之间的中介效应显著（效应值 = 0.12，95% CI = [0.08，0.17]），当共情得分高于平均数一个标准差时，道德推脱的中介效应显著但明显减弱（效应值 = 0.06，95% CI = [0.02，0.09]），再次验证了有调节的中介模型成立。

表 4 – 17　不同共情水平下道德推脱的中介效应

共情水平	效应值	*Boot* 标准误	*Boot CI* 下限	*Boot CI* 上限
M-SD	0.12	0.02	0.08	0.17
M	0.09	0.01	0.06	0.12
M + SD	0.06	0.02	0.02	0.09

为更清楚地揭示共情的调节效应趋势，将共情按正负一个标准差分为高、低两组，采用简单斜率检验（simple slope test）考察共情在累积生态风险与道德推脱关系中的作用。调节效应如图 4 – 4 所示，当共情水平较低时，累积生态风险对道德推脱的正向预测作用显著（*bsimple* = 0.41，$p < 0.01$）；当共情水平较高时，累积生态风险对道德推脱的正向预测作用减弱（*bsimple* = 0.22，$p < 0.01$；*bsimple* 由 0.41 下降为 0.22）。同理，对认知共情和情感共情在累积生态风险与道德推脱之间的调节效应趋势进行分析发现，认知共情与情感共情均能显著调节累积生态风险对道德推脱的正向预测作用。具体而言，相比于低认知共情（*bsimple* = 0.40，$p < 0.01$），高认知共情（*bsimple* = 0.22，$p < 0.01$）对累积生态风险与道德推脱之间关系的调节作用更明显（*bsimple* 由 0.40 下降为 0.22）；高情感共情（*bsimple* = 0.26，$p < 0.01$）和低情感共情（*bsimple* = 0.38，$p < 0.01$）调节作用的差异相对较小

（$bsimple$ 由 0.38 下降为 0.38）。

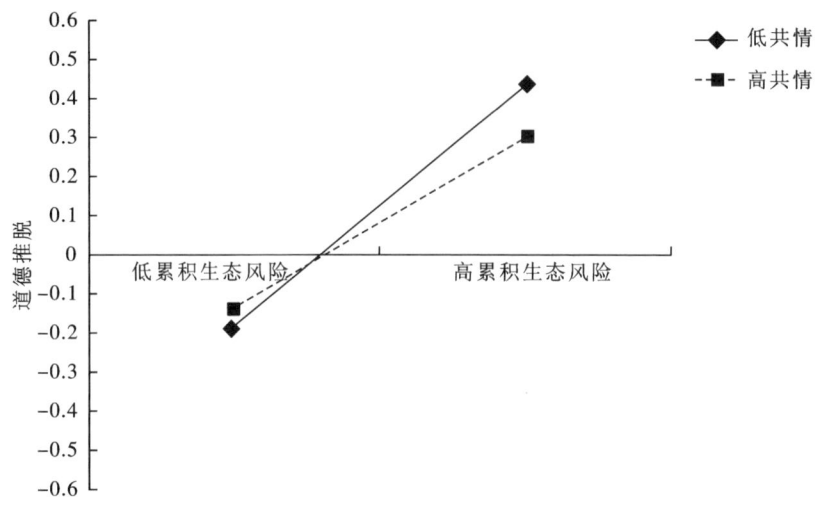

图 4 - 4　共情在累积生态风险与道德推脱之间的调节效应图

再将累积生态风险和共情分别按正负一个标准差分为高、低两组，以道德推脱为因变量，累积生态风险和共情为固定因子进行两因素方差分析，结果显示累积生态风险和共情的交互作用显著（$F = 7.41$，$p < 0.01$）。进一步的简单效应分析发现：在高累积生态风险情境下，高共情和低共情农村初中生的道德推脱得分存在显著差异（$F = 5.15$，$p < 0.05$），相比低共情农村初中生，高共情农村初中生的道德推脱得分更低（$p < 0.05$）；在低累积生态风险情境下，高共情和低共情农村初中生的道德推脱得分差异不显著（$F = 0.01$，$p > 0.05$）。

四、结果分析

（一）道德推脱在累积生态风险与攻击行为之间的中介作用

校园欺凌事件不但不利于校园安全的维护，也会给社会造成极其恶劣的影响。尤其对未成年人来说，攻击行为对自身发展有百害而无一利。因此，密切关注学生攻击行为的影响因素对引导这类群体养成良好的行为习惯和促进其身心健康发展至关重要。基于生态系统理论，本研究探讨了累积生态风险对农村初中生攻击行为的影响，结果发现，累积生态风险能正向预测其攻击行为。更重要的是，本研究还发现道德推脱在上述两者间起中介作用。一方面，累积生态风险会阻碍农村初中生良好道德品质的形成，随着风险因素的不断累积，农村初中生的道德推脱水平随之上升；另一方面，高道德推脱是导致农村初中生产生攻击行为的重要原因。有研究也证实道德推脱在某些风险因素与个体攻击行为间存在中介作用（Wang et al.，2020；Yang et al.，2020）。

综上所述，农村初中生在现实生活中面临的不同风险因素会对其良好道德品质的形成和发展产生一定的消极影响，这一消极影响可能会导致农村初中生的道德自我调节功能出现选择性失效，进而诱发高道德推脱。另外，高道德推脱个体会通过自我合理化减少其不道德行为后的内疚感和罪恶感，这在某种程度上助长了个体攻击行为的发生。

（二）共情对道德推脱中介效应的调节作用

本研究发现高水平共情可缓解农村初中生因高累积生态风险导致的高道德推脱。其中，相比于共情水平较高的农村初中生，道德推脱的中介效应在共情水平较低的农村初中生中更显著。已有研究表明共情能力能削弱风险因素对道德推脱的促进作用，如共情能够缓冲童年期心理虐待对个体道德推脱的正向预测作用（Fang et al.，2020）。也可理解为，在高累积生态风险情境下，与低共情农村初中生相比，高共情的农村初中生在做出不道德行为后，通常会感受到更强的内疚感、负罪感，也能够站在行为承受者的角度去感受和理解由该不道德行为对其造成的伤害和痛苦，因此较少为自己辩解和推脱自己本应承担的后果，其道德推脱水平相对较低。本研究还发现，与情感共情相比，认知共情在累积生态风险与农村初中生道德推脱间所起的调节作用更加明显。前人研究显示，认知共情、情感共情均与个体的道德推脱呈显著负相关，但上述两者对个体道德推脱的预测作用有所不同，其中认知共情对个体道德推脱的影响更大（符婷婷，李鹏，叶婷，2020），这与本研究结果具有一致性。综上，共情的作用就像"缓冲剂"，能够有效缓解累积生态风险对农村初中生道德推脱的促进作用。

总体来说，出现这种调节模式的原因可能在于：第一，高共情个体通常能够做到"己所不欲勿施于人"，从源头上降低自身的道德推脱水平（Kokkinos & Kipritsi，2018）；第二，与低共情个体相比，高共情个体在做出不道德行为后会有更强烈的内疚感，而强烈的内疚情绪能在一定程度上抑制其道德推脱的发生（Roberts et al.，2014）；此外，本研究中共情对中介模型后半段路径的调节效应不显著，可能是因为道德推脱能够在很大程度上引导和驱动个体的行为举止，以至于共情的缓冲作用较弱，无法抵消由高道德推脱对个体行为产生的强大影响，进而使高道德推脱个体仍会表现出较高的攻击性水平。如此，提升高风险农村初中生的共情能力来降低其道德推脱水平不容轻视。同时，共情的认知成分对农村初中生道德推脱的调节作用更加突出，这提示我们要注重通过提高农村初中生的认知共情能力来有效降低其道德推脱水平。

五、结论与建议

由上可发现，累积生态风险不仅对农村初中生的攻击行为有直接影响，还能通过道德推脱发挥间接影响；累积生态风险对道德推脱的正向预测作用随着共情能力的提高而逐渐减弱。基于此，在实际工作中要提高干预工作的针对性和实效性，一方面要注重对经历不同累积生态风险的农村初中生实施不同的干预策略；另一方面要侧重通过提高农村初中生的认知共情能力来有效降低其道德推脱水平。此外，本研究的调节模型还揭示了农村初中生的攻击行为是环境因素（累积生态风险）和个体心理因素（共情、道德推脱）相互作用的结果，表明环境因素和个体因素并非孤立影响农村初中生的攻击行为。具体建议如下：

一是完善法律法规建设，打造法治社会环境。完善法律法规建设是为儿童打造良好社会环境的第一步。"无规矩不成方圆"，若能制定专门防治校园暴力的法律法规，那么其将成为有效干预儿童攻击行为的一颗强有力的"定心丸"。目前，我国尚未出台专门针对校园暴力的法律法规，而是通过《中华人民共和国未成年人保护法》《中华人民共和国预防未成年人犯罪法》和《中华人民共和国刑法》等法律法规来防范和处置未成年人的攻击行为。据此，建立和完善有关防治校园暴力的法律法规，无疑将使儿童攻击行为的干预进程向前迈进一大步。另外，明确并有效实施教师的教育惩戒权同样刻不容缓。很长时间内，我国教师缺乏一定的法律保障来管教学生。正因为教师的惩戒权尚未明确，使其在面对攻击性较强的学生时可能会出现两大问题：一是"不敢管"和"不愿管"；二是"不善管"和"不当管"。2019 年，中共中央、国务院印发的《关于深化教育教学改革全面提高义务教育质量的意见》中指出尽快出台有关教师惩戒权的具体实施细则，以此来明确教师惩戒权的实施范围和形式。2020 年 12 月，教育部出台《中小学教育惩戒规则（试行）》，首次对教育惩戒的概念进行了定义，适用于普通中小学校、中等职业学校及其教师在教育教学和管理过程中对学生实施教育惩戒。在美国，教师可通过口头批评、留校观察等具体措施来惩戒学生的一般性问题行为，也可选择强制停学、转学等方式来处置学生的严重性问题行为，通过采取上述一系列措施，从而达到有效减少未成年人攻击行为的目的。

二是建立多级干预机制，营造安全校园氛围。校园环境中的多级干预机制应将发展性干预和治疗性干预相结合，即由面向全体学生转为面向全体、面向部分和面向个体相结合，借此提升干预工作的实效性。在学校的一级干预中，学校可通过设计和实施一系列的特定课程、开展相关专题讲座来达到发展性干预的目的。同时，学校也可开展相关的法治专题讲座，对学生进行法治教育，力求使其做到学法、知法、懂法和守法。一方面，教师应改变传统的"唯成绩论"，而应多加关注学生的心理发展状况，如一旦发现学生成为校园暴力的施暴者或受害者时，应给予高度重视并立刻采取相应的干预措施；另一方面，学校应重视对教师进行专项培训，提高广大教师对校园暴力的敏感性，并掌握一些有效预防儿童攻击行为的方法，使其能为被攻击者提供相应支持。在二级干预中，学校应主要采用治疗性干预。相对于发展性干预而言，治疗性干预的针对性更强，其通常以攻击性较强或人际交往中的弱势群体为目标对象，以期通过团体或个体心理辅导的方式给予这些学生针对性的心理干预，使其能获得更多的积极关注和有效提升其人际交往的能力，最终得以改善自身的攻击行为或被攻击现状。总的来说，以学校为主阵地建立一个针对未成年人攻击行为的多级干预机制，并确保其中的每一环节有效落地，定能为儿童营造和谐安全的校园氛围，大力提升攻击行为的干预成效。

三是构建和谐亲子关系，创设良好家庭环境。具体来说，为有效防治儿童的攻击行为，家庭领域主要可从以下几方面进行干预：首先，改善父母教养方式。例如，在民主型的家庭环境中，儿童的发展需求往往能得到最大程度的满足，且其通常具备良好的社会交往能力，也能较好地处理生活中的各种冲突事件，而非选择用暴力手段去解决一切问题。其次，加强良性亲子互动。在良性的亲子互动过程中，儿童能感受到来自父母的关爱与支持，并通过与父母的高质量互动习得一些积极的人际交往技巧，以此运用到与他人的交往过程中，从而帮助其建立良好的人际关系，减少其主动攻击他人或被他人攻击的可能性。最后，提升父母教育素养。一方面，父母要提高自身对孩子异动的敏感性，这种异动既包括生理层面的改变，也包括心理层面的变化。父母要特别关注孩子在成长过程中的身心变化，一旦发现异动应立即采取相应的措施给予他们大力支持与帮助。另一方面，父母务必要端正自身的教育态度，在儿童行为养成的过程中，应努力为其树立一个良好的榜样，并充分发挥榜样的引领作用，促进其亲社会行为的产生和发展。总的来说，父母教育素养的提升不仅有利于和谐亲子关系的建立和良好家庭环境的创设，而且从家庭领域出发开展针对儿童攻击行为的干预工作方能取得事半功倍的效果。

四是培养积极心理品质，提升个体心理资源。有效提升个体的心理资源、减少其表现出攻击行为的可能性，可从培养儿童的积极心理品质入手。第一，提高个体的共情能力。高共情的个体能更细微和准确地感知到他人的情绪情感，也更倾向于在他人处于困境时伸出援助之手，同时也更可能拥有较高质量的社交圈。因此，个体共情能力将有效降低其攻击行为的可能性。一般来说，移情训练可提高个体的共情能力。在移情训练中，通过组织儿童编故事、讲故事和进行角色扮演等活动，帮助其学会站在他人的角度去思考问题和体验他人的情绪情感，进而不断提高自身的共情能力。第二，降低个体的道德推脱水平。降低个体的道德推脱水平有助于儿童在表现出攻击行为时产生相应的内疚情绪，也能使其意识到自身行为会给他人造成伤害，从而遏制其攻击行为的发生。个体道德推脱水平的降低有赖于社会、学校、家庭和其自身的共同努力，随着儿童道德推脱水平的不断降低，其心理资质将不断提升，因此个体层面的干预工作也将开展得愈发顺利。第三，增强个体的自我控制能力。自我控制能力高的儿童即使在面临多重风险因素的威胁时，仍然能够规范自身的行为举止、杜绝攻击行为的发生。因此，儿童在成长过程中应不断锤炼自身品格，学会抵制不良诱感，学会理性解决生活中的矛盾与冲突，进而不断增强自己的自我控制能力。

五是推进多元协同干预，践行共治干预原则。第一，加强学校与社会之间的积极互动。学校应充分利用社会优质资源，如定期邀请警察、医护人员等进校园，为师生介绍有关校园欺凌的法律法规；应鼓励相关社会组织或机构积极开发亲社会游戏供学校使用，进而实现对儿童攻击行为的发展性干预。第二，推动社区与学校共建心理健康服务体系。一方面，社区与学校两大领域中的心理医疗服务可互为补充，为农村儿童的行为养成和人际交往提供专业心理指导。另一方面，社区心理医疗服务与学校心理医疗工作之间的有效衔接能为表现出攻击性倾向的儿童提供长期且稳定的心理疏导服务，从而完善儿童攻击行为的干预工作。第三，形成家校合力共同防治儿童攻击行为。在针对全体学生的干预工作中，学校应组织全体学生家长参加一系列的家庭教育指导培训，帮助家长学会有效干预儿童攻击行为的方法和策略。就个别干预而言，学校应为攻击性较强的儿童提供专业的家庭心理辅导，对不同的家庭选择不同的干预措施，真正做到"对症下药"。第四，构建家、校、社三方协同干预模式。在三方协同的干预模式中，应以学校为主要的干预场所，成立专门防治儿童攻击行为的委员会，委员会应由社会监督员、学校相关负责人、班主任、心理教师、学生代表和家长代表等人组成，该委员会一旦发现儿童表现出攻击行为的苗头，便立刻给予正确的疏导和矫正，并以此促进其良好行为习惯的养成。

第五章
累积生态风险影响农村
儿童学校适应的追踪研究

引子："后患无穷"的累积生态风险

2019 年，央视"社会与法"频道制作推出的纪录片《呵护明天》讲述了两起由于童年时家长监管不力等因素导致农村青少年误入歧途、走上违法犯罪道路的真实案例。邓某是一名农村留守儿童，记事开始父母便常年在外，很少陪伴在其身边，因而他对父母印象非常模糊。在邓某 2 岁时，其父母便离异了，无父无母照料的幼年邓某跟着爷爷奶奶生活，自小缺乏双亲关爱的他有了巨大的心理落差与孤独感，经常半夜两三点还无法入睡，且邓某变得比同龄孩子更加内向、敏感、没有安全感，总觉得自己比他人差劲。邓某将爷爷奶奶当成了自己的情感寄托，但不幸的是，2011 年年末，爷爷奶奶相继病重且几年后离世。其间邓父虽将他带在身边，但从未相处过的陌生感让邓某感到无所适从。失去心灵依靠和充满孤独感的邓某，迫切想要抓住身旁仅有的感情，从而填补内心的空虚与孤独。但爷爷奶奶的去世、与初恋的分手，种种打击之下，邓某甚至想过自杀，曾站在十八层天台四个小时。之后，邓某离开父亲，独自去社会打拼，自小缺乏父爱母爱的邓某想要通过物质来满足他所需的安全感。当邓某花光身上所有的钱后，食不果腹时还因去超市偷吃被警方处罚，之后由于缺少分辨是非的能力屡屡作案被警方抓获，羁押于看守所。邓父曾想将其拉入正确的轨道，但两人经常争吵且根本不知如何正确交流，价值观扭曲的邓某已经听不进父亲的教导，甚至还有些讨厌自己。

该纪录片中还有一位与邓某童年经历相似的少年，17 岁的沈某，因父亲忙于生计，无暇照顾，初中辍学后便来到南昌打工。受不良影响，懵懂之中参与抢劫，现在未成年犯管教所服刑。

由此可见，家庭中各种风险因素累积在一起，让两位经历相似的少年走上相同的错路。遗憾、痛惜等难以掩盖，也难以逆转早期风险累积的消极影响。

第一节 儿童学校适应及其影响因素的追踪研究：近二十年文献回顾

在现代社会，学校是学龄期儿童在家庭之外最重要的社会化场所。学校中的适应状况与儿童能否健康成长关系密切，良好的学校适应可促进儿童幸福感的提升。个体若长期处于心理适应不良的状态，将增强自己的相对剥夺感，造成认知调节的偏差，会通过与周围人的不合理比较而产生一种内心的不平衡状态（熊猛，刘若瑾，叶一舵，2021）。此外，严重的学校适应压力会导致个体产生情绪问题、睡眠障碍，甚至自杀等严重心理和精神问题（潘斌，张良，张文新，等，2016）。对六年级学生进行持续 3 年追踪，结果发现，学业成绩越好的学生，幸福感及其各维度水平基本都更高（曹飞，袁光秀，2018）。然而儿童的学校适应不良在国内仍具有一定的普遍性，不少农村偏远贫困地区的适应不良儿童更是具有严重的"隐形辍学"倾向，而辍学是个体青少年至成人后贫困代际传递的重要影响因素（赵明仁，陆春萍，2020）。因此，对农村儿童学校适应发展现状及其原因的探讨显得尤为必要。

一、儿童学校适应的发展

适应学校生活是儿童社会性发展的一个重要任务，是儿童和青少年发展的中心问题，也是教育学、心理学研究的一个重要课题。研究者们对儿童学校适应缺乏发展性的研究，较少有研究以纵向设计的方式，追踪儿童在某个较长时间内心理发展的变化规律。

现有针对学校适应的纵向研究在加入时间维度后，对儿童学校适应发展状况的描述说法不一。比如，有研究者发现正常适应行为的发展随年龄增加而增加，适应不良行为随年龄增加而有减少的趋势（徐韬园，施慎逊，林霞凤，等，2000）；初一年级学生的学校适应水平在初中三个年级中处于最低水平（刘旺，冯建新，2006）。但也有研究对留守初中生进行追踪发现，随着年龄的增长，其学校适应状况会越来越差（赵景欣，杨萍，张婷，2015）。与之相似的是，初一年级学生的学校适应状况要显著好于初二年级学生（李文道，邹泓，赵霞，2003）。另外，留守儿童适应发展的2年追踪数据发现，留守初中生在学校适应上并没有表现出明显的下降趋势，但起始水平和发展速度均存在显著的个体差异（石雷山，姜冬梅，高峰强，等，2017）。国外的追踪研究发现，从小学到初中，美国儿童的学业适应呈显著的线性下降趋势（McGill et al.，2012），其学习动机和学业表现也都呈现出下降趋势（Burchinal et al.，2008）。

究其原因，首先，学生开始学习时具有较强的目的性，如为避免惩罚而学习，而不是因为诸如享受学习的过程而学习。随着年龄增长，学生愈加无法认识到学习的重要性，掌握目标定向的学习动机呈现下降趋势（侯金芹，陈桂娟，2017）。其次，随着年龄的升高，学生出现倦怠心理，学生在学业上所付出的努力水平有所下降，与此同时，表现出更多的作弊行为（Anderman & Midgley，2004）。对初一年级学生进行连续三年的追踪，结果显示从初一到初三年级，学生的行为投入呈下降趋势，主要集中在参与学校活动的投入度上，但其情感投入和认知投入却呈上升趋势（郑巧，耿丽娜，骆方，等，2020）。最后，就学习策略而言，随着时间的推移，父母控制少的学生会倾向于使用更少的自我调节学习策略，会减少重复学习、精细化和元认知的学习策略的使用（Wang et al.，2007）。此外，随着年级的升高，儿童面临的学习问题愈加复杂，例如，小学生的学习适应状态比初中学生好，这表明，随着年级的升高，学习方面的适应性问题也随之增多（包陶迅，叶芳，2011）。

目前多数研究认为，早期的学校适应状况对后期青少年的学校适应水平存在负向预测作用。学业无能假说认为，如果儿童早期表现出低学业成就，那么之后则更容易出现高水平的内隐行为问题和外显行为问题（Ansary

& Luthar，2009）。例如，儿童入园时的低学业成就会导致小学初期时高水平的内隐行为问题，这对小学高年级时的高水平外显行为问题同样具有预测作用，并能进一步预测青少年期的抑郁症状（Yates et al.，2010）。一项从童年早期到青春早期的追踪研究表明：4 岁时低水平社交能力会导致 10 岁时高水平内隐行为问题、外显行为问题以及 14 岁时高水平外显行为问题（Weeks et al.，2016）。

除了年龄上发展的差异，男女生在生理、心理上的发展差异或许会导致其学校适应的发展趋势有所不同。已有研究发现女生的适应状况往往要好于男生（刘旺，冯建新，2006）。具体来说，男生相比于女生可能表现出更多的回避型认知态度、更低的学业动机和更为不合适的学习策略。曾有研究报告，女生比男生更可能在不感兴趣的考试中坚持下来（Ainley et al.，2002）；相比男生，女生也更倾向于努力学习枯燥的学习内容（Williams et al.，2002），而男孩则更倾向于在有趣的任务中努力学习。这些研究说明女生的学习动机和学习行为似乎更少受外在因素的影响。

在现有教育背景下，儿童阶段的主旋律是学习。从小学到初中，儿童的学习内容发生诸多变化。同时，开始步入青春期的学生们具有独立性和依赖性、自觉性和幼稚性并存的特点，且与城市初中生相比，农村初中生在取得学业成就的过程中会面临更多考验，因此后者的学业成就相对较低（谭千保，吴喜燕，李佳圆，2021），即该群体更易出现学校适应问题，如学习成绩不理想、学习动机不足、学习习惯不良、学习能力不够，且往往兼有情绪障碍和人际关系困扰等。而青少年学校适应不良可预测一系列适应问题，包括情绪问题、行为问题和同伴拒绝。另外，严重的学业压力会导致青少年的情绪问题和睡眠障碍，甚至自杀等严重心理和精神问题（潘斌，张良，张文新，等，2016）。越来越多的研究开始关注农村儿童这类特殊群体，但大多数研究仍停留在横断研究。因此，对农村儿童学校适应的纵向研究尚有较多的留白与不足。

综上所述，大多研究者认为随着年级的升高，儿童的学校适应状况会有所下降，且女生的学校适应状况往往要优于男生。

二、影响儿童学校适应发展的因素

（一）家庭领域的影响

家庭是影响学生适应性发展的一大因素。现已有众多研究通过横断研究的方式，证明了不良的家庭环境（汪清华，2007）、父母婚姻质量（吴莹婷，郭菲，王雅芯，等，2017）、父母参与（陈淑梅，张琬，李燕，2020）、社会经济地位（沈悦，张雪，张晶，2020）、亲子关系（宋欢，刘兵，罗利，等，2022）等对儿童学校适应的影响。那么加入时间维度后，这种预测效应是否会持续呢？初中生亲子关系的质量随着年龄的增长有所下降，学习倦怠水平随年级增长呈逐渐升高趋势。而且家庭环境因素在学生学习倦怠形成过程中作用显著，家庭因素中亲子关系是学习倦怠产生的重要影响因素（宋欢，刘兵，罗利，等，2022）。亲子关系可负向预测学习倦怠，改善亲子交流能在一定程度上降低中学生的学习倦怠程度。基于经典相对剥夺理论和发展情境理论，对 273 名单亲家庭儿童进行连续 3 次的追踪测查，考察其相对剥夺感与心理适应的特点及关系，结果发现单亲家庭儿童的相对剥夺感与心理适应存在循环作用关系，即前测的相对剥夺感会导致后测的心理适应不良，进而影响后测的相对剥夺感（熊猛，刘若瑾，叶一舵，2021）。贫困是位于威胁性与剥夺性两个维度风险的交叉重叠部分，贫困往往会引发剥夺性风险因素或与之共生，如贫困状态下的儿童常伴随着父母忽视、失学、与父母分离、机构抚养等剥夺性因素。基于累积风险理论，贫困儿童经历的累积风险越多，其适应负荷水平越高（Evans & Kim，2012），长期贫困对儿童执行功能的负面影响甚至会持续到成人初期。贫困对儿童的负面影响可能存在"贫困—高剥夺性累积风险—高适应负荷"的影响路径（任屹，黄四林，2022）。因此，不难推测，当加入时间维度后，这种家庭风险因素对个体社会性发展预测效应是有可能会持续的。

（二）学校领域的影响

良好的学校适应是众多复杂因素之间相互作用的结果，其中学校领域的因素对儿童学校适应发展的影响不言而喻。一项初一年级学生的三年追踪研究分别以青少年自我报告与教师评价的方式测查学校氛围与学校适应，结果表明青少年第一年感知到的学校氛围能预测其第二年、第三年的适应问题和适应能力，第二年感知到的学校氛围能预测其第三年的适应能力和学业成绩；教师支持和同学支持对青少年学校适应具有积极作用，但同学支持的作用会随着在校时间的增加而发生逆转，即第一年的同学支持负向预测第二年的学习问题和第三年的学业成绩，正向预测第三年的适应能力，而第二年的同学支持则对第三年的适应能力和学业成绩均有负向预测作用（张光珍，梁宗保，邓慧华，等，2014）。早期易与教师发生个人冲突的学生在后期往往会面临学业失败（DiLalla et al.，2004）。由此可见，师生关系不仅会对当下的学习结果产生作用，更会发挥持续性效应，并与学生后期的成绩紧密关联。随着年级的升高，由于学生自我意识不断增强，个体容易出现逆反心理、要求摆脱依赖进而减少对学校的认同感及情感投入等现象。有研究发现，初中生对学校的情感投入呈上升趋势（郑巧，耿丽娜，骆方，等，2020）；在青少年早期，学生的学校资源水平处于稳定状态，意向性自我调节和幸福感的发展均呈线性递增趋势；学校资源能够通过意向性自我调节的初始水平和发展速度对幸福感的发展起间接作用（常淑敏，郭明宇，王靖民，等，2020）。

就班级而言，师生关系与同学关系在学生发展中扮演着无声浸润的"温床"角色，也正因如此，它们被越来越多地与外界变量相关联，其中便包括学业成绩。研究发现师生氛围的质量高低在很大程度上决定了学生能否坚持校园生活、能否取得较大的个人成就（Oseguera & Rhee，2009）。班级人际氛围对学业成绩影响的实证研究源于学者们对学生辍学率的探讨。628 名初中生两年的追踪调查结果发现，初中班级的师生氛围、同伴氛围较好，且同伴氛围优于师生氛围，但两者从初一年级到初三均有小幅下滑；师生氛围对学业成绩的影响始终大于同伴氛围对学业成绩的影响，但随着年级的升高，前者的影响会逐渐减弱，后者的影响却逐渐增强；初一阶段的师生氛围能正向预测学生在初三时的学业成绩，而同伴氛围却不具有预测作用（林琦，孔企平，2020）。

（三）同伴领域的影响

同伴关系既是儿童社会性发展的重要背景，也是社会性发展的主要内容，在儿童青少年的心理发展与适应中起着重要作用。大量研究表明儿童的学校适应与同伴关系之间存在关联，这更加明确了同伴交往在儿童社会性发展中所扮演的重要角色。随着儿童的身心不断发展，其友伴人数逐渐增加，友谊也会变得更加稳定，友谊的功能发生变化并带有更多互惠性。在童年早期，儿童的友谊功能变化主要是从把友谊作为获得快乐和娱乐的方法，到进行合作游戏和分享彼此的积极情感；在童年中期，从获得同伴群体认同和接纳，再到获得个体认同和自我理解。青春期学生的自我发展、安全依恋和交互适应与交往的同伴影响存在较大关联，不良行为同样如此。

同伴关系的发展还存在性别差异。Pratt 和 George（2005）用半结构化的访谈和问卷考察了从小学最后一年到中学第一年这一过渡期内男生和女生对友谊态度的异同，结果发现，随着小学毕业的临近，男生的友谊越来越亲密、越来越具支持性；而对多数女生而言，小学最后一学期使她们有机会与那些曾经属于班内其他群体而又即将与自己进入同一所中学的女生建立更加亲密的友谊。那些勉强被现有社交网络接受但处于群体外层的女生，可能会被理所当然地从这个圈子里踢出来。综上所述，儿童学校适应的发展离不开同伴关系的影响，且儿童同伴交往具有一定的稳定性与性别差异性。

（四）社区邻里的影响

社区是社会互动最频繁发生和知识溢出最为密集的空间范围。社区内的邻里环境塑造了人们日常所接触的同辈群体和社会网络，来自多国的经验证据显示邻里环境会显著影响个体教育、收入、就业等多种社会经济活动（Chetty & Hendren，2018）。农村社区主要因宗族、相同生活圈而形成，并以农业生产为主体，拥有共同历史背景、人际关系网络以及浓厚人情味，不少社区居民具有紧密的血缘关系，并保留传统社会价值与文化。一般可将社区支持视为个体在社区中通过与他人建立社会关系网络以及互动所获得的社会公益组织、社区机构、行政村等不同支持来源的经济救助、教育关爱及心理支持。社区支持会影响留守儿童的学校适应（赵磊磊，柳欣源，李凯，2019），居住在落后社区的家庭更有可能陷入贫困代际传递的陷阱中，因此由地理空间因素所导致的不平等问题不容忽视。在控制家庭经济状况等因素的情况下，良好的邻里环境能够显著促进学生学习成绩的提高（王军鹏，张克中，鲁元平，2020）。从纵向研究的情况来看，根据发展资源框架的社区改变假设，社区是由那些对发展有调节作用的情境、生态和设施所构成的连锁系统。积极的青少年发展会随社区改变取向的干预或预防计划而得到最大改善（常淑敏，张文新，2013）。因此，当学生在积极的社区氛围下开展学习和各项日常活动时，便越可能发现或体验到一些美好且有意义的事物或现象，从而提高其适应水平。

当然，除此之外，生物因素也影响个人的适应水平。有研究者尝试结合基因、环境、神经生理等系统水平，通过级联模型来解释风险因素持续的累积效应，神经化学变化会诱导向上级联，从而影响大脑神经功能，进而影响适应行为（Masten & Cicchetti，2010）。还有研究发现儿童受虐待经验会影响儿童大脑的结构、功能和组织，但这种影响可能对不同儿童效果不同，具体表现为这种影响对具有更强神经可塑性的心理韧性者可能是适应性的，而对其他儿童这些早期经验的影响则可能是致病性的（Cicchetti & Curtis，2015）。为了验证早期环境经验对后期各领域功能产生的累积影响，研究者尝试以动物为研究对象，开展以随机分配的干预实验为基础的研究，结果发现早期经历生活压力免疫处理的猴子与其他对照组猴子相比会表现出更低的焦虑症状，且更愿意探索新奇环境，皮质醇压力水平也更低。该研究涉及一类多领域累积模型，即压力免疫会促进腹正中前额皮质表面积的增大与白质髓鞘化的增多，而这种表面积的增大与白质髓鞘化的增多与行为的认知、情绪、动机等各方面相关（Lyons et al.，2009）。近年来，临床治疗领域对特殊儿童进行药物干预的研究也表明，遗传障碍可能会导致儿童行为异常，而药物干预则通过神经化学变化诱导产生一系列瀑布效应，从而影响大脑神经网络的功能和随后的适应水平。

发展心理学理论界长期以来一直认为人的社会性发展是一种复杂的现象，如果不考虑个体所处的环境，就不能彻底或准确地理解这种现象。因为对生活在不同社会背景中的个体来说，其社会行为的发展模式和过程会不自觉地受到社会文化规范、价值观、生活经历等的影响。但在复杂的生命系统中，风险因素或发展资源作为影响青少年健康发展的重要因素，并非随时间推移而一成不变，且影响儿童发展的各因素之间存在相互作用，其长期累积的效果才是儿童能力发展或适应的真正影响因素。

第二节　累积生态风险与农村儿童学校适应：
一项追踪研究

目前，学界仍缺乏对累积生态风险和学校适应随时间发展变化的关系研究。而农村儿童作为我国社会中一类特殊的弱势群体，其学校适应发展状况与影响因素理应受到更多关注，故本研究旨在探明累积生态风险与学校适应随时间变化发展的关系，以营造有利于促进农村儿童学校适应发展的高支持性环境，凸显农村儿童学校适应问题的多元治理理念。

一、问题提出

当今世界正处于"百年未有之大变局"的进程中，为实现个体和共同体的可持续发展，儿童作为未来社会建设的中坚力量，他们的未来肩负了多种时代责任与使命，其学校适应水平直接关系到其能否成长为中国特色社会主义事业的合格建设者和可靠接班人，也成为教育者亟待分析和解决的关键问题。

众多研究表明，多重风险因素的累积不仅会影响儿童的神经系统功能，还会对儿童的适应与发展产生不良影响。比如，一项对农村留守初中生的追踪调查发现，农村留守初中生亲子关系、感知教师差别行为与学习倦怠之间存在动态联系。农村留守初中生亲子关系变化不显著，但感知教师差别行为程度变高和学习倦怠程度变高。亲子关系难以预测随后的感知教师差别行为，但亲子关系和感知教师差别行为对间隔十个月后的学习倦怠有显著的负向预测作用（宋欢，刘兵，罗利，等，2022）。521 名初中一年级学生参加了为期一年的追踪研究，结果发现亲子关系对学生掌握目标定向学习动机的影响大于师生关系的影响；师生冲突会削减亲子信任对学生掌握目标定向学习动机的促进效应（侯金芹，陈桂娟，2017）。还有研究发现，消极的家庭环境、不良的同伴交往与青少年时期的药物滥用之间相互影响，而这些风险因素可能与后期青少年的危险驾驶行为存在关联（Hsieh et al. , 2015）。儿童在实际生活中并非长期仅面临某一个风险因素，同时还可能面临着家庭经济困难、师生关系不和或越轨同伴交往等多重风险因素的威胁，且不同领域的风险因素之间可能具有动态联系。

对学校适应的影响因素研究不可谓不丰，然而仍有许多问题有待解决。首先，已有研究多数通过横断研究来探讨环境因素与学校适应的关系，缺乏对因果关系的探讨；其次，已有研究分别探讨学校、家庭、同伴层面积极因素对学校适应的影响，并未探讨风险因素之间的相互作用对学校适应的影响，探讨多因素发展变化之间关系的研究设计正成为新近追踪研究的热点，但学界仍缺乏累积风险因素与学校适应关系的追踪研究，也未深入探查累积生态风险与学校适应随时间发展而变化的作用模式和因果关系。

需要注意的是，即使多个生态领域中的风险因素都会对农村儿童学校适应的发展产生影响，但由于其属于一类特殊群体，一方面他们的活动范围主要集中在户籍所在地附近；另一方面，作为学龄儿童，农村儿童的在校时间较多，因此在校规、班规以及教师的约束和管教下，其对社会的接触面相对较窄，即社会领域中的风险因素对其学校适应的影响可能较小。

近年来，随着研究者对家庭环境、文化背景等影响因素的广泛关注，发展心理学研究者逐渐认识到单一因素在人类发展过程中所起作用的局限性，从而逐渐转向对多个因素（环境、遗传和个体自身因素）的综合影响作用的关注（张文新，陈光辉，2009）。生态系统理论家主张在现有的大生态环境下，个体的家庭、学校和同伴等不同的小生态环境会对其成长发展产生一定程度的协同影响。发展瀑布效应也说明，个体的社会学发展会逐渐包含一系列跨越多功能水平的累积过程，最简单的形式包括儿童适应行为与个体所处环境之间相互作用的累积过程。生态风险因子与适应的大部分研究主要是横断研究，忽视了时间变量对学校适应发展的影响（Roberts et al.，2014），且部分累积的风险因子也被证明会随着时间的推移破坏力加重（任屹，黄四林，2022）。可见，从风险因素累积的角度去尝试理解个体学校适应的影响因素至关重要。

因此，本研究拟对小学四年级、五年级、六年级学生与初一、初二、初三年级学生分两个时间点进行追踪，首先在第一次调查数据的基础上，考察累积生态风险因素对农村儿童学校适应的影响，以期识别出真正影响农村儿童学校适应的风险因素，为规避农村儿童学校适应培养中的风险因素提供理论依据。

二、研究方法

（一）研究对象

从湖南省选取三所农村小学开展为期一年的两次问卷调查，时间间隔为 6 个月。第一次测量 519 人，其中男生 251 人，女生 246 人，其中 22 人未填性别；小学四年级学生 149 人，小学五年级学生 198 人，小学六年级学生 172 人；$M_{年龄} = 10.49$，$SD = 1.04$。第二次共测量 406 人，其中男生 193 人，女生 213 人；小学四年级学生 101 人，小学五年级学生 161 人，小学六年级学生 144 人；$M_{年龄} = 10.50$，$SD = 1.15$；留守儿童 314 人，非留守儿童 92 人。追踪率为 78%。

同期，从湖南省选取两所农村中学开展为期一年的两次问卷调查，时间间隔为 6 个月。第一次测量 597 人，其中男生 301 人，女生 296 人；初中一年级学生 171 人，初中二年级学生 233 人，初中三年级学生 193 人；$M_{年龄} = 13.26$，$SD = 0.91$。第二次测量 405 人，其中男生 188 人，女生 217 人；初中一年级学生 135 人，初中二年级学生 163 人，初中三年级学生 107 人；$M_{年龄} = 13.14$，$SD = 0.93$；留守儿童 312 人，非留守儿童 93 人。追踪率为 68%。

（二）研究工具

1. 因变量

本研究中的因变量为学校适应，选用《中国中小学生学校适应成套量表》（江光荣，应梦婷，林秀彬，等，2017）中的小学 3 ~ 6 年级版、初中版，具体见第二章第一节。

2. 自变量

以家庭风险因素、学校风险因素、同伴风险因素和社区风险因素 4 个领域的 13 个指标构建累积生态风险指数。13 种风险因素采用的问卷或量表见第三章第二节。在本研究中，相关指标采取的问卷或量表内部一致性系数见表 5 - 1。本研究使用构建累积生态风险指数的方法建模。"社区安全"风险因素得分进行二分编码（得分小于 3 编码为 1，其余编码为 0）；其他风险因素得分的 25 或 75 百分位数作为临界值，然后对风险因素进行二分编码

（1 表示有风险，0 表示无风险），将每个编码后的风险因素相加得到累积生态风险指数。

表 5 - 1　两次调查中各个变量的内部一致性系数

变量	小学		初中	
	T1	T2	T1	T2
家庭经济困难	0.82	0.77	0.77	0.79
父母婚姻冲突	0.84	0.87	0.91	0.92
父母疏远	0.81	0.85	0.88	0.89
父母拒绝	0.85	0.87	0.87	0.92
学校联结	0.79	0.85	0.84	0.87
教师支持	0.89	0.90	0.89	0.82
学校管理氛围	0.50	0.61	0.69	0.78
班级氛围	0.81	0.85	0.87	0.86
同伴支持	0.83	0.86	0.84	0.72
同伴疏远	0.72	0.78	0.74	0.78
越轨同伴交往	0.87	0.82	0.80	0.84
社区安全	—	—	—	—
邻里支持	0.61	0.60	0.61	0.63
学校适应	0.85	0.89	0.91	0.94
自我控制	0.68	0.86	0.73	0.61
希望	0.85	0.89	0.84	0.89
自尊	0.77	0.81	0.75	0.86

注：$T1$、$T2$ 分别是追踪的次数（下同）。

（三）研究过程

本次调查由经过专业培训的教师、在校研究生担任主试，采用统一指导语进行团体施测，并以班级为单位填写问卷，填写完后当场收回。施测前，主试将宣读数据保密原则和问卷填写注意事项等。采用 SPSS 21.0 与 Mplus 8.0 进行数据统计分析。

三、研究结果

（一）农村小学生的研究结果

1. 共同方法偏差检验

首先，对小学组采用 Harman 单因素方法进行共同方法偏差的检验，对小学生组所有的测量项目进行探索性因素分析，提取出 98 个特征值大于 1 的公共因子，第一个因子解释了 14.03% 的变异，小于 40% 的判断标准，即共同方法偏差效应不明显。

2. 农村儿童累积生态风险与学校适应的相关分析

在两次测量中，累积生态风险、学校适应、学业适应、社会适应、个人适应之间呈显著负相关（$p < 0.01$），学校适应、累积生态风险之间呈显著正相关（$p < 0.01$），具体结果见表 5 − 2。

表 5 − 2　农村小学生累积生态风险与学校适应的相关分析（r）

变量	T1 累积生态风险	T2 累积生态风险	T1 学校适应	T2 学校适应	T1 学业适应	T2 学业适应	T1 社会适应	T2 社会适应	T1 个人适应	T2 个人适应
T1 累积生态风险	1									
T2 累积生态风险	0.62**	1								
T1 学校适应	− 0.52**	− 0.37**	1							
T2 学校适应	− 0.52**	− 0.62**	0.57**	1						
T1 学业适应	− 0.50**	− 0.40**	0.90**	0.56**	1					
T2 学业适应	− 0.51**	− 0.63**	0.55**	0.92**	0.56**	1				
T1 社会适应	− 0.45**	− 0.29**	0.91**	0.47**	0.69**	0.46**	1			
T2 社会适应	− 0.45**	− 0.56**	0.49**	0.93**	0.48**	0.750**	0.41**	1		
T1 个人适应	− 0.39**	− 0.26**	0.82**	0.45**	0.61**	0.40**	0.70**	0.39**	1	
T2 个人适应	− 0.41**	− 0.41**	0.46**	0.79**	0.44**	0.62**	0.36**	0.66**	0.45**	1

3. 交叉滞后检验

以相关分析为基础，用 Mplus 8.0 软件建立交叉滞后模型来检验累积生态风险与农村小学生组学校适应之间的纵向关系。模型的拟合优度主要基于以下四个指标进行判断：χ^2/df、非规整适配指数（TLI）、比较适配指数（CFI）、渐进残差均方和平方根（$RMSEA$）。一般认为，如果 χ^2/df 小于 5，那么就认为此模型具有可接受的拟合优度。如果 CFI 和 TLI 大于或等于

0.90，以及 *RMSEA* 小于或等于 0.08，那么就认为此模型具有可接受的拟合优度。如果 *CFI* 和 *TLI* 大于或等于 0.95，以及 *RMSEA* 小于或等于 0.05，那么就认为此模型具有较优的拟合优度（温忠麟，侯杰泰，马什赫伯特，2004）。

在该模型中（如图 5-1），允许累积生态风险和学校适应变量从 *T*1 到 *T*2 的自回归路径，以及累积生态风险对学校适应变量之间从 *T*1 到 *T*2 的单向预测路径；同时，允许 *T*1 时两个变量之间相关，允许 *T*2 时两个变量之间的残差相关，并对性别、是否留守进行了控制。用 Bootstrap 法（对数据进行 1000 次的有放回的重复取样）来估计参数并进行显著性检验。模型拟合结果如下，$\chi^2 = 2.46$，$df = 1$，$CFI = 0.997$，$TLI = 0.985$，$RMSEA = 0.060$，$SRMR = 0.026$，该结果说明该模型拟合良好。图 5-1 表明，*T*1 累积生态风险显著负向预测 *T*2 学校适应（$\beta = -0.33$，$p < 0.01$）。该模型 *T*1 累积生态风险对 *T*2 学校适应变异的解释率为 37.90%。

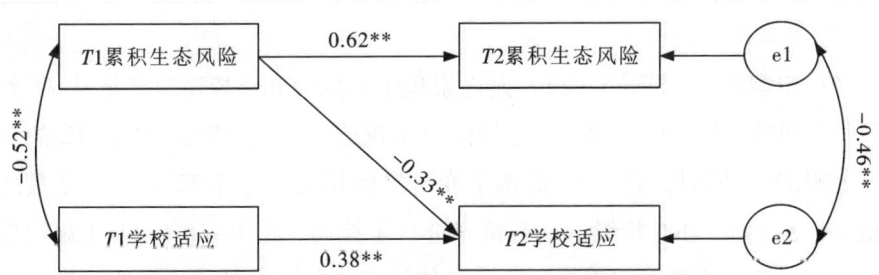

图 5-1 累积生态风险与农村小学生学校适应的交叉滞后回归分析

（二）农村初中学生的研究结果

1. 共同方法偏差检验

对初中组采用 Harman 单因素方法进行共同方法偏差的检验，并对所有的测量项目进行探索性因素分析，提取出 95 个特征值大于 1 的公共因子，第一个因子解释了 15.16% 的变异，小于 40% 的判断标准，即共同方法偏差效应不明显。

2. 农村初中生累积生态风险与学校适应及其维度的相关分析

相关系数如表 5-3 所示，在两次测量中，累积生态风险与学校适应、学业适应、社会适应、个人适应之间呈显著负相关（$p < 0.01$），学校适应、累积生态风险之间也呈中等程度的正相关（$p < 0.01$）。

表 5 – 3　农村初中生累积生态风险与学校适应的相关分析结果（r）

变量	T1 累积生态风险	T2 累积生态风险	T1 学校适应	T2 学校适应	T1 学业适应	T2 学业适应	T1 社会适应	T2 社会适应	T1 个人适应	T2 个人适应
T1 累积生态风险	1									
T2 累积生态风险	0.67**	1								
T1 学校适应	−0.59**	−0.51**	1							
T2 学校适应	−0.51**	−0.67**	0.72**	1						
T1 学业适应	−0.43**	−0.34**	0.86**	0.63**	1					
T2 学业适应	−0.41**	−0.51**	0.62**	0.90**	0.67**	1				
T1 社会适应	−0.60**	−0.56**	0.83**	0.62**	0.53**	0.45**	1			
T2 社会适应	−0.50**	−0.69**	0.62**	0.84**	0.43**	0.58**	0.70**	1		
T1 个人适应	−0.47**	−0.41**	0.73**	0.49**	0.43**	0.30**	0.57**	0.43**	1	
T2 个人适应	−0.38**	−0.50**	0.54**	0.75**	0.39**	0.52**	0.40**	0.53**	0.63**	1

3. 交叉滞后检验

在该模型中（如图 5 – 2），允许累积生态风险和学校适应变量从 T1 到 T2 的自回归路径，以及累积生态风险对学校适应变量之间从 T1 到 T2 的单向预测路径；同时，允许 T1 时两个变量之间相关，允许 T2 时两个变量之间的残差相关，并对年级、是否留守进行了控制。用 Bootstrap 法（对数据进行 1000 次的有放回的重复取样）来估计参数并进行显著性检验。模型拟合结果如下，$\chi^2 = 14.13$，$df = 1$，$CFI = 0.981$，$TLI = 0.904$，$RMSEA = 0.180$，$SRMR = 0.073$，该结果说明该模型拟合效果一般。图 5 – 2 表明，T1 累积生态风险显著负向预测 T2 学校适应（$\beta = -0.18$，$p < 0.01$）。该模型 T1 累积生态风险对 T2 学校适应变异的解释率为 48.70%。

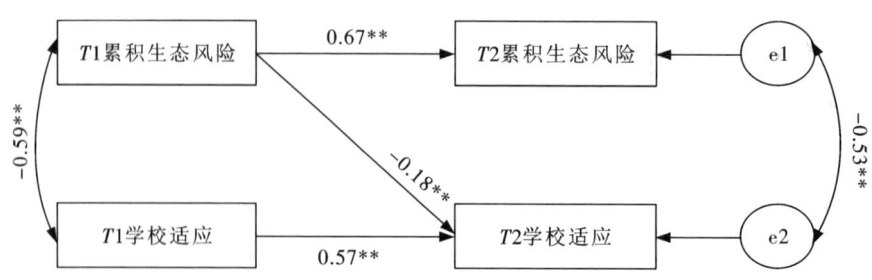

图 5 – 2　累积生态风险与农村初中生学校适应的交叉滞后回归分析

四、结果分析

（一）农村儿童学校适应的发展趋势

无论是农村小学生或农村初中生，先前的学校适应水平可显著地正向预测儿童后期的学校适应水平。分析其原因，根据发展情境理论，个体特征与情境特征的匹配程度在个体的整个发展过程中并非一成不变，而且二者在一个时间点上的匹配程度会影响其在下一个时间点上的匹配程度，即个体已经获得的发展结果会持续影响之后的发展结果（Lerner & Castellino，2002）。在本研究中，学校适应水平与累积生态风险的匹配程度会影响半年后学校适应水平与累积生态风险的匹配程度，即农村儿童已经获得的学校适应水平会持续影响半年后的学校适应水平。

（二）累积生态风险对农村儿童学校适应的影响

无论是农村小学生或农村初中生，$T1$ 累积生态风险均可显著地负向预测 $T2$ 阶段的学校适应，即先前的生态风险因子累积得越多，半年后农村儿童的学校适应发展状况越差。该结论与本研究的假设一致。分析其原因，对农村儿童而言，学校适应的发展受到各种风险因素的影响，例如从家庭可获得的发展性支持不足、学校教育资源分配不均衡、师生关系淡漠、同伴关系疏远等因素可能造成一种长期存在的慢性压力，长此以往，将导致其心理失衡、成绩下滑、适应不良。有研究者指出良好的情境资源能够激活青少年积极发展的轨迹（常淑敏，郭明宇，王靖民，等，2020），良好的家庭、学校、邻里环境、同伴关系意味着儿童日常所接触到的人群大多拥有稳定职业和良好家庭经济状况等，在教育方面为学生提供了积极、正面的参照和学习榜样，家长会提高对学生的教育期望，以更加积极的态度参与到孩子的学习过程中去，家长也会更加严格要求学生的作业和在校表现、监督学生的日常作业，增加同任课老师、学校领导的沟通与交流，这些发展优势有助于青少年更好地利用自身所拥有的多重情境资源，并最终引导他们走上健康的发展轨道，有利于减少各种心理风险。因此，学生越是在这种积极的氛围下学习和开展各项日常活动，越可能发现或体验到生命意义，更容易适应社会。

五、结论与建议

（一）研究结论

本研究探讨累积生态风险对农村中小学生学校适应的影响及其随时间变化的趋势，并获得了一些发现：

一是农村中小学生在两次测量中的累积生态风险、学校适应各自呈现出中等程度的正相关，累积生态风险与学校适应之间呈现出显著的负相关。

二是农村中小学生 T1 累积生态风险均可显著地负向预测 T2 阶段的学校适应，即先前的生态风险因子累积得越多，半年后农村中小学生的学校适应发展状况越差。

（二）建议

在破解农村儿童学校适应问题中，应秉持减少生态风险和培育"资源"并举的原则，从多方治理角度协调家庭、学校、村落以及儿童同伴之间的关系，控制家庭风险、学校风险、村落风险、同伴风险，以期探索促进农村儿童学校适应的优质措施。

1. 着力保障发展性资源供给

发展情境论认为保障来自家庭、学校、社会等的发展资源可显著促进儿童适应水平的提升。对家庭而言，家长既要给予子女心理层面的变化更多关注，如定期与子女打电话了解子女的近况、提供情感上的温暖，又要加强对子女基础教育的投入以及学业上的督促；对学校而言，学校教育既要涵括对农村子代积极的人生观、价值观的培育，又要结合农村学生生源地、家庭背景、阶层现状进行有针对性的教育；对社区而言，政府应该主动加大对农村区域的资源支持力度，不断提升公共资源的城乡村社均衡水平，让教育更主动地适应农村学生自身及社会发展环境的变化，为农村儿童提供满足需求的社区环境。

2. 加大多元合作的支持系统建设

同时收获来自教师、同学和家长的关爱和理解，可促进农村儿童学校适应的健康发展。具体来说：一是完善家校合作平台。这不应只建立家校文化知识教育的分工协作机制，更需要畅通家校沟通的渠道，共享子女成长信息，建立包含子女成长的数字档案信息，全面立体地跟踪学生的成长。

二是让学校真正成为家庭的延伸。教育者们通过期望管理可扶助农村弱势阶层的家庭志向，以教育讲座、专项沟通、常态互动等多种形式，可帮助农村子女家长增长科学教育的智慧。三是塑造有利于乡村教化的社区氛围，建立以心理支持为主、心理疏导为辅的关爱机制，打造助力学习的社区联动体系。同时，要以村为单位设立儿童之家，以此加强家庭监护的指导和帮助，促进留守儿童更好地学习与成长。

3. 大力促进全过程育人闭环的形成

学校适应在复杂的生命系统中，风险因素或发展资源作为影响青少年健康发展的重要因素，并不是随时间推移而一成不变的，影响儿童发展的各因素相互作用，其长期累积的消极影响才是儿童能力发展受阻或适应不良的真正原因。对此，一是尊重学生的主体性，要有针对性地去处理不同的年龄发展阶段学生不同的心理问题，不能"一刀切"。二是加强心理健康监测的全面性与及时性，尽早排查出高风险学生群体，预防为主，防治结合，谨防风险因素的长期累积。三是尊重学生发展性的特点，农村儿童的学校适应水平会随着主体自身身心的变化与环境改变出现动态性变化，因此教育者们要抓住学生学校适应成长的关键期，及时加以引导，增强其心理素质。

第六章
农村儿童学校适应中的生态风险规避机制

引子：多措并举让风险"无处可逃"

2022年6月，河南安阳市政府启动困境儿童关爱服务项目，通过购买第三方社会工作服务的形式，将"政府＋社工＋志愿者"模式投入困境儿童帮扶工作中，开展摸底调研、安全教育、政策宣讲、风险评估等为期9个月的专业服务，以改善困境儿童的家庭监护环境、生活学习环境、社会融入环境，为困境儿童织就一张"有温度、有力度、有专业"的关爱保护网，全力守护困境儿童身心健康成长。

项目启动一个多月来，市惠民社会工作服务中心和市尚百帮社会工作服务中心两家专业社工机构以困境儿童摸底调研为重点，对接了208个社区，实地入户走访困境儿童43人，针对困境儿童及其家庭的不同需求，建立信息台账，制订服务计划，并按周期对困境儿童及其家庭情况进行评估和更新。

就走访中发现的不少困境儿童及其家庭成员法律意识淡薄、自我保护能力较弱等问题，市惠民社会工作服务中心走进相关村庄，开展《中华人民共和国未成年人保护法》《中华人民共和国民法典》《中华人民共和国预防未成年人犯罪法》等法律法规宣讲，对困境儿童进行监护法制宣传和家庭暴力预防等教育，对其监护人或受委托监护人集中开展家庭教育指导，并针对儿童督导员、儿童班主任开展监护指导、政策解读、寻访排查等培训，使其更好地服务困境儿童。

此外，市民政局已经招募到一批相对稳定的志愿者，为困境儿童提供学习辅导、兴趣培养、情感疏导等帮助。下一步将对摸排的困境儿童进行精准分类，通过政府部门、村（社区）、专业社工、志愿者、家庭和学校的共同参与，为这些孩子提供更加专业、更有针对性的服务，不断完善相关救助帮扶工作，打通儿童福利服务保障的"最后一公里"。

（来源：https：//www. anyang. gov. cn/2022/07 – 27/2353556. html）

第一节　预警机制：应对重要生活事件

风险的可预防性是人类风险预防行为产生的基础。人类对可能遭遇风险的预防，根源于风险事件及其结果的可预防性（张治库，2015）。可能正是如此，在人类发展中，特别重视防患于未然，即一个风险事件生成之前，通过准确的预测与有效应对，回避或将风险苗头扼杀在萌芽状态。例如《全面加强和改进新时代学生心理健康工作专项行动计划（2023—2025年)》就部署开展八项重点工作，其中第四项是完善心理预警干预。强调健全预警体系，加强物防、技防建设，及早发现学生严重心理健康问题，畅通预防转介干预就医通道，及时转介、诊断、治疗。重点关注面临学业就业压力、经济困难、情感危机、家庭变故、校园欺凌等风险因素以及校外实习、社会实践等学习生活环境变化的学生。发挥心理援助热线作用，面向因自然灾害、事故灾难、公共卫生事件、社会安全事件等重大突发事件受影响学生人群，强化应急心理援助，有效安抚、疏导和干预。加强学校适应预警，需要确立预警对象，并构建相应的机制。

一、学校适应预警的内涵

教育的广泛普及，使人们在重视学习的"量"的基础上，更加注重学习的"质"，由此引发了各领域对学习预警的研究。在国外，学习预警被定义为运用适当方法构建预警模型，对学生有关数据进行分析，然后根据评估结果向学生和教师发出警示信号，并及时提供有效且具有针对性的干预建议（Macfadyen & Dawson，2010）；在国内学习预警研究框架中，以学生的学习成绩、辍学风险等作为预警目标，采集学生的学习行为、历史成绩数据等，综合教育学、心理学等多学科知识，采用算法对数据进行分析，然后将预警结果呈现给教师和学生（朱郑州，李政辉，刘煜，等，2020）。学习预警技术不仅适应当下教育信息化的发展潮流，更能在大数据技术的基础上，及时、有效、全面地将预警信号发送到学生、教师等手中，并提出针对性建议，真正做到对儿童学习问题的未雨绸缪，保障儿童学习质量。

然而，现有的学习预警机制从预警目标的设立、数据的采集和处理到预警分析和结果呈现，所围绕的大都是学生的人口统计数据和外显的成绩数据，并未关注儿童内隐的情绪情感和行为等相关信息，这对辐射范围更广的学校适应来说，仅保证儿童的学习成绩远远不够。学校适应不仅包括学业适应，还有人际适应、情绪适应和行为适应等方面，对当前有关学校适应的研究成果进行分析可知，学者们大都从其某一方面着手，并未对学校适应的多个维度进行综合考虑。因此，可在学校适应的多维度基础上，参考现有的学习预警机制，提出更全面的学校适应预警机制。

从预警目标来看，学校适应预警旨在促进儿童的学校适应，更好地适应学校生活；预警对象是严重影响儿童学习、生活等的重大事件，具体可从儿童生活的微观环境着手；在预警信号方面，可将儿童的学业成绩、人际关系、情绪情感状态、个人行为等数据作为评估儿童学校适应情况的指标，对在某一方面或多方面出现问题的儿童，要及时将评估结果发送至相关人员（如教师、父母等），并根据儿童的具体情况针对性地提出有效的干预建议。

二、学校适应预警对象

预警是对自然灾害或重大事件进行的提前警示，会在危险即将到来时释放预警信号，帮助有关部门或者公众及时采取措施来规避风险、降低损失（欧阳光华，杜剑涛，2020）。构建预警机制的关键之处在于准确识别预警对象，找准对象才能对症下药，做到精确预警和干预。在学校生活中，部分儿童会出现适应困难的情况，如学业成绩差、同伴关系紧张等，这些可作为学校适应不良的预警信号，提醒教师、家长甚至是校领导重点关注，针对问题采取措施来改善现状。导致农村儿童出现上述问题的原因是多视角、多层面的，可从他们所处的微观环境着手，即将儿童可能会面临的重大生活事件作为预警对象。根据 Bronfenbrenner 提出的生态系统模型，可将重大生活事件分为家庭、学校、同伴和社区等层面进行阐述。

（一）家庭层面

家庭层面的重大生活事件对儿童的影响程度非同一般。依据已有研究基础和实践经验，影响农村儿童身心健康的重大家庭事件主要包括家庭不和谐、家庭变动和家庭经济困境等方面。

首先，父母婚姻冲突、父母拒绝教养、父母疏远以及父母虐待等影响家庭和谐。婚姻冲突是指夫妻之间由于意见不一致或其他原因而产生的语言争执或身体攻击（池丽萍，俞国良，2008）。处于冲突情境中的父母对子女需求的敏感度和反应性降低，有的甚至将无辜孩子牵扯进来，将其当作怒火的发泄对象，而后三者会直接摧残儿童的身心。以惩罚、责备和贬损子女为特征，甚至与孩子处于敌对状态的拒绝教养方式，会增加子女的脆弱性、分离焦虑、自卑性。父母疏远会导致儿童产生孤立感、无归属感和高社交焦虑水平。父母虐待的恶劣程度要高于上述三者，包括躯体虐待、情感虐待、忽视等，不仅能直接造成儿童身体损伤、残疾甚至死亡，还能通过恶意剥夺或长期忽视儿童基本需求，间接地危害儿童的健康成长。在最需要爱和陪伴的阶段，不恰当的父母教养方式会使子女形成不安全依恋（李真，李文秀，黄紫薇，等，2018），不利于积极亲子关系的形成，甚至可能导致儿童攻击、违纪等问题行为的产生，加剧儿童适应不良程度。

其次，父母离异、重要亲人的去世以及父母犯罪都会导致家庭变动。首先，父母离异给子女造成的创伤仅次于死亡。离婚家庭子女和完好家庭子女在心理和行为上存在明显差异，离异家庭子女会遭受更大的心理伤害，以致学习成绩下降，不良学习行为增多。父母离异导致家庭破裂，儿童得不到父母完整的爱和温暖，儿童情绪上会变得不稳定，内心脆弱、低落、易烦躁等，性格会变得自卑、孤僻等，还会导致儿童出现攻击、逃课等问题行为。其次，父/母亡故的儿童心理弹性较低。父/母亡故对未成年的农村儿童来说，是巨大的危险性因素。亲人离世、受重伤属于家庭突变事件，而家庭突变后的孩子心理波动极大，情绪极不稳定，注意力也不集中，身心健康及学业成绩很容易受到长期或阶段性的影响（梁富强，2020）。在父母过世后 3 年，仍有 10.4% 的儿童和青少年表现出强而持续的哀伤反应，这可导致儿童功能障碍和抑郁症发生的风险增高，严重时可产生自杀意念

（Melhem et al.，2011）。此外，出现父亲或母亲犯罪坐牢问题的家庭属于异常结构家庭，这种异常结构破坏了家庭的稳定性，发挥不了亲子教育功能，而且还会使子女因家庭归属感与温馨感的缺失而变得情绪不稳，产生恐惧、焦虑和冲动的情绪。

最后，城乡经济发展不平衡更容易使农村家庭陷入经济困境。党的十九大报告指出，中国经济社会发展的不平衡不充分问题，集中体现在城乡差距过大，以及农村居民收入过低。一方面，农民家庭经济困境带给家庭的直接影响是父母无法给予留守青少年足够的物质资源与精神支持，严重妨碍留守青少年身心健康发展（徐明津，杨新国，2020）。在物质方面，基本生活需求的无法保障会导致儿童生长发育不良、患病甚至死亡，而医疗、安全以及受教育权也可能因为经济拮据而无法享受；农村家长在为生计奔波忙碌时，更难注意和满足儿童的心理需求，得不到一定程度安全感、归属感的孩子会逐渐出现自卑和焦虑，从而影响成长和学习。另一方面，经济困难会促使家长外出打工贴补家用以改善现有情况，而父母外出会导致儿童身体健康状况变差（赵晓航，2017），心理上由于得不到陪伴，变得孤僻、回避社交。不仅如此，父母的外出打工行为有可能并没有激励儿童学习，反而使儿童产生"读书无用"的思想，把挣钱当作人生第一目标。

（二）学校层面

学校层面的重大事件包括学校联结低、校园氛围差、学校存在安全隐患、教师暴力行为等方面。

在学校联结方面，当学校不能满足儿童的归属感需求，也不能促进儿童与教师、同伴等建立良好关系时，学校联结较低，具体表现为儿童会感到孤独无助、得不到尊重和关爱，产生厌学念头甚至是一些极端行为。

在校园氛围方面，由于农村儿童正处于发展关键期，心理不够成熟、自我控制能力不强，易受外界因素影响。学校若是没有制定相应的规章制度和行为准则来约束与规范师生的行为，营造良好的管理氛围和班级氛围，不仅无法起到保护儿童的作用，还会助长教师教学、生活上的不作为（滥用权力对学生进行体罚管教）以及对校园内暴力、虐待事件的频发束手无策。

在校园安全方面，学校是儿童学习、生活的场所，要确保儿童的人身安全，农村学校老旧的建筑物、教学设施可能存在安全隐患，学校周边也可能存在安全风险，如不法分子以及售卖三无产品的小摊贩等，这些均能对儿童身心安全造成严重影响。

在教师暴力行为方面，诸如体罚、殴打等硬暴力或是嘲笑辱骂等软暴力行为不仅会造成儿童身体受伤，还会严重损害他们的自尊心和产生厌学情绪，甚至会造成儿童一生的阴影。

（三）同伴层面

同伴对儿童发展的作用和影响越来越大，儿童与同伴之间关系的发展能够在很大程度上影响儿童的身心健康。

首先，同伴冲突的影响难以避免。与同伴相处过程中，冲突不可避免，但若发生了过激的同伴冲突，且事后采用武力等不正确的解决方式会加剧冲突的强度，另外，在解决冲突时表现欠佳的儿童更可能被同伴拒绝，而同伴拒绝作为儿童日常生活中的一种消极事件，能显著增加儿童的攻击行为、学业违纪与孤独感。由于同伴是除父母之外最主要的"重要他人"，当儿童察觉到自己被同伴疏远或排斥时，可能会导致青少年的社交焦虑，而严重的社交焦虑又会导致青少年出现躯体变形障碍（陈云祥，邓衍鹤，刘翔平，2018）。

其次，越轨同伴交往隐患重重。越轨同伴交往也属于同伴层面的重大事件，随着与此类同伴交往的时间和强度增加，农村儿童会逐渐习得他们的言行举止，出现攻击行为甚至走上犯罪道路（宋明华，陈晨，刘燊，等，2017；臧刚顺，2012）。

最后，校园欺凌宛如"噩梦"。校园欺凌事件的影响及后果尤为恶劣，校园欺凌可分为直接欺凌（如身体上的殴打和言语嘲笑等）和间接欺凌（如故意散播谣言、离间他人等）两种形式。对遭遇欺凌事件的农村儿童来说，这不仅会造成他们身体上的伤害，更会导致他们的心理及行为出现极大偏差，长期遭受校园欺凌的儿童内心会变得敏感、抑郁甚至产生自杀念头。更有甚者会产生报复心理，反过来成为欺凌他人的实施者。

（四）社区层面

社区也是农村儿童日常生活和活动的场所，社区的风险主要表现为环境存在安全隐患以及邻里关系淡漠、邻里支持不复存在两个方面。

一个有安全保障的社区环境会给居民带来幸福感与归属感，使居民的安全感得到满足（陆明，张岩，刘晓霞，等，2019）。青少年对所生活的社区环境会更加敏感，且早期阶段的身体发育易受社区环境的影响（梁海祥，2019）。在自然环境方面，由于农村地形复杂，社区若未对滑坡、悬崖和水库等易发生事故的地点严加管控会增加农村儿童的安全风险；在治安方面，未对陌生人深入了解和防范会加大儿童的被虐待风险（如性侵害、被拐卖等）。此外，未改善社区基础设施或未普及医疗卫生服务等方面同样会造成儿童的健康风险。

根据社会支持理论，邻里支持作为一种非正式支持，它能够起到减少生活困难、治疗心理创伤以及提高社会适应能力的功效。与城市社区比较来看，农村社区在早期是以血缘关系为基础，祖祖辈辈聚居生活的地方，且村民流动比例低。社区对农村儿童来说，不仅仅是生活成长的地方，更是他们的第二个家。但在社会急剧变迁和生活节奏加快的背景下，村民的社会交往因社区变迁、居住格局的变化等在不断淡漠，导致邻里间的支持逐渐式微，不复以往的"远亲不如近邻"作用，农村儿童得不到替代的支持和情感慰藉，将加剧其遭受风险的可能性。

三、预警机制的构建

常言道，千里之堤，溃于蚁穴，大的危机通常源于容易被忽视的小细节，如果学校对农村儿童面临的风险事件缺乏敏锐洞察，不及时开展预警工作，往往会导致风险事件的影响变得更为恶劣，最终导致儿童严重适应不良，因而构建完善、全面的预警机制显得十分重要和必要。不同于以往"事后干预"的理念，本文所构建的预警机制包括"事前监控—事中干预—事后监督"三个环节，三者相辅相成，三管齐下，使得应对重大生活事件的预警机制成为一个闭环系统。具体而言，事前监控是指为获取农村儿童最新、最全面的数据信息，需要建立农村儿童学校适应的监控体系。事中干预包括：分析数据并预测，确定出现适应不良情况以及存在潜在适应不良风险的儿童；根据分析和预测结果发布预警信号；整合多方力量，基于不同儿童的实际情况，制定相应的干预策略，解决儿童的适应不良情况，并及时解除警报。事后监督是指设立学校内部监督部门以及引入政府和社会监督，确保预警流程及工作的有序和顺利开展。

（一）建立农村儿童学校适应的监控体系

数据收集是构建预警机制的首要工作和关键之处，建立农村儿童学校适应的监控体系可及时获得关于儿童的相关数据，及早发现、及时干预、有效控制和解决儿童的适应不良风险。

首先，需要组建一支分工明确、各司其职的团队，形成有利于整个监控体系有序开展的稳定组织架构。以校长为首的领导队伍组成指挥组，负责工作的整体统筹和安排；监控组，负责执行上级命令，及时、全面、准确地对农村儿童进行监控，此外，还可将与儿童校园生活密切相关的宿管、保安人员纳入队伍，并对他们进行专业培训，如此，他们便可在工作之余关注儿童情况，记录并上报。其次，监控的最终目的是获取与农村儿童息息相关的一系列数据。相比学业适应，学校适应是一个更加广泛的概念，包括学业适应、人际适应、情绪适应和行为适应等方面。因而，监控的内容不仅仅是儿童的学业成绩，还包括儿童的人际交往情况、外在情绪表达和心理健康情况以及日常行为等。最后，在监测体系建设中，校方需不断打破沟通壁垒，依托信息技术，建立覆盖范围广、准确性强的数据库，由专业人员负责数据归纳、分类及日常维护。除系统相关人员外，教师、家长等都可通过数据库，有限了解儿童的学校适应监测数据。

在具体实施中，首先应在农村儿童入学之初对其基本情况（如个人信息、家庭情况等）进行调查，并上传至数据库作为初始数据，之后专业人员可在此基础上为每个儿童建立专属档案表，实时记录、更新儿童的有关信息。其次，由于儿童正处于发展阶段，心性不稳定，其身心状态易因周围环境风险因素的增加而起伏不定，因而需要定期对农村儿童进行检测，将收集到的不同时期、不同儿童的数据及时整理、归档。

（二）构建数据分析与预测系统

预警机制构建的第二步是对数据进行分析处理并加以预测，其目的在于判断儿童所处的状态并给出相应的分析或预测结果。具体而言，首先对入学时采集的初始数据进行分析，评估农村儿童的入学状态，判断儿童周围是否存在重大生活事件，从而影响他们之后的学校适应，并以此为基础将农村儿童分为两类：一类是存在适应不良风险的儿童，后续需要对他们进行重点关注；另一类是暂未发现风险、表现正常的儿童，需要对其进行普通关注。

定期采集的数据可称为时值，将时值与数据库中已有的数据（即初始值）集成后，制作各个儿童学校适应的变化图表来观察其发展动态。一般来说，该发展动态存在两种变化形式。一是较之初始值，时值有所变化，此时需对变化的方向和风险级别进行定性和定量分析。若是朝着对儿童不利的方向发展，影响到农村儿童的学校适应，则要综合各种数据，进一步分析具体是哪一维度出现问题或是多维度的叠加风险以及评估风险的程度；若是往好的一面发展，则分析是何种因素起推动作用，可考虑将其放入后续的干预工作中。二是相较于初始值，时值并未发生变化。此种情况下需明确其中起保护作用的因素，将暂无变化儿童的数据进行汇总，寻找他们所拥有的共同特征，可考虑将这些特性作为保护性因素进行培养，解决变化儿童的适应不良问题。其次，基于适应不良的关键特征，利用大数据技术预测农村儿童适应情况的发展趋势，识别具有潜在适应问题或能恢复到初始状态的农村儿童。最后，基于分析及预测结果，建立农村儿童重点预警与待预警数据库，根据儿童所遇风险的数量、种类、级别将儿童适应不良程度分为初、中、高三级。

（三）发布预警信号

预警机制的第三步是通过多种方法将分析或预测的结果（即预警信号）及时、准确、全面地传递到相关人员手中。预警是学校基于促进儿童更好适应学校而对学生的一种教育警醒，"预警"本身带有强烈的负面倾向，易被学生视为严厉处分或责罚（欧阳光华，杜剑涛，2020），这对文化程度相对不高的农村家长而言同样如此。因此，在预警信号发布过程中，应提前给儿童和家长打好预防针——预警是以促进儿童更好适应学校、全面发展为最终目标，是一种未雨绸缪的手段。

首先，在呈现内容上，坚持分类预警、指向清晰。如针对儿童学业成绩下降作出学习预警，针对人际关系不和谐作出人际预警等。其次，在信号指标的程度方面，基于以往研究成果，将农村儿童面临的单维或多维风险等级设置为初级、中级、高级三级预警体系，级别越高则代表风险越大。当数据达到系统设立的临界点时，数据库将自动发送预警信号。初级预警信号代表农村儿童适应不良的风险较小，中级预警信号表明适应的风险比较严重，高级预警信号则表明适应风险非常严重。最后，在预警信号呈现方式上，可采取"线上＋线下"的协同模式。一方面，依托互联网技术构建一个家校互动平台。儿童、家长（或其他监护人）、教师、校领导等全部参与进来，既能打破沟通壁垒，促使家庭、学校在儿童学校适应问题上齐心协力，又可解决与外出打工家长无法线下交流的难题，因而尽可能地鼓励家长参与，针对问题及时沟通、及时解决，确保预警信号的成功发送与接收。另一方面，针对经济条件差、儿童监护人不宜出行等家庭，学校既可通过社区这一中介进行沟通交流，也可亲自上门拜访以及时将信号传递至家长手中。

（四）整合多方力量实施干预策略

在识别处于风险中的农村儿童后，有效干预是学校适应预警的重要后续环节。儿童学校适应风险来源的多样性决定了干预力量的多方性，各方力量各司其职、协调配合能有效解决儿童的适应不良风险，促进儿童健康、全面发展，为将来社会适应打下坚实基础。

农村儿童面临的风险是多维的，不同风险维度的强度或风险等级各不相同，干预策略也有所不同，在干预过程中，家庭、学校、社区和政府等都被称为干预主体，其干预对象是遭遇适应不良风险的农村儿童。第一，坚持分级干预，分工明确。其核心在于正确、合理地安排人员进行干预，做到人尽其能，物尽其用。最基础的分级干预模式为：风险等级越低，越应由儿童最熟悉和亲近的干预主体实现，随着风险等级的升高，所需要的干预主体在数量、管理能力、问题解决能力上的要求更高。如低级别的风险可由学校和家庭共同干预，中等级别的风险可将社区纳入干预主体的行列，而最高级别的风险除了上述主体外，还必须与政府协同解决农村儿童的适应不良风险。第二，坚持智能干预，精准施策。智能干预的出发点在于面对风险不一的农村儿童，能及时、有效地设计一套适应大规模群体且提供差异化干预的干预策略，解决由于工作量大而难以保证干预及时性、共同性、准确度的问题。基于互联网技术，构建涵括干预主体、农村儿童在内的干预数据库，以线上的实时沟通替代线下的口头传达，提高人员通知、分配效率，节省人力物力资源，加快干预介入的速度。

（五）坚持内部监督与外部监督双管齐下

预警机制的构建不应只停留在干预阶段，对整个预警机制流程进行监督能够查漏补缺，完善预警全流程。在内部监督方面，学校需对预警机制流程进行全方位、实时监督，检查流程执行情况，确保各部门人员、工作落实到位。同时，需要建立奖惩制度，科学完善行之有效的规章制度，能保证预警机制的有力实施和有序运营；对不遵守制度的工作人员按照失职的严重程度给予适当惩处，遵循"处罚与教育并行"的原则，以教育为主，指导他们改进工作（欧阳光华，杜剑涛，2020）。

为避免内部监督出现监督不力、监管缺失等内部监督问题，以及缺乏外部监督的情况，必须引入政府和社会的监督。首先，政府应在学校提供的预警数据资料的基础上，定期选派专人实地监督、考察，查看汇报情况是否属实，还可对校内及周边人员进行走访调查，探查真相，对瞒报、谎报、延报的学校及相关部门、人员进行处罚。此外，政府还可将学校呈现的预警数据及干预效果等信息纳入学校评估、资金投入等考量范畴，对预警效果显著的学校给予财政支持，激励各学校积极投入农村儿童学校适应风险的预警机制建设。其次，学校应主动将预警流程、预警效果等数据信息如实发布至学校网站，或是在校内外张贴海报，抑或是将其做成宣传册分发给儿童家长、社区等社会大众，并接受广大社会公众的监督与评判，以及来自政府、农村家长、社区等多方的建议。最后，内部监督与外部监督并非各自独立运作，加强内部监督和外部监督的协调配合，对强化内部监督、完善预警机制流程、促进儿童良好适应具有重要作用。

第二节　缓冲机制：培育积极心理品质

"积极心理学之父"塞利格曼（Seligman）认为，积极心理品质具有缓冲器的作用，能成为战胜心理疾病的有力武器。处境不利儿童的相关研究经过系统分析后发现，如果研究追踪到被试的成年期，至少有50%的"高危儿童"成长为成功、自信、有能力和体贴的人，这一比率甚至可接近70%（Benard，1997）。其中，个体积极心理品质有着关键的作用。国内一些研究也证实，积极心理品质具有积极功效，例如培养中小学生积极心理品质能提高其心理健康水平，与亲社会倾向关系密切，是流动儿童城市适应的助推器（龚琳涵，谭千保，2016）；与语文、数学、英语成绩及总平均成绩呈现出显著的正相关（卫萍，2016）。但是，农村儿童现代自主意识觉醒的同时，也出现过度追求物质生活等不良倾向。

简而言之，对农村儿童而言，应然结果与现实表现存在差异，这引起人们的关注与关心。《义务教育课程方案和课程标准（2022 年版）》也高度关注生命安全教育，要求学生"形成积极的心理品质，具有抗挫折能力与自我保护能力，树立生命安全与健康意识"。但是，作为处境不利的农村儿童，培养其积极心理品质并以此促进其学校适应，仍然面临诸多挑战。

一、积极心理品质的缓冲作用

（一）理论基础

一是人格特质理论。积极心理品质作为一种积极、稳定的人格特质，是个体在先天潜能和环境教育交互作用的基础上形成相对稳定的正向心理特质，这些心理特质影响或决定着个体思想、情感和行为方式的积极取向，继而为个体拥有幸福人生奠定基础。人格特质理论认为特质是决定个体行为的基本特性，是人格的有效组成元素，能够很好地解释个体差异。个体幸福与否会受到其人格特质的影响，拥有更多积极人格特质的个体能够更加积极地看待他所处的环境和经历的生活事件，以更为积极的方式应对外界变化，即倾向于以积极的方式体验生活。另外，当个体身陷风险环境时，积极心理品质能够有效缓冲和减轻风险给个体带来的压力与伤害，帮助个体更好地适应环境。

二是心理弹性作用机制。Garmezy 最早提出心理韧性作用机制的理论模型，后发展为补偿模型、预防模型和保护因子模型三种。（1）补偿模型：保护因子压制危险因子直接影响结果，保护因子和危险因子并无交互作用。（2）预防模型：认为单个危险因子会产生适度压力，这种压力水平适中时反而会增强其能力，然而一旦处于高度压力之下，能力便会下降。（3）保护因子模型：保护因子具有调节作用，它与危险因子相互作用以减轻危险因子带来的消极后果，而且保护因子的积极效应会在这种相互作用中得到强化。这三种模型的共同点是描述危险因子和保护因子之间可能存在的动力性关系（Garmezy，1985）。

三是压力缓冲假说。该理论认为个体的积极因素会缓冲压力的影响，保护个体更好地应对压力，拥有积极品质的个体无论是在低压力或高压力的环境下都适应良好。一些留守儿童之所以对生活压力具有"免疫力"，可能是因为他们拥有的某些心理资源抵消或缓冲了生活压力对心理适应的不利影响（范兴华，余思，彭佳，等，2017）。积极心理品质包含许多促进儿童健康发展的心理资源，能够在儿童面临风险时，缓冲其对儿童身心造成的不利影响，助力儿童平稳度过风险时期甚至推动他们向上发展。

四是发展资源模型。Benson 等在发展资源概念的基础上，进一步提出了发展资源模型（Benson，2002）。发展资源模型整合了外部资源（生态环境特征，包括支持、授权、规范与期望善用时间等促进青少年积极发展的外部条件）与内部资源（个人技能，包括学习投入、积极的价值观、社会能力、积极同一性四类青少年有待发展的积极品质）。其基本理论假设为：外部资源与内部资源就像是一系列动态的、相互作用的"积木"，二者共同抵抗高风险行为的发生，促进个体多种形式的积极发展。青少年具备的积极品质是能够促进其获得良好发展的内部发展资源，而且内部发展资源对青少年发展的促进作用具有"堆积效应"，即青少年具备的发展资源越多，其发展结果通常越好（常淑敏，荆建蕾，郭玲静，等，2017）。

（二）实证研究证据

尽管其牵涉到主客观的标准和个体不同的文化背景，但国内外一些积极心理学家对积极心理品质的内涵进行了深入研究。例如：塞利格曼等提出积极品质由主观幸福感、乐观、快乐和自决等构成，并认为美德和力量是个体积极品质的核心（Seligman & Csikszentmihalyi，2000）。以塞利格曼为核心的项目组将"重要优势品质"确立为 24 个积极人格特质（Park & Peterson，2008）。国内学者孟万金从个人和群体两个层面概括人的积极品质（孟万金，2008）。《中国中小学生积极心理品质量表》中的积极心理品质包括六大维度 15 项品质，即认知维度（创造力、求知力、思维与洞察力）、情感维度（真诚、执着）、人际维度（爱、友善）、公正维度（领导力、合作力）、节制维度（宽容、谦虚、持重）、超越维度（心灵触动、幽默风趣、信念希望）（官群，孟万金，2009）。

　　就不同年龄段的儿童，需要重点培养的积极品质是不同的。就小学 4～6 年级学生而言，需重点培养的品质为"创造力、求知力、思维与洞察力、真诚、领导力、宽容、谦虚、持重"，同时，还需重点培养五、六年级学生心灵触动品质（马艳云，2010）。就初中生而言，应重点培养 9 项积极心理品质：爱、信念希望、友善、谦虚、执着、创造力、真诚、宽容和领导力（张冲，2010）。一些实证研究也显示，积极心理品质有助儿童的学校适应。下面择其重点，予以佐证。

　　一是谦虚与学校适应。谦虚作为一种稳定的人格特质和积极心理品质，能在实际生活中对个体的社会适应、心理健康等方面起实质作用（谢威士，汪凤炎，2022），从而帮助个体更好地适应新环境。首先，在学习方面，谦虚是个体积极学习的动力所在。谦虚特质个体所具有的不满足、进取性等特点推动他们朝着"学无止境"的目标前进，在一定程度上保证了学习的成功。其次，谦虚特质能够帮助个体更好地维系人际关系。具体而言，谦虚特质个体较少对他人产生不良情绪（如愤怒、敌意、攻击性情绪），其稳定、积极的生活态度有利于个体发展积极的人际关系，赢得他人的积极评价，促进自身社会适应能力的发展。谦虚能够提高个体的自我控制能力（Tong et al.，2016），从而有效抑制过于积极的自我偏差（Shi et al.，2017）。最后，在心理健康方面，谦虚也能够起到积极促进作用。高谦虚特质个体拥有更高的主观幸福感水平，对日常生活的满意度更高；谦虚能够缓冲生活压力事件对自身幸福感的不利影响，缓解焦虑等负面情绪，有效降低个体的抑郁倾向。

　　二是自我控制与学校适应。在儿童适应学校过程中，自我控制是如何影响儿童的学校适应呢？首先，在儿童学业成绩方面，自我控制不仅能直接影响儿童的学业成就，还能通过自己设定的学业目标和健康的心理状态间接影响学业成绩（周迎楠，毕重增，2017）。即高自控儿童能够认真计划、执行学业目标，高效利用时间，以积极健康的心态进行学习并取得良好的学业成绩。其次，在学习倦怠方面，自我控制能力强的个体会表现出更高的自尊和更强的自信心，而自尊水平高的儿童能够通过提升自我控制能力来促进自主学习。当个体自我控制能力下降时，则易出现学业倦怠问题（王云燕，黄嘉鑫，董开莎，2023）。在人际交往方面，高自我控制者善于调节和管理自己的情绪，能在生活中做到与他人和谐相处；反之低自控者因不能有效控制焦虑、抑郁等不良情绪，从而出现人际适应困难。最后，自我控制可直接负向预测攻击行为，也可作为自尊和攻击行为相互作用中的完全中介对后者起预测作用（黄曼，史滋福，刘妹，2013）。低自控者在遇到挫折时，难以保持理性情绪，无法有效控制自己的行为进而表现出攻击行为。

三是心理韧性与学校适应。心理韧性作为一种保护性因素，可直接减轻压力导致的心理困扰，促进个体适应。在学习方面，心理韧性与学习投入呈正相关，即高心理韧性个体能积极应对学习困难，更好地投入学习，心理韧性还能作为良好班级氛围与学习投入的中介，促进个体的学习投入（张微，尹丽，肖超娣，等，2022）；心理韧性还能显著负向预测学习倦怠，即心理韧性能力高的个体会克服其学习倦怠，不断保持学习动力和兴趣，促进他们的学习适应（赵冬梅，石孝琼，王清云，2019）。在心理健康方面，心理韧性与孤独、抑郁呈负相关，同时它还能作为调节机制来增强社会支持对抑郁和孤独的影响，并减轻儿童由生活重大事件引发的痛苦或压力感，保护儿童心理健康。在攻击行为方面，心理韧性与攻击性呈负相关。在儿童时期经历过心理虐待的个体可能会产生习得性无助的负性状态，在之后的生活中容易采取消极的应对方式，且抗挫折能力差，心理韧性水平低，易发生攻击行为。在问题行为方面，家庭方面的重大事件如父母婚姻冲突能够负向影响儿童的问题行为，而心理韧性能够在这两者间起调节作用，即具有高心理韧性的儿童能够缓冲父母婚姻冲突对儿童行为问题的不良影响（刘晓洁，李燕，2022）。

四是希望与学校适应。希望作为一种个体面对风险的保护性因素，能够使儿童保持乐观、快乐的积极情绪，帮助儿童直面风险，并对未来发展充满信心。首先，希望有助个体的学业成绩提升，减少学习倦怠。在学习遇到困难时，高希望感儿童比低希望感儿童更能制定明确的成就目标，尝试更多的方法，学习倦怠水平更低，也具备获取优异成绩的内在动机。其次，希望特质作为一种积极心理品质，对儿童心理健康具有正向影响。高希望感个体不仅在生理上有更强的免疫系统，还能够积极面对和处理各种问题，抑郁、焦虑水平更低，心理健康状况较好。即使身处的环境较为恶劣，高希望感水平的农村儿童仍能对生活和自己的未来充满信心。此外，希望能够对儿童期遭受虐待的个体起保护作用，并缓解暴力事件等对个体造成的不良影响。

五是逆境信念与学校适应。逆境信念对个体的积极适应而言具有重要的保护作用。在学习方面，家庭经济压力不仅直接负向预测学业成就，还会通过父母婚姻冲突、消极教养等影响儿童学业（Duncan et al.，2015），而积极逆境信念个体能够缓冲这种不利影响，对家庭经济困难的青少年起保护作用，高逆境信念个体越倾向于乐观主义，正性情感体验多，体验到的幸福感水平也越高（余欣欣，秦忠梅，2020）。从儿童自身看，逆境信念与个体的主观幸福感、诚信感、心理健康、积极情绪的关系密切；它能够对个体发展起促进作用，而对儿童的游戏成瘾问题、孤独感、消极情绪甚至是自杀意念起保护作用（杨邦林，黄瑾，2020）。此外，逆境信念与积极社会适应呈正相关（张雪，滕宇宣，王民，等，2021），逆境信念能够帮助留守儿童在所处逆境中理解自己，选择合适的应对方式，缓冲不利环境带给自己的负面影响，达到对逆境的积极适应。

（三）现实案例

案例1：钱艳红——"篮球女孩"蜕变成"水中飞鱼"。钱艳红4岁那年不幸被大货车卷入车底导致双腿截肢。爷爷为了能让钱艳红继续上学和"行走"，将旧篮球切开，往里塞满棉花，套在钱艳红身下，另外还为其特制了一对"木手垫"作为支撑帮助"行走"，"篮球女孩"从此进入人们的视野。钱艳红的境遇受到了广大人民的关注和帮助，即使失去双腿，她也并没有因此放弃自己。身残志坚的钱艳红在11岁那年加入了云南省残疾人游泳队，双腿的残缺会影响速度，给她的训练带来了难以言说的挑战，但钱艳红抓住一切机会训练。训练劳累时也会偷偷在水里流泪。最后，克服各种困难，钱艳红在全国性比赛中共取得了1金13银6铜的惊人成绩，在美国公开赛中拿下三枚金牌，在2016年的里约残奥会上获得了女子100米蛙泳比赛第九名，"篮球女孩"涅槃重生蜕变成"水中飞鱼"！钱艳红身处逆境却不安于现状，通过自己的努力付出，用自己的亲身经历反馈给社会正能量，鼓舞着在逆境中徘徊的人们走出困境。如今的她，在云南曲靖陆良县残联工作，她说，残疾并不等于残废，希望能够凭借自己的力量帮助残疾人做点实事，希望更多残疾人朋友能够重燃生活的勇气！钱艳红的经历展现了心理弹性的作用机制，车祸作为一种危险性因素，阻碍了钱艳红的正常身心发展，而保护性因素减轻了逆境对个体的消极影响，并未让钱艳红就此消沉，而是推动钱艳红不断追求自我实现，增加其成功适应的可能性，促使个体复原力发展。

案例2：孙莹——"病情不乐观我乐观"。孙莹在2015年的高考体检中，被查出患有难治性霍奇金淋巴瘤，这是一种恶性肿瘤。之后的她，以专业课第一的成绩顺利被河南师范大学美术专业录取，由此，孙莹的大学生活开始与癌症相伴。在孙莹与癌症抗争的同时，其父亲也患有肺癌，为了将金钱留给女儿治病，孙父悄悄放弃治疗，于2015年年底去世。父亲离世所带来的巨大变故，并没有压垮孙莹，为了母亲以及这个家，孙莹选择了努力治疗，从2015年到毕业，抗癌路一走就是6年（中间由于复发休学了两年）。在这期间，孙莹经历了五十多次的化疗、二十多次放疗，还有五次复发，每天都忍受着治疗所带来的巨大痛苦。但坚强乐观的孙莹并没有因此被打倒，相反，她坚持用自己所学将自己的亲身经历画出来，不仅是对自己抗癌经历的记录，更是通过这种方式激励着更多深受癌症折磨的人们，向他们传递正能量，支撑着他们继续抗争下去。2021年，孙莹顺利毕业，其为了纪念已故父亲的作品《童年的味道》被学校收藏。乐观是一种相对稳定的积极心理品质，是指个体对积极结果的期望，具有高乐观的个体大多在追求和实现目标以及处理困难时展现出这种积极期望。乐观能帮助个体从危机中发现益处，保持和恢复个体对生命目的和价值的希望。患病后的孙莹，不仅积极乐观地进行治疗和抗争，还同时多次用"生活以痛吻我，而我报之以歌"这句话来激励自己勇敢前行，更希望自己能有机会照顾妈妈，能有机会成为一名教师，将所学回报给社会。

案例3：董丽娜——别把梦想逼上绝路。董丽娜从小患有先天性眼病，并在10岁时彻底失去了光明，从小上的是盲聋学校。失明后，董丽娜虽抱怨过命运的不公，但依旧热爱生活，珍惜学习机会。在校期间董丽娜学习成绩非常好，很喜欢音乐和朗读。可身体上带来的不便，父母最终还是让初中毕业的她学习按摩。尽管身边人都告诉董丽娜，按摩是她今后谋生的唯一出路，但她却不想自己的人生就这么按照既定的轨迹平庸度过，她时时都在工作中寻找能继续受教育的机会。2006年，董丽娜获得了某机构提供的免费播音培训机会，并成为了一名网上播音员。之后，董丽娜以高分获得"普通话一级甲等"证书，并顺利得到了中央人民广播电台工作。后来，董丽娜还取得了"夏青杯"二等奖。在前进的同时，董丽娜感恩过去帮助她的人，不仅积极投身视障青少年的教育工作，还会组织志愿者为盲人朋友录制有声书籍、组织助残培训、帮助几百名视觉障碍青少年学习专业知识与技能。此外，董丽娜不服输、不认命的精神还促使她不断创造人生先例。一是当她想报名自考时，却被自考办工作人员告知，"不允许视障人士参加自学考试"，原因是"没有先例"。之后董丽娜一次次与北京教育考试院反复沟通，希望对方能解除"盲人不得参加自考"的禁令。最终，董丽娜与其他视障人士获得了自考机会。二是董丽娜于2020年被中国传媒大学播音主持艺术专业录取为研究生，获得了继续深造的机会，并于2023年毕业，成为了我国首位视障播音硕士。董丽娜对梦想的执着追求与不懈努力让人为之感动，即使人生被关上了一扇门，但董丽娜不服输、不放弃的精神让她突破命运束缚，从普通按摩师变成了央广金牌主持人。

二、积极心理品质"缓冲"的内在机制

积极心理品质水平较高的个体对事物持有一种更加积极的态度，人们通过形成一种积极态度推动自身良好适应，即积极心理品质通过认知、情感和行为缓冲风险带来的不利影响，促进个体身心健康发展。

（一）认知层面：积极的归因方式

认知是指个体关于事物所持有的知识和信念。同一件事物，积极个体比消极个体能更多地从积极角度进行思考，从而扭转悲观的局面，正如谚语"塞翁失马焉知非福"，因而积极心理品质水平较高的个体有较高积极认知能力。那么积极心理品质是如何促进个体的积极认知呢？一般认为，积极心理品质能够通过合理的归因方式改善个体的认知结果，从而促进其身心健康发展。

归因方式简单来说是指个体如何解释正性或负性生活事件的产生原因，可分为积极归因方式和消极归因方式。积极归因方式是指将负性事件归为

外部的、不稳定的、特定的因素,对正性事件则倾向归因于内部的、稳定的、普遍的因素;消极归因方式则恰恰相反,倾向于将负性事件归因于内部的、稳定的、普遍的因素,而将正性事件归因于外部的、不稳定的、特定的因素。不同的归因倾向会导致不同的结果,与消极归因相比,积极归因能够使个体对自己和他人产生一种积极的认识和评价以及更多的正性情感,由此能够体验到更高的生活满意度和更少的消极情绪(金琳,张大均,朱政光,等,2021)。

积极心理品质水平较高的个体能对问题作出理性归因,并以一种积极的态度解决问题。乐观人格作为一种积极心理品质,可帮助个体从中获得对消极经历(不良行为、逆境事件)的积极解释归因,对维护个体身心健康有重要价值(张珊珊,刘致宏,2022)。高乐观个体具有积极归因倾向,认为失败是暂时的、可逆转的,并且对成功抱有热切期待。另外,相较于低自尊个体,高自尊者对自身持有积极态度,面对失败时会采取防御策略,即会将正性事件归因于内部而将负性事件归因于外部,将注意力转向自身的其他优点。因此,积极心理品质能够促使个体形成积极归因方式,消除歧视归因倾向,从而使个体产生幸福等积极情绪,反过来也能促进积极心理品质的形成(龚琳涵,谭千保,2016)。

(二)情绪层面:积极的情绪

积极情绪是一种愉悦的个体主观体验,当外界事物满足了个体的自我需求时,这种积极体验便会产生,而且这种体验还能反向促进个体成长、推动个体主动向前。积极情绪的拓展—建构理论认为,积极情绪能够调动个体的思维及行动资源,让个体认知更为灵活,从而衍生出多种可能的行为方案;且随着拓展过程的不断深入,个体能够持续不断地累积个人可用资源(如生理、心理资源等),增强对抗未来风险及挑战的能力,最终促使个体获得更高层次的幸福感。拥有积极情绪的个体对外界刺激的反应方式将围绕"积极"二字出发,即激发自身潜能应对困难与挫折,促进个体身心适应和健康发展。

积极心理品质与积极情绪之间相辅相成。一方面,积极心理品质本身便能影响个体的情绪。缺乏积极心理品质的个体,其情绪状态稳定性更差,更容易产生被冒犯的感觉,从而在生活中会表现出更强的攻击性,且对当下的状况难以感到满足；相反，具有积极心理品质的个体，其情绪稳定性更强，面对相似生活事件时更能以积极角度去看待，从而更易产生满足感，也更容易体会到幸福。另一方面，积极心理品质能够促进个体积极情绪的发展。积极心理品质的培育过程能有效地消除个体的消极情绪，改善心理健康状态，进一步激发个体潜能，提升个人自我幸福感。

（三）行为层面：人际互动与应对方式

积极心理品质在改变个体对事物认知及促进积极情绪的发展后，最终会落实到行为实施上。行为是指个体所采取的行动或者行为倾向，具体表现在人际互动和应对方式两个方面。

在人际互动方面：良好的人际关系能够满足个体的关系需求，能给予个体应对风险事件的支持和帮助，且能增加个体的自我接纳感，提升自尊，使个体对未来充满希望，最终促进个体良好的社会适应（甄瑞，李璐，周宵，2021）。具备多种积极心理品质的儿童更善于与他人建立良性的人际关系，从而促进自身的社会文化适应。具体而言，拥有热情、勇敢等积极心理品质的个体会向他人释放出善意的信号、展露自身特性、营造融洽的交往氛围，也会积极主动地搭建关系桥梁，从而更容易获得同伴认可、与他人建立友好关系，最终获得群体认同感和归属感。另外，具备积极心理品质的个体也更易接受和认可同伴，能及时地满足同伴需求，并且尽可能地给予他人充分的情感支持和鼓励，从而进一步巩固同伴关系。

在应对方式上：应对方式是指个体为缓解压力所带来的负面影响而做出的认知和行为过程，可分为积极应对方式和消极应对方式两种。采取积极应对方式的个体会主动寻求资源、制定策略以促进问题解决；而采取低消极应对方式的个体更倾向于使用逃避策略，如"眼不见为净"来否认问题的存在等。消极应对方式通常会造成个体负面情绪困扰问题（如焦虑、抑郁等），而积极应对方式能够有效缓解精神紧张和焦虑。心理健康的素质—应激模型指出，个体的积极应对方式能够削弱或缓冲创伤事件对心理健康发展带来的不利影响（赵冬梅，王婷，吴坤英，等，2019），帮助个体获得适应性发展。高内控个体认为自己对压力情境具有控制感，相信通过自己的努力能够改变困境并决定事件结果，因而他们更倾向于采取积极主动的方式应对压力事件。乐观个体更喜欢使用以问题为导向的应对策略而非回避策略。

三、积极心理品质的培育策略

（一）家庭如何做

一是提供充分精神支持。对生理、心理处于成长关键期的青少年来说，仅有物质支持远远不够，更重要的是提供精神支持和慰藉。一方面，父母的存在是农村儿童的"精神支柱"，能在无形中守护儿童脆弱的心灵、给予他们抵抗风险的力量，促进农村儿童身心的健康发展。因而，父母需要树立第一责任人的养育观念，满足儿童物质需要的同时，尽可能亲自参与到孩子成长中去，给予充分的情感关爱和精神慰藉。另一方面，当农村父母迫于现实条件无法亲自陪伴时，可利用网络方便、快捷地参与到儿童的学习和生活中去，填补相隔万里的交流空白。具体而言，可每周定时与子女、长辈及老师进行线上交流，不仅能及时获取孩子学习、生活的一手信息，也能让子女感到自己被关注和重视。另外，沟通的内容不应局限于学习，而应充分融入孩子的生活甚至内心，学会倾听和信任，做子女的"解惑人"和人生道路的"引路人"。

二是尊重子女自我期望。"望子成龙，望女成凤"的思想观念依旧存在于现代社会中，过重的父母教育期望寄托在农村儿童身上反而成为其枷锁，束缚着青少年的自由成长，不利于个体身心健康发展及良好的学校、社会适应。因而，农村父母在摒弃旧俗的同时，应秉持尊重原则，更加关注子女的内在需求，增进与孩子的沟通和交流，尽量与子女自我期望保持同向行驶。

三是聚焦问题解决而非执着于问题来源。儿童成长道路上并非一帆风顺，而是充满着各种问题和艰难险阻。一方面，父母可担当助手职责，协助儿童思索更多解决方案，陪伴儿童自主解决问题，此举既能提升儿童的自尊心，也能促进亲子关系的发展。另一方面，引导儿童学会积极归因。青春期仍属于身心发展的不稳定阶段，父母应教导儿童学会合理归因（如将成功归因于自身，将失败归因于外部因素），进而逐渐形成积极归因方式，指导子女正确面对挫折与压力，潜移默化地激发出孩子面对困难的勇气与潜力，并增强他们对未来生活的希望和信念。

四是善用积极教养方式。积极教养方式是指父母在高度关爱子女的同时，也会对他们提出适度要求，引导儿童自主探索的同时也会给予一定的物质和精神支持（Bahrami et al.，2018）。积极教养方式有利于青少年心理复原力的发展和社会适应，促进儿童学业成绩发展，降低个体抑郁的可能性，因此对其心理健康具有保护作用（李佩，李新影，2022）。父母坚毅力品质还能通过关爱形式传递给子女，促进孩子积极心理品质的发展（李婷，张又文，李玥漪，等，2022）。父母需要以"成长型思维"看待子女，可概括为发展角度和积极角度。从发展角度来看，农村家长需从长远角度看待子女的成长，即他们的智力、行为、情绪等呈螺旋形向上发展，存在足够的提升空间；发展还体现了积极教养方式的前瞻性，即越早采取积极教养，借用天然的环境优势，促使儿童能将所学转化为习惯，进而有效预防问题行为的产生，促进个体健康成长。从积极角度来看，农村父母应更加注重子女的优势所在而非不足或缺陷，转换思路发现孩子的内在资源，发展孩子另一种新的人生可能。

（二）学校如何做

一是强化安全校园营造。学校是农村儿童接受教育的主阵地，打造平安校园、保障学生安全是校方义不容辞的责任。首先，需要加强领导队伍建设、明确岗位职责；着力完善规章制度，严格落实各项规章制度，以保障学生安全为行动准则，严厉惩罚"在其位不谋其政"行为。其次，深化校园安全管理，安排专人对校内各种设施以及学校周边区域进行定期排查，及时发现和消除安全隐患；食品安全也是防护过程中的重中之重，学生出现食物中毒的新闻屡见不鲜，需要把好"进口关"，确保饮食健康与合理。最后，校园欺凌是学校和教师无法回避且必须解决的现实问题，学校需要制定校园欺凌治理方案，对欺凌采取"零容忍"政策。例如，在校园内建立有关校园欺凌的宣传、沟通和上报机制，并对家长和学生进行反欺凌的教育和培训，保障学生身心安全；还需成立校园欺凌防治组织，高度重视欺凌事件，发现后立刻着手调查并及时采取干预措施，按照情节严重程度进行相应的处罚。

二是强化智育、心育融合。《全面加强和改进新时代学生心理健康工作专项行动计划（2023—2025年）》强调"以智慧心"，要求教师要注重学习掌握心理学知识,在学科教学中注重维护学生心理健康,既教书,又育人。首先,教师需要帮助学生挖掘自身的优点。教师可以通过竞赛活动、集体活动给学生自我表现的机会,并适时对学生的表现给予肯定,赞扬其优良品质,使其意识到自己身上的闪光点,并能在以后的学习生活中不断地强化自身优点,形成优良的行为习惯。其次,课程中全面渗透心理健康教育。包括学科课程的渗透和活动课程的渗透。在学科课程中,可以通过建立学科教学研究小组,充分发掘利用学科教材的内涵,在原有教材内容基础之上,根据学科特点和教育对象进行适当增补调整,加强各学科的教学质量,在提高学生文化素养的同时优化人格发展的空间,为学生的个性发展提供有利条件;在活动课程中,提供丰富多彩的课外活动,为学生走向社会、开阔视野提供机会和渠道。最后,提高学生自我应对心理困扰的能力。当学生因为生活事件产生心理问题和情绪困扰时,引导学生学会用恰当的方法宣泄自己的情感,消除紧张焦虑情绪,调节自己的心理,保持心理健康发展。

三是强化支持机制构建。教师在教育教学中承担着"传道、授业、解惑"的重任,是对青少年具有积极影响的重要他人,教师的一言一行对农村儿童的发展至关重要。首先,教师需要对学生的良好行为给予肯定,鼓励其奋发向上,从而激发儿童的积极情绪,使其产生积极自我评价和较强的学习动机,从而对学习投入更多精力。但教师对学生的鼓励还要遵循因人而异、因材施教的规律:对优秀学生的鼓励贵在"精",指出努力方向,提出更高的要求;鼓励中等学生要做到"业精于勤",积极鼓励他们向更高的目标迈进;鼓励后进学生要做到"精诚所至,金石为开",作为教师要善于发现他们的闪光点,及时捕捉最佳的教育良机,诚恳地赞赏他们的点滴进步。其次,提供精神慰藉,做到真正关心、尊重、理解和信任学生,例如以学生为主体,及时发现儿童异常情况;尊重学生主体地位,促进平等的双向交流;转换思考角度,从学生视角出发理解学生言行;以不偏不倚、一视同仁的态度对待所有学生,放下成见,以信任之心待之、视之、引导之。最后,教师作为教育传播者更应担起言传身教的重任,严格规范自身言行,为学生做好榜样示范作用,于潜移默化中培养学生的积极品质。

（三）社区如何做

一是打造安全社区环境。农村大多地势险峻，发生意外事件的可能性较大，加上交通相对不便，难以得到及时、有效救治，严重危害儿童身体健康。因而，社区要加大对易发生事故地点的重点勘查，对处理难度较大或者不能处理的陡崖等地应加装防护栏，同时对各险地设立安全警示牌，位置、大小、数量等都要根据实际情况进行安排，尽最大可能性保障儿童安全。同时，农村相对来说人口稀少，为减少儿童被拐卖等事件，社区应加大人手及巡查力度，对社区定时定点进行安全巡逻，对于外地人员来访，需要多观察、多了解、多注意，最大限度保证村民安全。最后，改善社区的基础设施，如增加活动广场，还可建立报警、急救电话站，给村民及儿童的生活带来便利的同时，也能及时排除危险。此外，普及医疗卫生服务，如建设卫生室等，以期降低农村儿童健康风险。

二是加强邻里联结与支持。村委会作为距离最近、接触最多的社会组织，在村民中仍然具有较大组织力和威信，村委会要善于利用这种力量将村民们再次紧密联系起来。在村中大力弘扬中华传统，宣传互帮互助、诚信友爱的传统习俗，将中华美德传播到每位村民心中，促进村民走出关系改善的第一步。鼓励村民自发组建关爱组织，对村中的孤寡老人和留守儿童进行慰问和照顾，帮助弱势群体的同时也增强了邻里之间的交往和联系，有助于构建积极的邻里氛围，增强邻里互助。改善邻里关系也可借鉴改善同伴关系的策略，随着社会变革，邻里之间的走动不复以往频繁，村委会可多开展合作互助活动、文娱活动，从而增加邻里见面次数、时间，加强交往密度，增进邻里感情，恢复以往的"远亲不如近邻"作用。

（四）同伴如何做

一是促进同伴关系正向发展。同伴关系是一种不可替代的平等人际关系，在个体社会化过程中有着举足轻重的地位。群体社会化理论指出同伴群体对儿童社会化起重要作用。因此要促进同伴关系的顺利建立和良好发展，需要多方外力的有效配合。首先，学校和社区可开展小组活动，创造交往情境，提高儿童与同伴的接触频率，拉近彼此的距离，加深双方的理解和认同程度。其次，提高个体社交互动能力，于言语交流和行动间促进双方情感表达，促进个体理解他人、合作互助等能力的发展，从互动中感受对方，从而促进同伴关系的正向积极发展（江波，何雯欣，2019）。

二是引导儿童正确交往。青春期个体正经历着生理与心理的快速发展，具有快速融入群体、获得他人认同和群体归属感的迫切需求，如此急切的心态易导致儿童误入不良群体。因而，首先，学校需营造积极向上的校园氛围，弘扬主旋律，传播正能量，大力宣传社会主义核心价值观，让儿童在良好的校园氛围中成长，感受到关爱和归属感。其次，还可在学生群体中挖掘学习榜样，发挥榜样人物的示范和引领作用，鼓励儿童以此为前进目标成为下一个标兵。最后，学校要加大对越轨群体的治理和感化，对他们开展思想教育工作，向他们传播积极正向的主流文化，力求使越轨儿童迷途知返。

第三节 长效机制：构建多元支持体系

重视儿童学校适应问题，提高其社会适应能力，才能真正促使他们更好地融入当地的生活。建立社会支持系统是促进儿童学校适应的长效机制。社会支持作用机制的主效应模型和缓冲器模型表示个体社会支持的增加有益于促进个体健康状况，缓冲压力环境对个体身心健康的消极影响。国内外学者重视多元社会支持视角对儿童风险事件进行干预。例如，以"以政府支持为引领者、以学校支持为主推者、以家庭支持为辅助者、以社区支持为衔接者"的支持体系结构框架（赵磊磊，柳欣源，李凯，2019）；学校管理者和教师要致力于推进家校合作，加强与社区的联系、与社会的健康互动，教师要重视构建"学生发展共同体"，对高风险儿童进行风险干预（Quach et al.，2017）；等等。

习近平总书记在全国教育大会上指出，"办好教育事业，家庭、学校、政府、社会都有责任。家庭是人生的第一所学校，家长是孩子的第一任老师，要给孩子讲好'人生第一课'，帮助扣好人生第一粒扣子。"社会支持一方面可直接影响农村留守儿童的社会适应水平，另一方面可间接通过自尊进而影响农村留守儿童的社会适应水平（黄辉，陈捷，王岐富，2022）；留守儿童在拥有更多的社会支持的情况下，可保持良好的身心健康，并有利于留守儿童改善和保持良好的社会协调状态（谢朝阳，杨灿，李宇琪，等，2023）。然而，农村留守儿童社会支持水平低于非留守儿童，地方政府在家庭慰问、教育慰问和指导、政策及举措的宣传方面尚存欠缺，学校在学生问题上的协助解决力度不足，社区在设施建设、生活扶助等方面存在较多不足，这些均会影响农村儿童的学校适应（赵磊磊，柳欣源，李凯，2019）。

图 6 - 1　多元社会支持系统图

有研究者认为，基于美国心理学家 Bronfenbrenner 的生态系统理论中关于多层嵌套环境对儿童青少年发展的影响，有必要构建家庭微支持系统、学校中间支持系统、社会外层支持系统的网络体系，以此来促进农村儿童更好地适应学校生活（谭千保，2016）。（见图 6 - 1）

一、亲子关系为核心的家庭微支持系统

第十四届全国政协副主席、民进中央常务副主席朱永新曾说，"在所有的问题儿童身上，都可找到他们家庭的原因""家庭教育才是我们整个教育链的基础的基础，关键的关键"。家庭是农村儿童生活的微环境，以良好亲子关系为核心的家庭支持系统是促进农村儿童适应学校生活的主要支撑。家庭支持系统通常提供结构、经济、情感、人际等支持，以此帮助农村儿童更好地适应学校生活，获得成功的学习经历。

（一）结构支持

结构支持关注的是家庭中提供的组织和结构化的支持。例如，制定规则和家庭价值观、提供清晰的家庭角色和责任分工、建立明确的沟通渠道等。农村儿童的父母可通过以下方式来帮助实施家庭结构支持。

一是建立日常规划。制订每日的活动计划，确保孩子有足够的时间用于学习、休息和娱乐。这种规划可帮助他们建立良好的时间管理能力，更好地适应学校生活。二是与学校保持联系。与孩子的老师和学校保持紧密的沟通，了解孩子的学习进展和需要。参加家长会、定期与老师交流可帮助农村儿童父母更好地支持孩子的学校适应过程。三是倾听孩子的感受和需求。给予他们关爱和理解，鼓励他们表达情感，并提供积极的回应和支持。四是培养独立性。鼓励孩子自主完成一些日常事务，如自己整理书包、准备午餐、种植农作物等。这有助于他们培养独立性和自理能力，适应学校的自主学习环境。五是建立良好的沟通渠道。与孩子保持开放、良好的沟通，让他们知道可随时向家长寻求帮助和支持。例如 2023 年由省妇女儿童活动中心联合湖南恩庆家政服务中心、长沙市心家园公益服务中心举办的"湘遇爱·同成长"家长公益课堂首次进乡村，来到湘西自治州永顺县高峰村，把家庭教育文化服务送到村民家门口。课堂上，心家园两位心理老师分别以"情绪管理"和"智慧沟通"为主题，用通俗易懂的语言、生动有趣的案例为家长们讲述亲子沟通技巧，唤醒家长对家庭教育的关注与重视，帮助更多农村家庭树立正确的家庭教育意识，学习正确的教育方法，构建正确的亲子关系和家庭关系。在沟通过程中父母要积极倾听孩子的想法和困扰，并提供恰当的指导和建议。尤其是留守儿童的父母，需要时常通过手机等电子设备与孩子建立稳定良好的沟通。

（二）经济支持

经济支持是指在家庭中提供金钱和物质资源的支持。这包括父母赡养子女、提供衣食住行的基本需求，以及帮助子女支付教育费用、医疗费用等。农村父母可采取以下方法来为农村儿童提供经济物质支持。

一是教育储蓄。父母可从孩子出生时开始进行教育储蓄，例如"农村 e 家庭教育储蓄"定期存入一定金额的资金，用于支付孩子的学费、书籍、课外活动等费用。二是申请奖学金和助学金。积极帮助孩子申请各类奖学金和助学金，包括政府资助、民间机构提供的奖学金等。例如湖南省郴州市苏仙区 2022 年"蓝天助学"项目助学金发放仪式在苏仙区荷叶坪学校举行，此次活动为 53 名困境学生发放了助学金。这些资金可减轻家庭的经济压力，并帮助孩子获得更好的学习资源。三是找工作或创业。如果条件允许，父母可考虑在家门口或周边地区找工作或创业，增加家庭收入。这样可提供更多的家庭经济支持，确保孩子能够有良好的学习条件和资源。四是农产品销售与增值。农村家庭可考虑将自家农产品进行加工、销售或者进行初级加工，增加产品附加值，提高收入水平。直播卖货助农销售等方式可有效利用农村资源，为孩子提供更好的学习条件。五是社会帮扶和资源整合。父母可积极与当地社会组织、学校、政府部门等联系，争取到更多的教育资源和社会帮助。这些组织可能会提供志愿者支持、教育培训等资源，为农村儿童提供更好的学习机会。通过积极采取这些措施，农村父母可为农村儿童提供更好的经济物质支持，帮助他们达到良好的学校适应。

（三）情感支持

家庭成员之间的情感支持是建立健康家庭关系的基础。这种支持包括互相倾听、理解和尊重，以及提供安慰、鼓励和愿意分享喜怒哀乐的支持。与农村儿童建立亲密的亲子关系是提供情感支持的基础。农村儿童父母可花时间与孩子进行沟通、交流，关心他们的感受和需求，让孩子感受到家庭的温暖和支持。

一是鼓励自信心。农村儿童常常会与城市孩子进行比较，这种比较可能使他们产生焦虑和不自信。他们可能觉得自己在学业、外貌、生活条件等方面与城市孩子存在差距，从而降低了自信心。父母可鼓励孩子相信自己的能力，并给予积极的鼓励和支持。通过肯定孩子的成就和努力，帮助他们建立自信心，迎接学校环境的挑战和压力。二是提供安全感。在孩子离开家庭进入学校环境后，可能会感到不安和焦虑。父母可通过提供稳定的家庭环境，关心孩子的日常生活和学习情况，给予他们安全感和支持。三是充分尊重孩子的意见和选择。尊重孩子的意见和选择，让他们参与决策过程。父母可与孩子一起商讨学习和生活的安排，给予他们决策的权利和责任感，增强他们的自主性和参与感。四是培养解决问题的能力。帮助孩子培养解决问题的能力，教导他们面对困难时如何寻找解决方案。父母可以身作则，给予实际的指导和帮助，让孩子学会独立思考和解决问题，提升他们应对困难与挑战的能力。五是积极参与学校活动。父母可积极参与学校的活动，例如家长会、学校志愿者活动等，与学校、老师和其他家长建立良好的合作关系，为孩子提供更多的支持和机会。

（四）人际支持

人际支持涉及家庭成员之间的社交互动和支持。这包括鼓励家庭成员培养积极的社交关系，支持彼此参与社区活动和建立社交网络，以及提供社交技巧和沟通能力的培养机会等。农村儿童父母可教授孩子一些基本的社交技能，例如与人交流、合作、分享和倾听。通过角色扮演和模拟情境等方式，让孩子学会与同学、老师和其他人建立良好的人际关系。一是鼓励参加群体活动。鼓励孩子积极参与学校和社区的群体活动，例如班级集体活动、运动队、社团组织等。这有助于孩子与同龄人建立联系，增加彼此间的交流和互动机会。二是促进家校合作。家长需要与学校保持紧密的联系，积极参与家校合作；与老师和其他家长建立良好的沟通渠道，了解孩子在学校中的表现和需求，并与学校共同协作，提供适当的支持和指导。三是提供支持网络。帮助孩子建立支持网络，包括与同学、朋友和邻居建立良好的关系。父母可鼓励孩子外出参加社交活动，参与社区志愿者工作等，拓宽农村儿童的交际圈子。四是培养友善和包容的价值观。教导孩子友善、宽容和尊重他人的价值观，让他们成为乐于助人的人。父母可以身作则，关心他人、帮助他人，并与孩子分享这种价值观的重要性，帮助他们建立良好的人际关系。五是鼓励解决冲突和处理挫折。教导孩子如何与他人解决冲突和处理挫折，培养他们解决问题的能力。父母可提供适当的指导和支持，教导孩子沟通、妥协和寻求妥善解决问题的方法。通过以上方法，农村父母可给农村儿童提供人际支持，帮助他们适应学校环境，并促进他们良好学校适应的发展。同时，父母也需要时刻关注孩子的情绪和需求，给予适当的支持和关爱。

从更加微观的角度来看，一些生活琐事或重大事件会导致父母与孩子之间的巨大分歧，引发亲子间毫无预警的、情绪化的冲突。对如何减少这类突如其来的冲突，需要找出解决冲突的方案。美国著名的儿童行为研究专家拉塞尔·A. 巴克利和阿瑟·L. 罗宾等曾在《十步搞定叛逆青少年：重建良好亲子关系》中给出了一个可借鉴的方案：第一，父母回顾冲突情况的类型，是什么样的情形让人失控，哪些问题令人敏感棘手；第二，通过问题解决找出其他的应对方式来避免失控，例如采用"停止"应对法或情绪平复应对法；第三，通过角色扮演，模拟已发现的冲突危机，并尝试使用前面的应对方式；第四，敏锐地侦查和分析新出现的问题（Barkley et al.，2011）。

二、师生关系、同伴关系为核心的学校中间支持系统

学校是农村儿童生活的中间系统，以良好的师生关系与同伴关系为核心的学校支持系统对提高农村儿童学校适应性有着重要的意义。

（一）以教师支持为基础构建师生关系

美国国家教师菲利普·比格勒在《美国最优秀教师的自白》一书中写道："优秀教师让人充满希望，让人相信有一千个拥抱生活的理由。"学生通常所察觉到的教师支持可分为两种，即工具性支持与情感性支持。作为农村儿童学校生活的重要参与者，教师可从以上两种支持着手构建良好的师生关系。

一是工具性支持。即教师提供的实质性、实用性的支持，旨在帮助学生解决问题、完成任务和达到学习目标。工具性支持可包括以下方面：1. 学术指导和教学资源。提供学习材料、学习策略等，农村儿童由于教育资源相对匮乏，可能面临学习上的困难。通过提供必要的学习资源，可帮助他们更好地适应学校，提升学习能力和自信心，帮助农村儿童理解和掌握学习内容。2. 技能培训和辅导。提供实践技能的培训、辅导和指导，帮助农村儿童发展实际应用能力。3. 任务和作业指导。解答学生关于作业、任务或项目的问题，提供具体的指导和建议。4. 学习资源和素材。分享学习资源、阅读材料、参考书籍等，帮助农村儿童进行进一步的学习和研究。除了学习方面的工具性支持，农村儿童在适应学校环境时也需要心理支持。例如，提供心理辅导、情感支持和人际交往的指导等。面对新的学校环境和社交圈子，农村儿童可能会感到不安和孤独。通过工具性支持的提供，可减轻他们的心理压力，帮助他们适应新的社交环境，并建立良好的师生关系。

二是情感性支持。即教师在情感上向农村儿童提供的支持，关注他们的情绪、情感需求和心理健康。情感性支持可包括以下方面：1. 倾听和理

解。农村儿童通常来自相对封闭的农村社区，当他们进入新的学校后，面对陌生的环境、陌生的同学和教师，可能会感到不安和孤独。他们需要时间来适应新的师生关系，与他人建立起亲近和信任的情感联系，在这个过程中，教师需要耐心倾听学生的问题、困惑和感受，尊重他们的感受并试图理解他们的状况。2. 鼓励和赞美。给予农村儿童肯定和鼓励，提高他们的自信心和积极性。3. 安慰和支持。提供情感上的安慰和支持，帮助学生应对压力、焦虑和挫折。4. 建立信任关系。与学生建立良好的信任关系，使他们感到安心和被接纳。农村学校往往规模较小，资源有限，师生之间的互动机会可能相对较少。缺乏积极的互动和交流，农村儿童可能感到与教师、同学之间的情感联系较弱，难以建立良好的师生关系。教师在提供工具性支持和情感性支持时，可根据学生的需求和情况进行综合考虑，并将其结合起来，以促进学生学习、发展和幸福感的获得。

（二）以同伴支持为基础构建同伴关系

同伴关系的支持通常也可被称为同伴支持，即同龄人之间相互提供情感、社交和学业上的支持，以促进他们的发展、学习和健康。同伴支持可包括各种类型的支持，如社交支持、学业支持和行为支持。这些支持形式有助于建立积极的同伴关系，增强彼此之间的互动和合作。

一是社交支持。这是指同伴之间在情感上、社交上以及人际互动中提供的支持。社交支持需要同伴为农村儿童提供情感上的倾听、理解、鼓励和安慰。例如，2023 年 7 月由共青团肥东县委员会主办的白龙镇"合青护航 快乐成长"困境儿童关爱行动"城乡娃携手'童'行共筑童年梦"，增进城乡儿童相互了解，加深友谊，进一步搭建城乡儿童交流平台。通过鼓励同伴之间的积极参与和合作，促进社交互动和友谊的建立，同时，社交技能培养也非常关键，帮助同伴提升社交技能，如沟通、解决冲突、建立合作关系等。

二是学业支持。这是指同伴之间在学业上提供的帮助和支持。学业支持主要包括：首先是学习伙伴。同伴之间相互激励、互相帮助，一起学习和完成学业任务。其次是学习资源分享。学校教师需要引导学生共享学习资源、笔记、讲义等，为同伴提供学业上的支持和帮助，相互解答学业问题、澄清疑惑，互相促进学习和理解。

三是行为支持。这是指同伴之间在行为规范、价值观和纪律方面提供的支持。例如行为模范，即同伴之间相互以身作则，展示积极、负责任的行为模范，促进良好的行为习惯。帮助农村儿童理解和遵守学校的规章制度，营造安全、有序、和谐的生活学习环境。值得注意的是冲突解决，同伴协助农村儿童解决冲突和问题，鼓励和推动和谐相处。以上支持类型有助于同伴之间建立积极的关系，共同成长和发展。这些支持形式可通过互助、合作和积极参与来实现，促进同伴之间的互相帮助和支持。学校可积极促进同伴关系的形成，提供合适的活动和环境，培养农村儿童的社交能力，以帮助他们更好地适应学校生活和取得学习成果。

三、社区为核心的社会外层支持系统

社区支持涉及活动性支持、资源性支持、工具性支持三个方面，而且，其一般表现为社会公益组织和社区机构等不同支持来源对留守儿童的经济救助、教育关爱及心理支持，留守儿童的社区支持是其社会支持体系的重要组成部分，通过社区支持促进留守儿童学校适应极具价值意义（赵磊磊，柳欣源，李凯，等，2019）。教育管理机构、大众传媒、社区、法律服务中心等为农村儿童提供的支持和帮助也将对儿童适应学校生活产生影响。外层支持系统的构建主要从以下几个方面着手：

（一）活动性支持

可依靠社区组织丰富多样的亲子活动，包括亲子游戏、亲子讲座、亲子读书会等，引导父母与孩子共同参与其中，增进亲子互动和情感交流。例如，湖南省慈利县零溪镇某村就利用农家书屋，开展"亲子共读"主题读书活动，以此激发农村儿童读书兴趣，感受亲情陪伴的温暖和书香的独特魅力。活动性支持还可通过组织社区服务、义工活动、公益项目等，让农村儿童了解社会问题，参与社会实践。通过参与社会活动，可培养他们的公民意识与社会责任感，使他们更好地融入社区和社会。社区的活动性支持使农村儿童能够得到教育机会、发展社交能力、提升健康水平、培养兴趣爱好，并参与社会活动。这些保障将为他们提供更多的成长体验和发展机会，帮助他们全面发展，增强自信心，拥有更美好的未来。

（二）资源性支持

社区可创建在线平台和社交媒体群组，提供留守儿童家庭教育知识的信息。同时，也可依托社会组织，加强家庭教育宣传，获得社会资源。例如，2021年青岛市提报的"青岛支教岛，用爱点燃梦想——倾心扶贫扶智的'青岛支教岛志愿服务团队'志愿扶贫案例"，入选国务院扶贫办社会扶贫司组织的全国"志愿者扶贫案例50佳"，其中通过"家长联盟"让家长影响家长。"青岛支教岛"针对送教下乡中乡村学校普遍反映的贫困家庭教育缺失问题，于2007年组建了"家长联盟"。志愿者深入乡村学校、社区开展家长培训、亲子阅读，组织家长沙龙等，帮助家长解决家庭教育的困惑，分享先进教育理念。社区的资源性支持还可通过包括建立学习中心、图书馆、补习班等提供教育资源和学习机会。这些机构将为农村儿童提供良好的学习环境和教育资源，帮助他们获得优质的教育，填补城乡教育差距。如果学校位于较远的地方，社区可协调交通安排，如校车或共享交通工具等，确保农村儿童能够方便、安全地前往学校。这样可减轻儿童和家庭的交通负担，促进他们顺利适应学校生活。

（三）工具性支持

大众传媒可向农村儿童传递各种信息和知识。例如，电视、广播、报纸、杂志和互联网等媒体都可提供教育、健康、安全等方面的资讯和指导，帮助农村儿童获得必要的知识和信息。同时，法律在保障农村儿童权益、维护社会秩序、提供教育机会、保障社会福利以及提供司法保护方面起着重要作用，是一种重要的保障工具。《农村留守儿童综合服务规范》提出了留守儿童综合服务的管理要求，其中包括提供法律援助和法律支持，确保他们的权益得到维护和保障。为了确保农村儿童和其家庭成员能够获得法律援助，可通过提供法律咨询、代表和辩护等服务，以维护他们的合法权益。社区工具性支持还可提供基本的医疗设备，如医疗器械、急救包等。这有助于提高农村儿童的医疗保健水平，应对紧急情况，减少疾病和意外伤害的风险。总而言之，社区的积极参与和支持对农村儿童的教育发展至关重要，工具性支持措施可为农村儿童提供必要的资源和支持，帮助他们适应学校环境并取得良好的学习成果。

第七章
研究总结与反思

第一节　研究总结

中国儿童教育进入高质量发展阶段，这主要体现在儿童健康状况持续改善、儿童教育改革规范发展、儿童福利迈向适度普惠、儿童法律保护体系完善等。这些现象标志着中国儿童教育已进入高质量发展阶段。然而，在儿童教育高质量发展过程中，不同群体儿童可能会表现出不同的发展特征，也可能会面临不同的机遇与挑战，还可能囿于家庭处境不利、学校教育教学质量不佳、地域经济社会发展指数偏低等不利环境。这些不利因素都将成为阻碍农村儿童高质量发展的绊脚石。比如，农村儿童基本生活照料缺失，家庭教育普遍被忽视或方式不当，农村教育长期处于洼地，农村儿童帮扶政策设计与执行机制需进一步系统化和综合化。需要指出的是，学校不仅是农村儿童受教育的主阵地，同时也是农村儿童生活和社交的主要场所。农村儿童学校适应情况与其发展息息相关。因此，针对农村儿童学校适应的研究逐渐引起了教育工作者的注意。第一章对此进行了详细论述。

若要更系统、长效地提升农村儿童的学校适应水平，首先需要对现阶段农村儿童的学校适应发展现状有所了解。第二章第一节的研究结果显示，农村中小学生学校适应（学业适应、社会性适应、个人适应）总体处于中等水平，并且存在维度上和人口学上的差异。具体来说，在小学高年级阶段，相对于学业适应和社会性适应，学生个人适应发展更好；在初中阶段，相对于学业适应和个人适应，社会性适应发展得更好。在小学高年级阶段，女生的适应情况比男生好，但初中女生的社会性适应情况比初中男生好，而初中男生的个人适应情况比初中女生发展得更好。在小学高年级阶段，各年级的适应水平不存在显著差异，但初中生年级越高，其学校适应及其各维度的表现越差。不过相似的是，不管是小学生还是初中生，相对于非留守儿童，留守儿童更容易出现适应不良的问题。

随着时代的发展，一代人与一代人之间的认知水平、价值观念等方面都存在显著差异，有必要以个体为中心，通过对个体的认知、情感与行为相关特征进行分类，进而掌握潜在类别的具体外部表征，以此推进对不同特征类别亚群体的进一步探究。因此，第二章第二节采用潜在剖面分析方法，对农村儿童进行潜在类别分类，并比较农村儿童性别、年龄差异，以及留守儿童与非留守儿童在学校适应方面存在的差异。结果发现，小学生与初中生的学校适应均可划分为高、中、低水平学校适应三种潜在类别；相比初一、初二年级学生，初三年级学生更容易产生学校适应不良问题；与女生相比，男生学校适应性较低。

综合前文的调查分析，第二章第二节强调，农村儿童在学业适应、社会性适应以及个人适应等方面都存在较多问题，若不及时解决，则对儿童自身发展，以及社会的进步都会产生不良影响。而造成农村儿童学校适应不良状况的主要原因包括个人与环境层面的不利因素，就环境层面的不利因素而言，多来自四大领域，即家庭领域、学校领域、同伴领域以及社区领域。具体来说，在家庭领域中，孩子的成长发展与父母密切相关，如父母教养方式的非理性、两类监护方式的缺陷、家庭教育的缺失、教育观念的落后不可避免影响农村儿童的学校适应。在学校领域中，风险因素主要包括师资力量薄弱、课程实施"水土不服"、校园文化环境落后、家庭教育与学校教育脱节等。在同伴领域中，同伴交往面临同伴减少、"手机之困"与"安全隐患"对农村儿童学校适应的影响，不容忽视。在社区领域中，社区建设未充分考虑到留守儿童发展教育，城市化建设加速了传统乡土文化的瓦解，农村基础设施缺乏影响儿童成长养分的获得，农村优质社区志愿服务不足影响儿童"外援"质量等都将影响农村儿童的学校适应。

虽然研究者就影响个体学校适应的不利因素有各自的研究视角，但缺乏对儿童学校适应中危险因素的重视，更缺乏多领域风险因素的整合性研究，这导致儿童学校适应中风险规避策略缺乏应有的研究基础。生物生态学理论学派研究者认为，个体并非独立存在和发展，其发展一般会受到其所处环境中多个生态子系统的影响，且不同生态子系统领域之间的风险因素对个体的影响并非独立，而是具有同时性、继发性与交互性的特点，风险因子的累积对个体发展的威胁作用大于各个因子威胁效果之和。适应学校是学龄期儿童心理发展的主要任务，适应水平是生物生态学模型中近端过程的一种表现，来自家庭、学校、同伴及社区等生态领域的风险因子对学校适应的影响在发展过程中存在不稳定性，于是这会产生一系列的问题与矛盾，即风险的"累积效应"，生态风险的累积会远高于单一环境风险对学校适应的影响。依此，第三章第一节主要从生物生态学理论、风险—韧性理论模型与发展级联理论等方面，探寻累积生态风险影响农村儿童学校适应的理论基础。以相关理论为基础，有助从累积生态风险对农村儿童学校适应影响的合理性和应然性等方面入手，揭示累积生态风险对农村儿童心理需求造成的威胁，以及保护性资源在其中发挥的作用。因此，第三章第二节主要验证累积生态风险对农村儿童学校适应的影响，结果发现，农村儿童学校适应的发展过程会受到家庭、学校、社区和同伴等环境中风险因素的抑制，若生态风险因素的叠加数量越多，农村儿童学校适应发展不良的概率越高。

当前，生态风险因素会对儿童学校适应发展产生消极的作用已在学界达成共识，然而，需要注意的是，累积生态风险对农村儿童学校适应的抑制作用也可能会通过其他变量起间接作用，还有可能会受到一些保护性资源的缓冲。因此，第四章以累积生态风险为自变量，以学校适应密切相关的维度或变量为因变量，探究累积生态风险影响农村儿童学校适应的具体心理机制，以期寻找阻断消极影响的更科学更有效的方式方法，便于未来真正应用于农村学校心理健康教育中，提高农村儿童的心理素质，促进农村儿童学校适应的有效发展，帮助农村儿童能够更好地适应社会发展，同时也为其幸福人生保驾护航。

第四章第一节揭示了在累积生态风险对农村儿童学业适应的影响中，自尊是累积生态风险影响农村儿童学业适应的中介变量，自我控制调节了中介路径的前半段与主效应。对农村初中生而言，来自家庭、学校、同伴等环境中多重风险因素的消极影响容易触发他们对自我的消极负面评价或开展自我否定，容易打击其自尊心，进而会导致农村初中生逐渐开始退缩和害羞，他们在学习上也会获得更多无助的体验感。在初中阶段，高自我控制能力的个体往往会相应地匹配更高的情绪调控能力，如此一来，拥有高自控水平的学生更具沉着的心态，积极地应对其生活中遇到的负性事件，促进自尊心水平的正常发展。然而，农村初中生成长过程中随着风险因素的不断累积，长期处于不良环境容易造成其心理资源的过度损耗，学习精力减退，即便是高自控个体，也会出现学业适应水平下降。

第四章第二节发现，在累积生态风险与农村儿童学业倦怠的关系中，自尊与意志控制起到的是链式中介作用。一方面，个体的自尊水平可显著正向预测意志控制的发展水平，可以说，农村初中生的自尊水平越高，则其意志控制水平越高。作为社会接受的监视系统，个体自尊动机的作用可以帮助个体避免感受到社会贬低和排斥的消极影响，在一定程度上会增加个体做出展现优势的反应，也能够满足个体需求的次优势反应，从而促进个体的意志控制形成与发展。如此以往，纵使农村初中生长期生活在高风险环境中，理论上来说此种环境并不利其发展出较高水平的自尊，但是，为满足个体自我被接纳的需要，随着自尊的发展，农村初中生的意志控制水平也会得到一定程度的提升。另一方面，作为与个性特质密切相关的变量，自尊和意志控制二者的发展稳定性较强，这有助于个体提升自己积极适应和应对青春期挑战的能力。然而，面对高风险生态环境因素的诱导，农村初中生的自尊发展水平可能会较低，并且其意志控制水平也相对较低。此类现象充分证明，在一个充满挫折的逆境中，农村初中生倾向形成较为消极的自我概念，其性格中存在的消极成分一旦有所增加，便容易导致农村初中生较少感知被接纳与被认可，陷入使用冲动行为去应对不利处境的误区中。长此以往，个体的学业倦怠程度会愈发严重。

第四章第三节发现，在累积生态风险对农村儿童习得性无助的影响中，积极心理资本的四种核心成分对个体身心健康发展有重要影响。从希望感层面看，拥有更高希望感的农村儿童，在良好外部支持和内部调节的环境下，对生活有更加积极的认知和评价；从乐观层面看，对学习持乐观态度的学生往往更加自信，进而会对学习产生正向态度和更积极的情绪体验；从心理韧性层面看，心理韧性较高的个体，能在遇到风险威胁的情况下采取合适处理方式，也能够更积极地利用各种外部支持资源来适应压力事件；从自我效能层面来看，在短期内无法改善校园氛围不佳等风险因素的情况下，个体通过提升其自我效能感，能有效切断不良因素对初中生心理发展的消极影响。积极心理资本水平的提升，可拓宽儿童的注意视野，改善他们对学习和生活状况的不合理认知，提升其幸福感。在累积生态风险的影响下，积极心理资本通过以上各种调节方式来影响个体，从而降低农村初中生英语学习习得性无助。面临风险因素的威胁，人类的本能选择是避免受到伤害，而个体的积极心理资本是有限的，在这种情况下，个体会优先配置积极心理资本来抵御负面心理症状的侵袭。

第四章第四节发现，在累积生态风险与农村儿童攻击行为的关系中，道德推脱变量起到了正性的中介作用，其中，共情变量可调节中介路径的前半段。农村初中生在其所处的现实生活中可能会面临不同风险因素，这会对其道德品质的形成和发展产生一定程度的消极作用，这一消极影响又会不利于农村初中生道德自我调节功能的有效发挥，进而诱发个体在认知归因过程中产生较高的道德推脱倾向。一旦高道德推脱倾向出现，个体会自动通过自我合理化解释，减少自己做出不道德行为后的内疚感和罪恶感，这在某种程度上来说，会进一步助长个体攻击行为的发生。此外，高水平共情可缓解农村初中生因高累积生态风险导致的高道德推脱。在做出不道德行为后，相比低共情个体，高共情个体更有可能产生更为强烈的内疚情绪，而此种内疚情绪可以在很大程度上阻断其道德推脱倾向的产生。

在复杂的生命系统中，风险因素或发展资源作为影响青少年健康发展的重要因素，其影响效果并非随时间推移而一成不变。随着儿童发展各类影响因素之间的相互作用，经过一定时间，这种长期累积的效果对儿童社会性功能发展会产生具有毁灭性的影响。此外，部分累积的风险因子也被证明会随着时间推移而破坏力加重，家庭、学校、同伴、社区等领域的风险因素会随时间推移更显著地抑制儿童学校适应的发展。对此，第五章通过对农村小学生、农村初中生为期一年的两次追踪调查发现，无论是小学组还是初中组，先前的学校适应水平可显著地正向预测儿童后期的学校适应水平，先前的生态风险因子累积得越多，半年后农村儿童的学校适应发展状况越差。对农村儿童而言，其学校适应的发展受到来自生态子系统中各种风险因素的影响，例如农村儿童常常遇到从原生家庭中获得的发展性支持不足、学校提供的教育资源分配不够均衡、校园内感知到的师生关系淡漠、同伴之间的关系疏远等，这些风险因素可能造成一种不易解决且持续存在的慢性环境压力。长此，将导致农村儿童出现心理失衡、成绩下滑等学校适应不良问题。

综合来看，上述研究结果无疑更有利于研究者提出更加科学的农村儿童学校适应促进策略。对此，第六章第一节强调，构建学校适应预警机制的关键在于准确识别预警对象，这需要关注家庭、学校、同伴和社区等领域的重大生活事件，并建议建立农村儿童学校适应的监控体系、构建数据分析与预测系统、发布预警信息、整合多方力量实施干预策略，同时坚持内部监督与外部监督双管齐下。第六章第二节从理论基础、实证研究证据、现实案例等三个方面，揭示积极心理品质在累积生态风险影响学校适应中的缓冲作用；从认知（积极的归因方式）、情绪（积极的情绪）、行为（人际互动与归因方式）三个层面探索积极心理品质"缓冲作用"的内在机制；从家庭如何做、学校如何做、社区如何做、同伴如何做四个方面，探索农村儿童积极心理品质的培育策略。第六章第三节认为，要促进农村儿童学校适应需要构建多元支持体系以建立长效机制，这牵涉以亲子关系为核心的家庭微支持系统，以师生关系、同伴关系为核心的学校中间支持系统，以社区为核心的社会外层支持系统。

第二节　研究反思

本研究以生物生态学理论、风险—韧性理论、发展级联理论为基础，以累积生态风险对农村学龄儿童（小学生与初中生）学校适应的影响及如何规避影响为主要对象，从生态风险威胁农村儿童基本生活需求、生态保护资源作用的发挥等方面入手，阐释累积生态风险与农村儿童学校适应不良的逻辑关系及其具体作用机制，探析农村儿童学校适应的发展特点与构建累积生态风险的作用模型，并提炼农村儿童学校适应中的生态风险规避机制，以及促进农村儿童学校适应的策略。相比而言，本研究更关心以下四个方面：

第一，人类发展受家庭、学校、同伴、社区等领域多重风险因素的影响。近年来，部分农村地区的教育质量亟待提高，不少农村儿童学业成绩不达标、学习动机严重缺失、问题行为突出，农村儿童总体学校适应状况不容乐观。可见，农村儿童在学校适应过程中必然受到生态领域风险因子的多重夹击。以往研究习惯性考察单一风险因素对儿童学校适应的影响，从生物生态学的视角研究累积生态风险与农村儿童学校适应关系的研究较少，且国内外研究者主要关注累积资源等积极指标，对消极指标关注不多。大量实证研究证明，家庭、学校、同伴等因素在学生适应性水平发展中发挥着重要作用。具体而言，以往研究都把重点放在学生的家庭情况、班级氛围、学校氛围、师生关系、同伴关系与邻里社区等单一的外部环境变量上。毋庸置疑，探究影响学生学校适应的单独性因素是较为重要且必要的，但是影响学生学校适应好坏的因素复杂多样，仅凭外部环境中的某类单一因素，抑或是仅凭个体层面中的某一因素便得出结论，难免高估研究的生态效度，也更加容易过度推论研究结果。因此，只有同时关注来自多个领域的风险因素对农村儿童学校适应发展状况的协同影响才更符合生活实际。

第二，事物发展进程常是心理学、教育学等领域研究者关注的焦点。在复杂的生命系统中，风险因素或发展资源作为影响青少年健康发展的重要因素，并非随时间推移而稳定不变。影响儿童发展的各因素相互作用，各种因素的长期累积作用才是影响儿童能力发展的真正深层原因。然而，研究者们对儿童学校适应缺乏发展性研究，较少有研究从纵向设计的角度追踪儿童在某个较长时间内心理发展的变化规律，且生态风险因子与学校适应的大部分研究主要是横断研究，忽视了时间变量对农村儿童学校适应发展的影响，部分累积的风险因子也被证明会随着时间的推移而出现破坏力加重的情况。

第三，个体的内外化行为问题常受到风险因素、发展能力、基本需求满足等要素的协同影响，而自我系统过程调节这种影响机制。在实施乡村振兴战略的背景下，研究影响农村儿童学校适应的自我系统过程可成为破解农村儿童学校适应问题的突破口。因此，发展农村儿童积极的自我控制过程（比如提升自尊、培育自控能力、降低道德推脱水平、发展积极心理资本、提升共情水平等）是规避生态风险影响的有效举措。

第四，本研究的最终目标是探寻农村儿童学校适应的促进之策。综合前人的理论与实证研究，本研究认为减少源头高风险因素，家庭、学校、社区等多元参与治理是规避生态风险的长效机制，培养保护资源是规避生态风险的主要手段。一方面，在破解农村儿童学校适应问题中，累积生态风险模型提示农村儿童的学校适应会受到多方面因素的影响，仅从某一个生态领域层面去削弱单一风险因素所起的效果可能是有限的，在此种情境中，需要考虑如何才能从源头改善农村儿童的整体生活环境。因此，本研究尝试从多方治理角度协调家庭、学校、村落以及儿童同伴之间的关系，从源头上减少高风险因素，构建多元参与的关爱机制，努力为农村儿童提供学校适应的高支持性环境。另一方面，个体所具备的积极心理品质有助于从内在层面去缓冲累积生态风险对农村儿童学校适应起到的不良影响。因此，本研究探索生态风险影响农村儿童学校适应的中介机制和调节机制，可应用于农村学校心理健康教育中，提高农村儿童的心理素质，以期助力农村儿童更好地适应学校。

综合来看，虽然本书在围绕生态风险因素对农村儿童学校适应的影响研究方面取得了进展，但仍存在一些不足之处：

一是样本流失问题。本研究核心内容之一是考察累积生态风险对农村儿童学校适应的长期影响。受新冠疫情的影响，原定 2020 年初的追踪调查未如期进行，导致整个追踪调查延期，后又面临"小升初"和"初升高"等现实问题，毕业后的学生难以追踪致使追踪样本缺失较大。对此，未来研究需要审慎选择追踪时间，挑选更为合适的时间段开展追踪研究，抑或是选择"初高一体化"的学校进行追踪调查，尽可能更有效地减少样本的流失率。

二是考察范围的有限性。在选取风险因素上，本研究仅仅采用了一些与学校适应密切相关的典型性风险因素进行考察，但考虑到个体所处现实生态系统所具有的复杂性，抑制农村儿童学校适应发展的风险因素并非只局限这些，仍然还有许多其他因素未纳入累积风险模型之内进行统计分析，未来研究可采用更加生态化的策略，全面系统地考察更多不同领域的风险因素累积对农村儿童学校适应的影响。

三是追踪调查次数的有限性。本研究虽然采用了纵向研究方式，探究变量间的关系，关注累积生态风险对农村儿童即时与纵向的影响，但只对农村儿童进行了两次调查，属于短期追踪。学校适应是一个发展性变量，其发展的时程较长，跨度可贯穿个体学龄期全过程；同时，学校适应发展也是一个动态的过程，生态环境中风险因子对学校适应的影响是否是稳定的、持续的，这仍然值得研究者去探究。因此，未来研究既可扩展研究对象的调查范围，跨越更多的学段去研究学生的学校适应发展状况，也可增加调查次数，采用更加长程的追踪研究方式，进一步探索农村儿童学校适应的发展趋势以及动态性变化的特点。

四是研究方式单一问题。本研究的所有数据均是通过问卷调查法采集而得，所采用的研究工具也均为自陈式量表。如此，虽然可在短时间内提高收集数据的效率，但此种方法易产生一定程度的社会赞许偏差。对这一缺点，未来研究需要进一步调整研究设计，予以改进，比如后续研究可采用更加多元化的研究方法（如实验法等），或利用多种数据来源（如父母、同龄人和老师等的评价）进行研究。

五是研究变量的有限性。本研究仅探讨了累积生态风险与农村儿童学校适应、学业适应、学业倦怠、习得性无助与攻击行为等变量之间的关系，并探讨了自尊、自控、积极心理资本、共情、道德推脱等变量在其中的中介作用或调节作用。从农村儿童群体可能面临的现实情况来说，或许还存在更多其他变量能够对累积生态风险与农村儿童学校适应之间的关系产生显著影响。所以，未来研究可再选用其他的相关变量，探究这些变量在累积生态风险与农村儿童学校适应关系之中起到的具体作用，进而有利进一步提出更全面系统的对策与建议，助力农村儿童更好地学习和成长。

参考文献

[1] AINLEY M, HILLMAN K, HIDI S. Gender and interest processes in response to literary texts：situational and individual interest［J］. Learning and instruction, 2002, 12（4）：411 – 428.

[2] ANDERMAN E M, MIDGLEY C. Changes in self-reported academic cheating across the transition from middle school to high school［J］. Contemporary educational psychology, 2004, 29（4）：499 – 517.

[3] ANDERSHED A K, GIBSON C L, ANDERSHED H. The role of cumulative risk and protection for violent offending［J］. Journal of criminal justice, 2016, 45：78 – 84.

[4] ANSARY N S, LUTHAR S S. Distress and academic achievement among adolescents of affluence：a study of externalizing and internalizing problem behaviors and school performance［J］. Development and psychopathology, 2009, 21（1）：319 – 341.

[5] ATHERTON O E, ZHENG L R, BLEIDORN W, et al. The codevelopment of effortful control and school behavioral problems［J］. Journal of personality and social psychology, 2019, 117（3）：659.

[6] BAHRAMI B, DOLATSHAHI B, POURSHAHBAZ A, et al. Comparison of personality among mothers with different parenting styles［J］. Iranian journal of psychiatry, 2018, 13（3）：200.

[7] BANDURA A, BARBARANELLI C, CAPRARA G V, et al. Mechanisms of moral disengagement in the exercise of moral agency［J］. Journal of personality and social psychology, 1996, 71（1）：364 – 374.

［8］ BARKLEYR C, ROBIN A L, BENTON C M. 十步搞定叛逆青少年：重建良好亲子关系 ［M］. 北京：中国轻工业出版社，2011.

［9］ BENARD B. Turning it around for all youth：from risk to resilience. ERIC/CUE digest, number 126 ［J］. 1997.

［10］ BENSON P L. Adolescent development in social and community context：a program of research ［J］. New directions for youth development, 2002 (95)：123 – 148.

［11］ BERNDT T J, KEEFE K. Friends' influence on adolescents' adjustment to school ［J］. Child development, 1995, 66 (5)：1312 – 1329.

［12］ BIRCH S H, LADD G W. The teacher-child relationship and children's early school adjustment ［J］. Journal of school psychology, 1997, 35 (1)：61 – 79.

［13］ BJäREHED M, THORNBERG R, WäNSTRöM L, et al. Mechanisms of moral disengagement and their associations with indirect bullying, direct bullying, and pro-aggressive bystander behavior ［J］. The journal of early adolescence, 2020, 40 (1)：28 – 55.

［14］ BRENT D A, MELHEM N M, MASTEN A S, et al. Longitudinal effects of parental bereavement on adolescent developmental competence ［J］. Journal of clinical child & adolescent psychology, 2012, 41 (6)：778 – 791.

［15］ BRONFENNER U, MORRIS P A. The ecology of developmental processes. In W. Damon & R. M. Lerner (Eds.), Handbook of child psychology (5th ed. , Vol. 1, pp. 993 – 1028). New York, NY：Wiley.

［16］ BURCHINAL M R, ROBERTS J E, ZEISEL S A, et al. Social risk and protective factors for African American children's academic achievement and adjustment during the transition to middle school ［J］. Developmental psychology, 2008, 44 (1)：286 – 292.

［17］ BUSSEY K, QUINN C, DOBSON J. The moderating role of empathic concern and perspective taking on the relationship between moral disengagement and aggression ［J］. Merrill-palmer quarterly, 2015, 61 (1)：10 – 29.

［18］ BUZZAI C, SORRENTI L, TRIPICIANO F, et al. School alienation and academic achievement：the role of learned helplessness and mastery orientation

[J]. School psychology, 2021, 36 (1): 17 – 23.

[19] CHEN X, RUBIN K H, SUN Y. Social reputation and peer relationships in Chinese and Canadian children: a cross - cultural study [J]. Child development, 1992, 63 (6): 1336 – 1343.

[20] CHETTY R, HENDREN N. The impacts of neighborhoods on intergenerational mobility I: childhood exposure effects [J]. The quarterly journal of economics, 2018, 133 (3): 1107 – 1162.

[21] CHO H, LEE S K, CHOI J S, et al. An exploratory study on association between internet game contents and aggression in Korean adolescents [J]. Computers in human behavior, 2017, 73: 257 – 262.

[22] CICCHETTI D, CURTIS W J. The developing brain and neural plasticity: implications for normality, psychopathology, and resilience [J]. Developmental psychopathology: volume two: developmental neuroscience, 2015: 1 – 64.

[23] CORAPCI F. The role of child temperament on Head Start preschoolers' social competence in the context of cumulative risk [J]. Journal of applied developmental psychology, 2008, 29 (1): 1 – 16.

[24] CORSINI R J, OZAKI B D. Encyclopedia of psychology [M]. New York: Wiley, 1994.

[25] DEWALL C N, ANDERSON C A, BUSHMAN B J. The general aggression model: theoretical extensions to violence [J]. Psychology of violence, 2011, 1 (3): 245 – 258.

[26] DILALLA L F, MARCUS J L, WRIGHT-PHILLIPS M V. Longitudinal effects of preschool behavioral styles on early adolescent school performance [J]. Journal of school psychology, 2004, 42 (5): 385 – 401.

[27] DODGE K A, MALONE P S, LANSFORD J E, et al. A dynamic cascade model of the development of substance-use onset [J]. Monographs of the society for research in child development, 2009, 74 (3): 1 – 134.

[28] DUNCAN G J, MAGNUSON K, VOTRUBA - DRZAL E. Children and socioeconomic status [J]. Handbook of child psychology and developmental science, 2015: 1 – 40.

[29] DWECK C S, GOETZ T E. Attributions and learned helplessness [M].

Hillsdale, NJ: Psychology Press, 2018: 157 – 179.

[30] EVANS G W, KIM P. Childhood poverty and young adults' allostatic load: the mediating role of childhood cumulative risk exposure [J]. Psychological science, 2012, 23 (9): 979 – 983.

[31] EVANS G W, LI D, WHIPPLE S S. Cumulative risk and child development [J]. Psychological bulletin, 2013, 139 (6): 1342 – 1396.

[32] FANG J, WANG X C, YUAN K H, et al. Childhood psychological maltreatment and moral disengagement: a moderated mediation model of callous-unemotional traits and empathy [J]. Personality and individual differences, 2020, 157: 109814.

[33] FILIPPELLO P, SORRENTI L, BUZZAI C, et al. Perceived parental psychological control and learned helplessness: the role of school self-efficacy [J]. School mental health, 2015, 7: 298 – 310.

[34] GARMEZY N. Broadening research on developmental risk: implications from studies of vulnerable and stress-resistant children [M] //Early identification of children at risk: An international perspective. Boston, MA: Springer US, 1985: 45 – 58.

[35] GERARD J M, BUEHLER C. Cumulative environmental risk and youth maladjustment: the role of youth attributes [J]. Child development, 2004, 75 (6): 1832 – 1849.

[36] GILLIAM W S, ZIGLER E F. A critical meta-analysis of all evaluations of state-funded preschool from 1977 to 1998: implications for policy, service delivery and program evaluation [J]. Early childhood research quarterly, 2000, 15 (4): 441 – 473.

[37] HAYES A F. Introduction to mediation, moderation, and conditional process analysis: a regression-based approach [M]. New York: Guilford Publications, 2017.

[38] HERRMANN J, KOEPPEN K, KESSELS U. Do girls take school too seriously? investigating gender differences in school burnout from a self-worth perspective [J]. Learning and individual differences, 2019, 69: 150 – 161.

[39] HO M Y, CHEUNG F M. The differential effects of forms and settings of

exposure to violence on adolescents' adjustment [J]. Journal of interpersonal violence, 2010, 25 (7): 1309 – 1337.

[40] HOBFOLL S E. Social and psychological resources and adaptation [J]. Review of general psychology, 2002, 6 (4): 307 – 324.

[41] HSIEH H F, HEINZE J E, AIYER S M, et al. Cross-domain influences on youth risky driving behaviors: a developmental cascade analysis [J]. Journal of applied developmental psychology, 2015, 38: 11 – 21.

[42] HUH H J, KIM K H, LEE H K, et al. The relationship between childhood trauma and the severity of adulthood depression and anxiety symptoms in a clinical sample: the mediating role of cognitive emotion regulation strategies [J]. Journal of affective disorders, 2017, 213: 44 – 50.

[43] JESSOR R E. New perspectives on adolescent risk behavior [M]. Cambridge: Cambridge University Press, 1998.

[44] JIANG Y, MING H, TIAN Y, et al. Cumulative risk and subjective well-being among rural-to-urban migrant adolescents in China: differential moderating roles of stress mindset and resilience [J]. Journal of happiness studies, 2020, 21: 2429 – 2449.

[45] KIM J Y, KIM E B, LEE I S. Influence of self-esteem of middle school students for mental care on academic achievement: based on the mediation effect of GRIT and academic enthusiasm [J]. International journal of environmental research and public health, 2021, 18 (13): 7025.

[46] KOKKINOS C M, KIPRITSI E. Bullying, moral disengagement and empathy: exploring the links among early adolescents [J]. Educational psychology, 2018, 38 (4): 535 – 552.

[47] LADD G W, KOCHENDERFER B J, COLEMAN C C. Classroom peer acceptance, friendship, and victimization: distinct relational systems that contribute uniquely to children's school adjustment? [J]. Child development, 1997: 1181 – 1197.

[48] LANDRY N, GIFFORD R, MILFONT T L, et al. Learned helplessness moderates the relationship between environmental concern and behavior [J]. Journal of environmental psychology, 2018, 55: 18 – 22.

[49] LERNER R M, CASTELLINO D R. Contemporary developmental theory and adolescence: developmental systems and applied developmental science [J]. Journal of adolescent health, 2002, 31 (6): 122 – 135.

[50] LI D, LI X, WANG Y, et al. School connectedness and problematic Internet use in adolescents: A moderated mediation model of deviant peer affiliation and self-control [J]. Journal of abnormal child psychology, 2013, 41: 1231 – 1242.

[51] LI W W, ZENG X H, WANG Y, et al. Does school matter for students' self-esteem? associations of family SES, peer SES, and school resources with Chinese students' self-esteem [J]. Research in social stratification and mobility, 2021, 71: 100565.

[52] LIEW J, CHEN Q, HUGHES J N. Child effortful control, teacher-student relationships, and achievement in academically at-risk children: additive and interactive effects [J]. Early childhood research quarterly, 2010, 25 (1): 51 – 64.

[53] LUO Y, LIANG J, JIANG Y. The effect of positive perfectionism on academic burnout among middle-school students: mediating role of emotional stability and moderating effect of teacher-student relationships [J]. International journal of secondary education, 2021, 9 (4): 115 – 123.

[54] LUO Y, WANG Z, ZHANG H, et al. The influence of family socio-economic status on learning burnout in adolescents: mediating and moderating effects [J]. Journal of child and family studies, 2016, 25: 2111 – 2119.

[55] LUO Y, ZHANG H, CHEN G M. The impact of family environment on academic burnout of middle school students: the moderating role of self-control [J]. Children and youth services review, 2020, 119: 105482.

[56] LUTHANS F, YOUSSEF C M. Human, social, and now positive psychological capital management: investing in people for competitive advantage [J]. Organizational dynamics, 2004, 33 (2): 143 – 160.

[57] LUTHANS F, YOUSSEF-MORGAN C M. Psychological capital: An evidence-based positive approach [J]. Annual review of organizational psychology and organizational behavior, 2017, 4 (1): 339 – 366.

[58] LYONS D M, PARKER K J, KATZ M, et al. Developmental cascades linking

stress inoculation, arousal regulation, and resilience ［J］. Frontiers in behavioral neuroscience, 2009, 3: 675.

［59］ MACFADYEN L P, DAWSONS. Mining LMS data to develop an "early warning system" for educators: A proof of concept ［J］. Computers & Education, 2010 (2): 588 – 599.

［60］ MARTIN M J, CONGER R D, SCHOFIELD T J, et al. Evaluation of the interactionist model of socioeconomic status and problem behavior: a developmental cascade across generations ［J］. Development and psychopathology, 2010, 22 (3): 695 – 713.

［61］ MASTEN A S, CICCHETTI D. Developmental cascades ［J］. Development and psychopathology, 2010, 22 (3): 491 – 495.

［62］ MCGILL R K, HUGHES D, ALICEA S, et al. Academic adjustment across middle school: the role of public regard and parenting ［J］. Developmental psychology, 2012, 48 (4): 1003 – 1018.

［63］ MELHEM N M, PORTA G, SHAMSEDDEEN W, et al. Grief in children and adolescents bereaved by sudden parental death ［J］. Archives of general psychiatry, 2011, 68 (9): 911 – 919.

［64］ MOLDEN D C, HUI C M, SCHOLER A A. Understanding self-regulation failure: a motivated effort-allocation account ［M］. Self-Regulation and Ego Control. Academic Press, 2016: 425 – 459.

［65］ MULYADI S, RAHARDJO W, BASUKI A M H. The role of parent-child relationship, self-esteem, academic self-efficacy to academic stress ［J］. Procedia-social and behavioral sciences, 2016, 217: 603 – 608.

［66］ OSEGUERA L, RHEE B S. The influence of institutional retention climates on student persistence to degree completion: a multilevel approach ［J］. Research in higher education, 2009, 50: 546 – 569.

［67］ OUVREIN G, DE BACKER C J S, VANDEBOSCH H. Online celebrity aggression: a combination of low empathy and high moral disengagement? the relationship between empathy and moral disengagement and adolescents' online celebrity aggression ［J］. Computers in human behavior, 2018, 89: 61 – 69.

［68］ OVERMIER J B, SELIGMAN M E. Effects of Inescapable Shock upon

Subsequent Escape and Avoidance Responding [J]. Journal of comparative psychology, 1967, 63 (1): 28 – 33.

[69] PANAYIOTOU M, HUMPHREY N. Mental health difficulties and academic attainment: evidence for gender-specific developmental cascades in middle childhood [J]. Development and psychopathology, 2018, 30 (2): 523 – 538.

[70] PARK N, PETERSON C. Positive psychology and character strengths: application to strengths-based school counseling [J]. Professional school counseling, 2008, 12 (2): 85 – 92.

[71] QUACH J, NGUYEN C, O'CONNOR M, et al. The cumulative effect of health adversities on children's later academic achievement [J]. Academic pediatrics, 2017, 17 (7): 706 – 714.

[72] RAGNARSDOTTIR L D, KRISTJANSSON A L, THORISDOTTIR I E, et al. Cumulative risk over the early life course and its relation to academic achievement in childhood and early adolescence [J]. Preventive medicine, 2017, 96: 36 – 41.

[73] ROBERTS W, STRAYER J, DENHAM S A. Empathy, anger, guilt: emotions and prosocial behaviour [J]. Canadian journal of behavioural science/revue canadienne des sciences du comportement, 2014, 46 (4): 465 – 474.

[74] ROESER R W, ECCLES J S, SAMEROFF A J. Academic and emotional functioning in early adolescence: longitudinal relations, patterns, and prediction by experience in middle school [J]. Development and psychopathology, 1998, 10 (2): 321 – 352.

[75] SALMELA-ARO K, KIURU N, LESKINEN E, et al. School burnout inventory (SBI) reliability and validity [J]. European journal of psychological assessment, 2009, 25 (1): 48 – 57.

[76] SANDLER I. Quality and ecology of adversity as common mechanisms of risk and resilience [J]. American journal of community psychology, 2001, 29 (1): 19 – 61.

[77] SAVOLAINEN J, EISMAN A, MASON W A, et al. Socioeconomic disadvantage and psychological deficits: pathways from early cumulative risk to late-adolescent criminal conviction [J]. Journal of adolescence, 2018, 65: 16 – 24.

［78］ SELIGMAN M E P, CSIKSZENTMIHALYI M. Positive psychology: an introduction ［M］. NE Washington: American Psychological Association, 2000.

［79］ SHI Y, SEDIKIDES C, CAI H, et al. Disowning the self: the cultural value of modesty can attenuate self-positivity ［J］. Quarterly journal of experimental psychology, 2017, 70 (6): 1023 – 1032.

［80］ STICCA F, RUGGIERI S, ALSAKER F, et al. Longitudinal risk factors for cyberbullying in adolescence ［J］. Journal of community & applied social psychology, 2013, 23 (1): 52 – 67.

［81］ SUN P, SUN Y, FANG D, et al. Cumulative ecological risk and problem behaviors among adolescents in secondary vocational schools: the mediating roles of core self-evaluation and basic psychological need satisfaction ［J］. Frontiers in public health, 2021, 9: 591614.

［82］ TONG E M W, TAN K W T, CHOR A A B, et al. Humility facilitates higher self-control ［J］. Journal of experimental social psychology, 2016, 62: 30 – 39.

［83］ TUDGE J R H, MOKROVA I, HATFIELD B E, et al. Uses and misuses of bronfenbrenner's bioecological theory of human development ［J］. Journal of family theory & review, 2009, 1 (4): 198 – 210.

［84］ UNGER A, BI C, XIAO Y Y, et al. The revising of the tangney self - control scale for Chinese students ［J］. PsyCh journal, 2016, 5 (2): 101 – 116.

［85］ WANG Q, POMERANTZ E M, CHEN H. The role of parents' control in early adolescents' psychological functioning: a longitudinal investigation in the United States and China ［J］. Child development, 2007, 78 (5): 1592 – 1610.

［86］ WANG X, ZHAO F, YANG J, et al. Childhood maltreatment and bullying perpetration among Chinese adolescents: a moderated mediation model of moral disengagement and trait anger ［J］. Child abuse & neglect, 2020, 106: 104507.

［87］ WAY N, REDDY R, RHODES J. Students' perceptions of school climate during the middle school years: associations with trajectories of psychological and behavioral adjustment ［J］. American journal of community psychology, 2007, 40: 194 – 213.

［88］ WEEKS M, PLOUBIDIS G B, CAIRNEY J, et al. Developmental pathways linking childhood and adolescent internalizing, externalizing, academic competence, and adolescent depression ［J］. Journal of adolescence, 2016, 51: 30 – 40.

［89］ WENTZEL K R, ASHER S R. The academic lives of neglected, rejected, popular, and controversial children ［J］. Child development, 1995, 66 (3): 754 – 763.

［90］ WILLIAMS M, BURDEN R, LANVERSU. 'French is the language of love and stuff': student perceptions of issues related to motivation in learning a foreign language ［J］. British educational research journal, 2002, 28 (4): 503 – 528.

［91］ WRIGHT M O D, MASTEN A S. Resilience processes in development: fostering positive adaptation in the context of adversity ［J］. Handbook of resilience in children, 2005: 17 – 37.

［92］ YANG J, WANG X, LEI L. Perceived school climate and adolescents' bullying perpetration: a moderated mediation model of moral disengagement and peers' defending ［J］. Children and youth services review, 2020, 109: 104716.

［93］ YATES T M, OBRADOVIĆ J, EGELAND B. Transactional relations across contextual strain, parenting quality, and early childhood regulation and adaptation in a high-risk sample ［J］. Development and psychopathology, 2010, 22 (3): 539 – 555.

［94］ ZORZA J P, MARINO J, MESAS A A. The influence of effortful control and empathy on perception of school climate ［J］. European journal of psychology of education, 2015, 30: 457 – 472.

［95］ ZYCH I, LLORENT V J. Affective empathy and moral disengagement related to late adolescent bullying perpetration ［J］. Ethics & behavior, 2019, 29 (7): 547 – 556.

［96］ 包陶迅, 叶芳. 贫困与富裕家庭儿童社会适应的比较研究 ［J］. 中国健康心理学杂志, 2011, 19 (6): 704 – 706.

［97］ 鲍振宙, 李董平, 张卫, 等. 累积生态风险与青少年的学业和社交能力: 子女责任感的风险补偿与调节效应 ［J］. 心理发展与教育, 2014, 30 (5): 482 – 495.

［98］ 毕有余，赵晓杰．升学准备：促进中学生学校适应的重要途径［J］．东北师大学报（哲学社会科学版），2010（2）：147－151.

［99］ 曹飞，袁光秀．儿童学业成绩、学业自我和幸福观对幸福感的影响及启示——一项6～9年级学生幸福感追踪研究［J］．当代教育科学，2018（2）：53－63.

［100］ 曾琦，芦咏莉，邹泓，等．父母教育方式与儿童的学校适应［J］．心理发展与教育，1997（2）：47－52.

［101］ 常淑敏，郭明宇，王靖民，等．学校资源对青少年早期幸福感发展的影响：意向性自我调节的纵向中介作用［J］．心理学报，2020，52（7）：874－885.

［102］ 常淑敏，荆建蕾，郭玲静，等．发展资源与主观幸福感：核心自我评价的中介作用及性别差异［J］．心理学探新，2017，37（6）：555－560.

［103］ 常淑敏，张文新．人类积极发展的资源模型——积极青少年发展研究的一个重要取向和领域［J］．心理科学进展，2013，21（1）：86－95.

［104］ 陈建文，刘艳，谭千保．累积生态风险与高职生学习倦怠：消极自我图式和网络成瘾的中介作用［J］．心理发展与教育，2022，38（4）：576－583.

［105］ 陈淑梅，张琬，李燕．父母参与对儿童学校适应的影响研究：教师支持和儿童自我效能感的多重中介效应［J］．中国特殊教育，2020（12）：76－82，75.

［106］ 陈旭，张大均，程刚，等．教师支持与心理素质对中学生学业成绩的影响［J］．心理发展与教育，2018，34（6）：707－714.

［107］ 陈云祥，邓衍鹤，刘翔平．大学生社交焦虑对躯体变形障碍的影响：外表拒绝敏感性的中介作用［J］．心理科学，2018，41（6）：1396－1402.

［108］ 陈云祥，李若璇，张鹏，等．同伴依恋对青少年网络成瘾的影响：有调节的中介效应［J］．中国临床心理学杂志，2018，26（6）：1091－1095.

［109］ 陈子循，李金文，王雨萌，等．累积环境风险与大学生自伤的关系：情绪调节策略的作用［J］．心理发展与教育，2023，39（1）：109－120.

［110］ 池丽萍，辛自强．儿童对婚姻冲突的感知量表修订［J］．中国心理卫生杂志，2003，17（8）：554－556.

［111］ 池丽萍，俞国良．认知评价在婚姻冲突与青少年自尊关系间的中介作用［J］．心理科学，2008，31（5）：1069－1073.

[112] 邓颖琦，顾海根．学校生活适应量表（LASS）大学版修订报告 [J]．中国临床心理学杂志，2007，15（3）：250－252.

[113] 董奇，林崇德．中国儿童青少年心理发育标准化测验简介 [M]．北京：科学出版社，2011.

[114] 杜尚荣，田敬峰．高质量发展背景下乡村教育振兴的特征、功能与路径 [J]．现代教育管理，2023（4）：22－33.

[115] 段淑芬．初高中英语学习策略衔接教学的探索 [J]．基础教育课程，2020，278（14）：44－49.

[116] 范兴华，范志宇．亲子关系与农村留守儿童幸福感：心理资本的中介与零花钱的调节 [J]．心理科学，2022，40（2），388－394.

[117] 范兴华，方晓义，黄月胜，等．父母关爱对农村留守儿童抑郁的影响机制：追踪研究 [J]．心理学报，2018，50（9）：1029－1040.

[118] 范兴华，余思，彭佳，等．留守儿童生活压力与孤独感，幸福感的关系：心理资本的中介与调节作用 [J]．心理科学，2017，40（2）：388－394.

[119] 符婷婷，李鹏，叶婷．共情和网络欺凌：一个链式中介模型 [J]．心理技术与应用，2020，8（2）：104－113.

[120] 付淑英．师生关系对农村留守儿童社会适应的影响：友谊质量的中介作用 [J]．盐城师范学院学报（人文社会科学版），2021，41（6）：99－107.

[121] 高岍，闵文斌，常芳，等．农村初中生校园欺凌与心理健康的相关性研究 [J]．华东师范大学学报（教育科学版），2018，36（2）：60－67，155.

[122] 高晓彩，和青森，汪晓琪，等．初中生领悟社会支持影响积极心理资本的多重中介效应 [J]．现代预防医学，2019，46（15）：2803－2806.

[123] 葛海艳，刘爱书．基于发展生态理论的儿童虐待风险因素及其累积效应 [J]．中国学校卫生，2019，40（1）：147－150.

[124] 龚琳涵，谭千保．积极心理品质培养：流动儿童城市适应的助推器 [J]．当代教育理论与实践，2016，8（3）：144－146.

[125] 谷禹，王玲，秦金亮．布朗芬布伦纳从襁褓走向成熟的人类发展观 [J]．心理学探新，2012，32（2）：104－109.

[126] 官群，孟万金，KELLER J．中国中小学生积极心理品质量表编制报告 [J]．中国特殊教育，2009（4）：70－76，87.

［127］侯金芹，陈桂娟．亲子依恋与师生关系对中学生掌握目标定向学习动机影响的追踪研究［J］．中国特殊教育，2017（4）：79-84.

［128］胡义秋，方晓义，刘双金，等．农村留守儿童焦虑情绪的异质性：基于潜在剖面分析［J］．心理发展与教育，2018，34（3）：346-352.

［129］黄辉，陈捷，王岐富．农村留守儿童社会支持与社会适应的关系：自尊的中介作用［J］．中国健康心理学杂志，2022，30（5）：713-717.

［130］黄建宏．住房贫困与儿童学业：一个阶层再生产路径［J］．社会学评论，2018，6（6）：58-71.

［131］黄曼，史滋福，刘妹．未成年犯自尊与攻击性的关系：自我控制的中介作用［J］．中国临床心理学杂志，2013，21（4）：603-604.

［132］慧玲．家庭累积风险和青少年心理健康：发展级联与中介效应研究［D］．武汉：华中师范大学，2021.

［133］江波，何雯欣．农民工随迁子女文化适应的影响机制及支持路径：积极心理学视角［J］．教育发展研究，2019，39（20）：78-84.

［134］江光荣，应梦婷，林秀彬，等．《中国中小学生学校适应成套量表》的编制［J］．中国临床心理学杂志，2017，25（3）：435-444.

［135］江光荣．班级社会生态环境研究［M］．武汉：华中师范大学出版社，2002.

［136］江光荣．中小学班级环境：结构与测量［J］．心理科学，2004，27（4）：839-843.

［137］江艳平，张卫，喻承甫，等．同伴排斥与青少年早期饮酒行为：同伴侵害和不良同伴的中介效应［J］．心理发展与教育，2015，31（6）：738-745.

［138］蒋奖，鲁峥嵘，蒋苾菁，等．简式父母教养方式问卷中文版的初步修订［J］．心理发展与教育，2010，26（1）：94-99.

［139］解倩，樊云，马媛媛．初中生心理资本与考试焦虑，英语学业成绩的相关分析［J］．心理月刊，2019，14（18）：10-11.

［140］金琳，张大均，朱政光，等．心理素质对青少年早期心理健康的影响——认知重评和积极归因方式的中介作用［J］．西南大学学报（自然科学版），2021，43（7）：22-29.

［141］琚晓燕，张晨轩．隔代教养对农村儿童社会性发展的影响——兼论父母教养投入的调节作用［J］．中国青年社会科学，2022，41（2）：77-

84.

[142] 康红兵. 英语学困生的诊断测评与干预策略 [J]. 教育测量与评价, 2020 (7): 36-42.

[143] 邝宏达, 徐礼平. 自尊及心理安全感对留守儿童社会适应性的影响 [J]. 中国学校卫生, 2013, 34 (9): 1084-1086.

[144] 黎亚军. 儿童青少年欺负/受欺负行为的发生模式研究 [J]. 中国临床心理学杂志, 2021, 29 (3): 489-495.

[145] 黎志华, 尹霞云, 蔡太生, 等. 留守儿童情绪和行为问题特征的潜在类别分析: 基于个体为中心的研究视角 [J]. 心理科学, 2014, 37 (2): 329-334.

[146] 李董平, 周月月, 赵力燕, 等. 累积生态风险与青少年网络成瘾: 心理需要满足和积极结果预期的中介作用 [J]. 心理学报, 2016, 48 (12): 1519-1537.

[147] 李董平. 多重生态学风险因素与青少年社会适应: 风险建模与作用机制研究 [D]. 广州: 华南师范大学, 2012.

[148] 李海垒, 张文新, 张金宝. 青少年心理韧性量表 (HKRA) 的修订 [J]. 心理与行为研究, 2008, 6 (2): 98-102, 111.

[149] 李海云, 魏衍. 我国留守儿童家庭教育现状及对策研究 [J]. 教育评论, 2019 (10): 53-57.

[150] 李蒙蒙, 甘雄, 金鑫. 父母婚姻冲突与青少年网络游戏成瘾: 越轨同伴交往和神经质的多重中介作用 [J]. 中国临床心理学杂志, 2020, 28 (2): 354-358.

[151] 李梦龙, 任玉嘉. 体育活动对农村留守儿童社交焦虑的影响: 心理资本的中介作用 [J]. 中国临床心理学杂志, 2020, 28 (6): 1297-1300.

[152] 李苗苗, 者亚囡, 阴桐桐, 等. 婚姻质量与亲子关系的主—客体互倚模型分析: 儿童意志控制的调节 [J]. 中国临床心理学杂志, 2019, 27 (2): 345-350.

[153] 李敏, 应超, 杨全印, 等. 中小学生积极心理品质发展现状及相关因素分析 [J]. 上海教育科研, 2022 (12): 67-73.

[154] 李佩, 李新影. 主要看护人教养方式及亲子沟通频率对留守青少年抑郁的影响 [J]. 中国健康心理学杂志, 2022, 30 (6): 944-950.

［155］李强，叶昱利，姜太碧．父母外出对农村留守儿童辍学的影响研究［J］．农村经济，2020（4）：125-133．

［156］李然，梁利花，贾睿，等．郑州中学生自尊状况及其影响因素分析［J］．中国公共卫生，2017，33（2）：221-224．

［157］李涛，陈晨，左薇．社区暴力接触对初中生抑郁的影响：社会支持的调节作用［J］．中国特殊教育，2018，217（7）：79-84．

［158］李腾飞，陈光辉，纪林芹，等．发展级联：解释个体纵向发展的新视角［J］．心理科学进展，2017，25（6）：980-988．

［159］李婷，张又文，李玥漪，等．坚毅力的代际传递：父母教养方式的中介作［J］．心理发展与教育，2022，38（2）：207-215．

［160］李文道，邹泓，赵霞．初中生的社会支持与学校适应的关系［J］．心理发展与教育，2003，19（3）：73-81．

［161］李玉华，丁峰．小学生学校适应研究回顾和展望［J］．基础教育参考，2020（2）：10-15．

［162］李媛，曹连喆．家校合作如何影响流动儿童的认知能力——基于中国教育追踪调查数据的分析［J］．教育学术月刊，2023（5）：27-32，39．

［163］李真，李文秀，黄紫薇，等．大学生成人依恋与父母教养方式的关系：基于北京高校横断面调查［J］．中国健康心理学杂志，2018，26（5）：757-762．

［164］梁凤华．农村留守初中生依恋与社会适应能力相关研究——以江西省留守儿童为例［J］．当代教育科学，2017（2）：93-96．

［165］梁富强．农村留守儿童关爱保护应择其重点［J］．教学与管理，2020（7）：24-25．

［166］梁海祥．居住社区对青少年健康的影响［J］．当代青年研究，2019（4）：26-35．

［167］梁丽婵，边玉芳，陈欣银，等．父母冲突的稳定性及对初中生心理健康影响的时间效应：一个追踪研究［J］．心理科学，2015，38（1）：27-34．

［168］梁晓燕，赵桐，刘晓飞．父母关系积极感知对浪漫关系的影响：链式中介效应分析［J］．中国临床心理学杂志，2018，26（6）：1158-1162，1118．

[169] 梁英豪，张大均，胡天强，等．家庭功能对中高年级小学生心理素质的影响：友谊质量的中介作用［J］．西南大学学报（社会科学版），2018，44（5）：98－104．

[170] 林琦，孔企平．班级人际氛围对初中生学业成绩的影响———一项纵向的追踪研究［J］．教育科学研究，2020（6）：48－54．

[171] 林小英．县中的孩子：中国县域教育生态［M］．上海：上海人民出版社，2023：34－35．

[172] 刘复兴，曹宇新．新发展阶段的乡村教育振兴：经验基础，现实挑战与政策建议［J］．西北师大学报（社会科学版），2022，59（1）：41－49．

[173] 刘俊升，周颖，顾文瑜．Buss－Perry 攻击性量表在青少年中的初步修订［J］．中国临床心理学杂志，2009，17（4）：449－451．

[174] 刘万伦，沃建中．师生关系与中小学生学校适应性的关系［J］．心理发展与教育，2005，21（1）：87－90．

[175] 刘万伦．中小学学生学校适应性的发展特点调查［J］．中国心理卫生杂志，2004，18（2）：113－114．

[176] 刘旺，冯建新．初中生学校适应及其与一般生活满意度的关系［J］．中国特殊教育，2006（6）：77－81．

[177] 刘小群，刘倩雯，吴芳，等．中学生同胞欺凌和同伴欺凌的共发性及其与抑郁和焦虑的关联性［J］．中国临床心理学杂志，2022，30（2）：382－386．

[178] 刘晓洁，李燕．母亲感知的共同教养对幼儿行为问题的影响：一个有调节的中介模型［J］．心理发展与教育，2022，38（5）：626－634．

[179] 刘艳艳．初中生青春发动时相对学习适应的影响［J］．中国学校卫生，2021，42（3）：426－429．

[180] 刘永芳，李海垒，田歆．学校欺负对学生学校适应的影响［J］．教育科学研究，2005（1）：26－29．

[181] 刘志军．高中生的自我概念与其学校适应［J］．心理科学，2004，27（1）：217－219．

[182] 卢富荣，刘丹丹，李杜芳，等．父母教养方式与低年级小学生学校适应的关系：基于交叉滞后分析［J］．心理与行为研究，2018，16（2）：209－216．

［183］陆明，张岩，刘晓霞，等．社区公共空间安全视角下城市居民安全心理感知研究［J］．现代城市研究，2019，34（8）：125－130.

［184］马蓓蓓，代文杰，李彩娜．流动青少年学校人际关系与主观幸福感：学业倦怠与学业投入的中介作用［J］．中国特殊教育，2019（12）：63－71.

［185］马艳云．小学高年级学生积极心理品质培养研究［J］．中国特殊教育，2010（11）：24－28.

［186］梅洋，徐明津，杨新国．留守初中生中学校气氛对学业倦怠的心理资本的中介效应［J］．中国儿童保健杂志，2015，23（12）：1306－1309.

［187］孟万金．积极心理健康教育［M］．北京：中国轻工业出版社，2008.

［188］貊可，侯金芹，江兰．父母教养方式对青少年特质焦虑的影响：意志控制的中介作用［J］．中国临床心理学杂志，2019，27（2）：383－387.

［189］缪华灵，郭成，向光璨，等．留守儿童社会适应的类别特征及与心理素质的关系：基于潜在剖面分析［J］．西南大学学报（社会科学版），2021，47（6）：131－137.

［190］欧阳丹．教师期望、学业自我概念、学生感知教师支持行为与学业成绩之间的关系研究［D］．桂林：广西师范大学，2005.

［191］欧阳光华，杜剑涛．研究生培养过程预警机制：内涵，意义，问题与对策［J］．高教探索，2020（10）：28－34.

［192］潘斌，张良，张文新，等．青少年学业成绩不良、学业压力与意志控制的关系：一项交叉滞后研究［J］．心理发展与教育，2016，32（6）：717－724.

［193］彭雅静．初中生英语学习习得性无助感研究［D］．郑州：河南大学，2007.

［194］任屹，黄四林．贫困损害儿童执行功能的作用机制［J］．心理发展与教育，2022，38（1）：134－143.

［195］任玉嘉，李梦龙，孙华．中国农村留守儿童孤独感的 meta 分析［J］．中国心理卫生杂志，2020，34（10）：841－846.

［196］沈悦，张雪，张晶．家庭社会经济地位对小学流动儿童学校适应的影响：家庭亲密度和自尊的链式中介作用［J］．中小学心理健康教育，2020（33）：17－19.

[197] 史耀疆, 闵文斌, 常芳, 等. 农村初中生学习焦虑现状及其与学业表现的关系 [J]. 中国心理卫生杂志, 2016, 30 (11)：845 – 850.

[198] 宋欢, 刘兵, 罗利, 等. 农村留守初中生亲子关系, 感知教师差别行为对学习倦怠的影响：一项追踪研究 [J]. 中国健康心理学杂志, 2022, 30 (5)：763 – 767.

[199] 宋明华, 陈晨, 刘燊, 等. 父母教养方式对初中生攻击行为的影响：越轨同伴交往和自我控制的作用 [J]. 心理发展与教育, 2017, 33 (6)：675 – 682.

[200] 苏群, 邢义青. 农村流动初中生不良行为的影响因素分析——基于家庭和同伴维度以及与城镇初中生的比较 [J]. 湖南农业大学学报 (社会科学版), 2019, 20 (6)：38 – 45.

[201] 孙德超, 李扬. 试析乡村教育振兴——基于城乡教育资源共生的理论考察 [J]. 教育研究, 2020, 41 (12)：57 – 66.

[202] 谭千保, 黄勇, 申诗雨, 等. 农村中小学生学校适应的类别特征及其影响因素：基于潜在剖面分析 [J]. 当代教育理论与实践, 2022, 14 (6)：1 – 8.

[203] 谭千保, 李佳圆, 刘旭. 累积生态风险对农村初中生攻击行为的影响：有调节的中介模型 [J]. 心理与行为研究, 2020, 18 (4)：489 – 495.

[204] 谭千保, 李雪亮, 吴喜燕. 累积生态风险影响农村初中生学业倦怠的实证分析 [J]. 天津市教科院学报, 2023, 35 (3)：60 – 69.

[205] 谭千保, 申诗雨, 黄勇, 等. 家庭累积风险对农村小学生社会适应的影响——有调节的中介模型 [J]. 内蒙古师范大学学报 (自然科学汉文版), 2023, 52 (5)：469 – 475.

[206] 谭千保, 吴喜燕, 李佳圆, 等. 累积生态风险与农村初中生学业成就的关系：一个链式中介模型 [J]. 辽宁师范大学学报 (社会科学版), 2021, 44 (1)：42 – 50.

[207] 谭千保, 伍牧月, 常志彬. 累积生态风险影响农村儿童校园欺凌的实证调查 [J]. 湖南师范大学教育科学学报, 2018, 17 (5)：51 – 57.

[208] 谭千保, 严梨, 易艺宇, 等. 累积生态风险对农村初中生英语学习习得性无助感的影响：积极心理资本的中介作用 [J]. 教育测量与评价, 2024 (1)：58 – 70.

［209］谭千保，易艺宇，黄勇．累积生态风险对农村初中生学业适应的影响及
其规避［J］．教育发展研究，2022，42（6）：47－55.

［210］谭千保．城乡流动的困与解：农民工子女的学校适应研究［M］．武汉：
华中科技大学出版社，2016.

［211］汪清华．中小学生家庭环境与学校适应的关系研究［D］．南京：南京师
范大学，2007.

［212］汪向东，王希林，马弘．心理卫生评定量表手册（增订版）［M］．北
京：中国心理卫生杂志社，1999.

［213］王冰，田录梅，董鑫月．家庭功能与青少年消极冒险行为的关系：一个
有调节的中介模型［J］．心理发展与教育，2018，34（2）：146－154.

［214］王建平，李董平，张卫．家庭经济困难与青少年社会适应的关系：应对
效能的补偿、中介和调节效应［J］．北京师范大学学报（社会科学版），
2010（4）：22－32.

［215］王景芝，陈段段，陈嘉妮．流动儿童自我控制与社会适应的关系：心理
韧性的中介作用［J］．中国特殊教育，2019（10）：70－75，89.

［216］王亮，张英．学业成绩与习得性无助：有调节的中介效应［J］．当代教
育理论与实践，2015，7（9）：129－131.

［217］王淼，李欢欢，包佳敏，等．父母控制、父母婚姻冲突与中学生心理危机
的关系：歧视知觉的中介作用［J］．心理科学，2020，43（1）：102－109.

［218］王秋英，黄巧敏，刘晓凤，等．家庭功能对青少年早期外化问题行为的
影响：心理韧性的中介作用和性别的调节作用［J］．心理与行为研究，
2020，18（5）：659－665.

［219］王亭月，郭成，缪华灵，等．新冠肺炎疫情下留守儿童的社会适应及其
与情绪调节策略的关系［J］．西南大学学报（自然科学版），2021，43
（8）：1－9.

［220］王兴超，杨继平．中文版道德推脱问卷的信效度研究［J］．中国临床心
理学杂志，2010，18（2）：177－179.

［221］王学男，吴霓．"后撤并时代"寄宿制学校对农村留守儿童关爱与教育
的挑战与可能——基于江西，四川两省的调研［J］．湖南师范大学教育
科学学报，2019，18（1）：53－60.

［222］王云燕，黄嘉鑫，董开莎．正念水平与初中生学业倦怠：心理灵活性与

自我控制能力的链式中介作用 [J]. 青少年学刊, 2023 (1): 57 – 64.

[223] 卫萍. 小学生积极心理品质与学业成绩的关系研究 [J]. 中国特殊教育, 2016 (10): 65 – 70.

[224] 温忠麟, 侯杰泰, 马什赫伯特. 结构方程模型检验: 拟合指数与卡方准则 [J]. 心理学报, 2004, 36 (2): 186 – 194.

[225] 温忠麟, 叶宝娟. 中介效应分析: 方法和模型发展 [J]. 心理科学进展, 2014, 22 (5): 731 – 745.

[226] 吴武典. 国中偏差行为学生学校生活适应之探讨 [J]. 教育心理学报, 1997 (29): 25 – 49.

[227] 吴艳, 戴晓阳, 温忠麟, 等. 青少年学习倦怠量表的编制 [J]. 中国临床心理学杂志, 2010, 18 (2): 152 – 154.

[228] 吴莹婷, 郭菲, 王雅芯, 等. 父母婚姻质量与青少年外化问题的关系: 教养方式的中介作用 [J]. 心理发展与教育, 2017, 33 (3): 345 – 351.

[229] 武倩倩. 农村初中生自主学习能力影响因素研究 [D]. 长春: 东北师范大学, 2022.

[230] 肖正德. 新时代农村教育高质量发展的价值意蕴、指标体系及推进路径 [J]. 中国教育学刊, 2023 (2): 42 – 47.

[231] 谢朝阳, 杨灿, 李宇琪, 等. 社会支持类型与留守儿童具体领域社会适应的关系: 一个多重中介模型 [J]. 中国健康心理学杂志, 2023, 31 (10): 1582 – 1588.

[232] 谢威士, 汪凤炎. 谦虚型人格特质的结构及其量表编制 [J]. 心理研究, 2022, 15 (3): 211 – 219.

[233] 辛国刚, 张李斌, 常睿生, 等. 青少年早期受欺凌发展轨迹: 抑郁, 自尊和学业成就的预测作用 [J]. 心理发展与教育, 2023, 39 (4): 568 – 579.

[234] 熊猛, 刘若瑾, 叶一舵. 单亲家庭儿童相对剥夺感与心理适应的循环作用关系: 一项追踪研究 [J]. 心理学报, 2021, 53 (1): 67 – 80.

[235] 熊猛, 叶一舵. 积极心理资本的结构、功能及干预研究述评 [J]. 心理与行为研究, 2016, 14 (6): 842 – 849.

[236] 徐明津, 杨新国. 农村留守青少年家庭经济困难与社会适应: 心理韧性的中介效应 [J]. 浙江青年专修学院学报, 2020, 35 (1): 22 – 28,

93.

[237] 徐韬园，施慎逊，林霞凤，等. AAMD 适应行为量表在我国的应用［J］. 中国心理卫生杂志，2000（3）：157－160.

[238] 燕良轼，颜志雄，邹霞. 儿童习得性无助的成因、机制及其缓解［J］. 学前教育研究，2014（5）：57－60.

[239] 杨邦林，黄瑾. 情感忽视与农村留守儿童游戏成瘾：逆境信念的调节作用［J］. 中国特殊教育，2020（9）：74－80.

[240] 杨柳，李思蒙，任萍，等. 累积效应视角下家庭风险对流动、留守儿童受欺凌的影响［J］. 教育研究，2023，44（7）：94－110.

[241] 杨明. 初中流动儿童家庭亲密度、适应性与社会文化适应的关系—积极心理资本的中介作用［J］. 中国健康教育，2018，34（10）：908－911.

[242] 杨青，易礼兰，宋薇. 农村留守儿童孤独感与家庭亲密度、学校归属感的关系［J］. 中国心理卫生杂志，2016，30（3）：197－201.

[243] 姚嘉，张海峰，姚先国. 父母照料缺失对留守儿童教育发展影响的实证分析［J］. 教育发展研究，2016（8）：51－58.

[244] 应丽君，侯晓玮. 江西农村留守初中生英语学习自我效能感探究［J］. 中国教育学刊，2013（S4）：22－23.

[245] 于胜南，孙毅，李欢，等. 农村初中生学业情绪现状及影响因素［J］. 心理学进展，2021，11（4）：1004－1010.

[246] 余欣欣，秦忠梅. 农村初中生逆境信念与主观幸福感的关系：乐观的中介作用［J］. 中国卫生统计，2020，37（5）：742－744.

[247] 喻承甫，张卫，曾毅茵，等. 青少年感恩与问题行为的关系：学校联结的中介作用［J］. 心理发展与教育，2011，27（4）：425－433.

[248] 袁立新，张厚粲. 初中学生学校生活适应量表的编制［J］. 北京师范大学学报（自然科学版），1996，32（增刊）：90.

[249] 袁言云，王志航，孙庆，等. 累积家庭风险与贫困儿童情绪问题的关系：有调节的中介模型［J］. 心理发展与教育，2022，38（1）：100－108.

[250] 袁盈儿. 儿童英语习得性无助的正确归因与干预［J］. 宁波教育学院学报，2022，24（1）：43－47.

[251] 臧刚顺. 交往越轨同伴对青少年犯罪的影响［J］. 心理科学进展，2012，20（4）：552－560.

［252］臧宁，曹洪健，周楠．家校合作与青少年学业和行为发展：不良同伴交往及意志力的作用［J］．教育研究，2022，43（4）：107－122．

［253］张冲．初中生积极心理品质培养研究［J］．中国特殊教育，2010（11）：29－34＋69．

［254］张凤凤，董毅，汪凯，等．中文版人际反应指针量表（IRI－C）的信度及效度研究［J］．中国临床心理学杂志，2010，18（2）：155－157．

［255］张光珍，梁宗保，邓慧华，等．学校氛围与青少年学校适应：一项追踪研究［J］．心理发展与教育，2014，30（4）：371－379．

［256］张海燕，王丽娟，李怀瑞，等．山西农村留守儿童英语学习现状调查：以交城、文水县镇中学为例［J］．教育理论与实践，2023，43（11）：55－58．

［257］张豪，马田雨，王媛，等．初中生友谊质量与孤独感的变化轨迹：一项多元潜变量增长模型分析［J］．心理发展与教育，2021，37（2）：230－239．

［258］张晖，刘静，陈露．留守儿童心理健康状况调查研究［J］．教育教学论坛，2017（4）：87－88．

［259］张克文，李占江，邱炳武．学校生活适应量表的修订报告［J］．健康心理学杂志，2002，10（4）：284－285．

［260］张阔，张赛，董颖红．积极心理资本：测量及其与心理健康的关系［J］．心理与行为研究，2010，8（1）：58－64．

［261］张珊珊，李琳烨，张野．父母拒绝对留守儿童攻击行为的影响：有调节的中介作用［J］．贵州师范大学学报（自然科学版），2022，40（1）：107－113．

［262］张珊珊，刘致宏．社交网络上行社会比较对大学生睡眠质量的影响：在线社交焦虑和乐观人格的作用［J］．中国健康心理学杂志，2022，30（11）：1728－1733．

［263］张珊珊，张野，申婷．暴力暴露对校园欺凌的影响——社交焦虑的中介作用与自我控制的调节作用［J］．卫生研究，2021，50（4）：539－546．

［264］张微，尹丽，肖超娣，等．留守初中生感知班级氛围和学习投入的关系：心理韧性的中介作用［J］．中国健康心理学杂志，2022，30（7）：1107－1111．

［265］张文新，陈光辉．发展情境论——一种新的发展系统理论［J］．心理科学进展，2009，17（4）：736 – 744.

［266］张晓娟．农村小规模学校课程实施的困囿与突围［J］．教育理论与实践，2021，41（5）：44 – 48.

［267］张行．父母外出务工对留守子女学校归属感的影响［J］．社区心理学研究，2022，14（2）：104 – 123.

［268］张雪，滕宇宣，王民，等．逆境信念条件下初中生的社会适应发展［J］．苏州大学学报（教育科学版），2021，9（4）：37 – 46.

［269］张野，张珊珊，苑波．心理忽视、师生关系对初中生网络欺凌行为的影响［J］．集美大学学报（教育科学版），2020，21（3）：60 – 65.

［270］张樱樱，叶海，叶一舵，等．流动儿童学校归属感，相对剥夺感与其攻击行为之间的关系［J］．中国临床心理学杂志，2021，29（5）：986 – 990.

［271］张迎黎，张亚林，张迎新，等．修订版青少年依恋问卷中文版在初中生中应用的信效度［J］．中国心理卫生杂志，2011，25（1）：66 – 70.

［272］张治库．风险社会与人格发展［M］．北京：人民出版社，2015.

［273］赵冬梅，石孝琼，王清云．内地西藏班（校）中学生文化疏离感、学习倦怠的现状及关系研究［J］．民族教育研究，2019，30（3）：135 – 143.

［274］赵冬梅，王婷，吴坤英，等．大学生宿舍人际关系与抑郁的关系：宿舍冲突应对方式的中介作用和性别的调节作用［J］．心理发展与教育，2019，35（5）：597 – 604.

［275］赵景欣，杨萍，张婷．农村留守儿童学校适应调查［J］．中国德育，2015（21）：22 – 26.

［276］赵可云，黄雪娇，杨鑫，等．家庭环境对农村留守儿童学习社会化的影响：学习适应性的中介作用［J］．中国特殊教育，2018（3）：65 – 71.

［277］赵磊磊，贾昂．农村留守儿童学习状态的影响因素研究——基于学习环境视角的实证分析［J］．教育科学研究，2018（10）：40 – 46.

［278］赵磊磊，柳欣源，李凯．社区支持对留守儿童学校适应的影响——基于县域视角的调查研究［J］．教育科学，2019，35（6）：45 – 57.

［279］赵磊磊，王依杉．农村留守儿童学校适应的问题分析及治理对策［J］．

当代教育科学，2018（1）：81 – 84.

[280] 赵明仁，陆春萍. 从外控逻辑到内生逻辑：贫困地区义务教育控辍保学长效机制探究 [J]. 教育研究，2020，41（10）：73 – 81.

[281] 赵晓航. 父母外出务工对农村留守儿童健康的影响—基于 CFPS 2012 数据的实证分析 [J]. 社会发展研究，2017，4（1）：19 – 41，242.

[282] 赵阳，王亚飞. 不平等的累积：生存分析视角下个体学业生涯影响因素探究 [J]. 基础教育，2020，17（4）：56 – 71，92.

[283] 甄瑞，李璐，周宵. "新冠"疫情下青少年社会孤立对创伤后应激障碍与成长的影响：心理需要满足与自我表露的中介作用 [J]. 中国临床心理学杂志，2021，29（5）：967 – 972，955.

[284] 郑巧，耿丽娜，骆方，等. 初中生学生投入的发展特点及其与同伴欺负的关系：一项三年追踪研究 [J]. 心理发展与教育，2020，36（2）：157 – 167.

[285] 郑日昌. 中学生心理诊断 [M]. 济南：山东教育出版社，1994.

[286] 周迎楠，毕重增. 中小学生自我控制对学业成就的影响：学业可能自我和心理健康的中介作用 [J]. 中国临床心理学杂志，2017，25（6）：1134 – 1137，1129.

[287] 周兆海. 提供可期待的教育：城镇化背景下农村教育发展指向的省思 [J]. 教育理论与实践，2018，38（13）：15 – 18.

[288] 朱新筱. 初中生感知的学校氛围与欺负的关系 [D]. 济南：山东师范大学，2005.

[289] 朱郑州，李政辉，刘煜，等. 学习预警研究综述 [J]. 现代教育技术，2020，30（6）：39 – 46.

[290] 邹泓. 同伴接纳、友谊与学校适应的研究 [J]. 心理发展与教育，1997（3）：55 – 61.

注　释

第二章

　　M—平均值，*SD*—标准差，*F*—方差分析统计量值，*p*—显著性水平统计值，*OR*—回归分析中的比值比，*CI*—置信区间，*AIC*—拟合优度指标赤池信息准则（Akaike Information Criterion），*BIC*—拟合优度指标贝叶斯信息准则（Bayesian Information Criterion），*aBIC*—拟合优度指标调整后的贝叶斯信息准则（adjusted Bayesian Information Criterion），*Entropy*—拟合优度指标熵，*LMR*—似然比指标，*BLRT*—似然比指标，Logistic 回归 – 逻辑回归。

第三章

　　M—平均值，*SD*—标准差，*t*—*t* 检验的统计量值，*F*—方差分析统计量值，*p*—显著性水平统计值，*OR*—回归分析中的比值比，*CI*—置信区间，*r*—相关系数。

第四章

　　M—平均值，*SD*—标准差，*p*—显著性水平统计值，*F*—方差分析统计量值，*β*—回归系数，*t*—*t* 检验的统计量值，*df*—自由度，*R²*—拟合优度值，*R*—相关系数，*SE*—标准误差，*CI*—置信区间，*N*—数量，*r*—相关系数，*bsimple*—简单斜率。

第五章

　　M—平均值，*SD* —标准差，*T*—时间，*p*—显著性水平统计值，*r*—相关系数，χ^2—卡方值，*df*—自由度，*TLI*—非规整适配指数，*CFI*—比较适配指数，*RMSEA*—渐进残差均方和平方根，*β*—回归系数。

　　SRMR—标准化均分根残差

后 记

　　有前面的"序"，再有"后记"，是一个闭环。然而，研究过程似乎难有闭环，更多的是积累、拓展、发展。

　　八年前，本人出版了第一本关于"学校适应"的著作，那是在总结两项教育部课题的研究成果。近期，再撰写第二本关于"学校适应"的书稿，这是本人2018年国家社会科学基金"十三五"规划教育学一般课题的最终成果。八年来，有时候会想，是否弃它而另起炉灶。如前文所述，早期的学校适应研究主要考察学生的辍学率、缺勤率，后来又以考察儿童的学业成绩、学业进步为重点，强调学生认知技能的获得，并逐渐演变为一个广义的多维概念，导致评价指标选定有困扰，这是主要原因。但有趣的是，试图改变的结果不甚理想，这或许助力了国家级项目的立项，也成全了这本书稿的诞生。

　　时隔八年，有些变了，有些又没有变。八年前，刚博士毕业，未有行政事务。时间充裕，静心撰写书稿相对较易。八年来，行政事务日益增多，安心写书有点难。因此，被催着结题，被催着交书稿，甚是惭愧。庆幸的是，选A题还是选B题时，没有"变化多端"，"学校适应"这条研究主线没有变，前期积累为本书稿撰写奠定了基础。

　　八年前，学院老师获批的国家级课题屈手可指，学术交流也因经费不足而进展不大。八年来，学院老师获批的国家级课题日益增多，校内与校外学术交流也日益频繁，论文发表国内国外齐发。可以说，课题能立项，书稿能付梓，学术氛围与学术土壤功不可没。

　　八年前，我刚在心理健康教育专业领域带硕士研究生，一直记得肖倩怡、谭烨、邝娅、龚琳涵、张雅琦、江波等研究生在文献整理和书稿文字校对上所做的贡献。后来，在学校支持下，学院新增心理学一级学科硕士授权点，我开始带学术型研究生，与易艺宇、黄勇、申诗雨、李雪亮、李赛洪、陈伟霓等"同行""同成长"。同时，以李佳圆、吴喜燕、伍牧月、严梨、刘彦妤等为代表的专业型硕士研究生在数据采集、文献整理等方面的贡献，亦一直会被记住。

八年前，无行政事务缠身。近年来，学校让我主管两个二级单位。压力之下，白发如"雨后春笋"，我笑曰它们"登顶"不远了。但不变的是，钟毅平、丁道群等老师在关键时与关键点总会提供重要"火力支援"；前任院长李海萍教授、前前任院长陈春萍教授，老领导谭建平教授等一直支持工作；李炳煌教授等班子成员，一直与我同向同行；学院同事精诚合作、"只攻不守"，良好的学院氛围免去了诸多"焦头烂额"，使我还有时间整理书稿。

八年前，女儿如"精灵天使"陪伴我左右。八年后，儿子如"调皮小猴"，但我陪其的时间太少。但不变的是，爱人仍默默地担起养育小孩的重任，一如既往地支持我的工作。八年后，父母身体状况尽管不如前，但每当我们有困难时，他们会离乡来"帮忙"，这点也没有变。

没有前人研究成果的启迪，没有申星、彭腊飞、刘洁婕等中小学一线教师的配合，书稿成型会"难产"的；没有国家社会科学基金的资助，没有湖南师范大学出版社及责任编辑的辛勤工作，书稿出版是难有机会的。

至此，已定的结尾值得期待，但未知的世界也值得期待。

谭千保

2024 年 6 月 20 日于敏行楼